麦肯锡
底层领导力

LEADERSHIP AT SCALE
Better leadership, better results

［英］克劳迪奥·费泽　　［英］迈克尔·伦尼　　［英］尼古莱·陈·尼尔森　　著
（Claudio Feser）　　（Michael Rennie）　　（Nicolai Chen Nielsen）

叶红婷 译

中国友谊出版公司

真正驱动绩效增长的领导力

安德鲁·圣乔治 (Andrew St George)

克劳迪奥·费泽 (Claudio Feser)

迈克尔·伦尼 (Michael Rennie)

尼古莱·陈·尼尔森 (Nicolai Chen Nielsen)

为什么要读这本书_03

领导力为什么至关重要_05

组织面临的领导力挑战_06

应对组织的领导力挑战：规模化领导力_09

规模化领导力到底会产生什么影响_12

本书的内容结构_13

在本书中，我们虚构了一家公司来举例说明在实际中发展领导力的整个历程。这家公司名叫新经典服饰（New Classic Look clothing，NCL），专营服装，总部位于上海。卡罗琳·伦道夫（Carolyn Randolph）是新经典服饰公司的CEO。在她的领导下，公司发展迅速，业务遍及50多个国家，年收入已增长到60亿美元。最近几年，公司股票的表现也优于股市其他股票的平均值，股东们也都期待公司能继续保持这种增长态势。然而，服装市场瞬息万变，自从去年设计总监退休后，新经典服饰一路挣扎着才勉强跟上最新潮流。卡罗琳觉得，要想与时俱进，公司就得来一次全面的改革。

在这个故事中，这家公司的高管们近期确定了一个雄心勃勃的战略，想要重新激发公司的业绩增长，但卡罗琳怀疑他们是否有能力将这个战略执行下去。高管团队看起来有些倦怠，而且似乎与他们所处的多变的市场脱节，卡罗琳也觉得公司没有强大的后备领导者可以在未来接管公司。为了让新的战略能够真正落地，并帮助新经典服饰公司实现业绩目标（performance objectives），卡罗琳决定启动一个雄心勃勃的领导力发展干预计划。

卡罗琳遇到的问题并不是特例。我们合作过的许多企业高管都觉得他们的组织存在领导能力缺口，且对组织的绩效有负面影响。此外，许多组织一直在努力填补这样的领导力缺口。我们发现，大部分领导力发展干预计划并没有实现预期的效果，最终绩效也没有得到提升。让这两者挂钩至关重要，然而要实实在在做到这一点却很难。在本书的第二部分，我们将重新认识卡罗琳、她的高管团队和新经典服饰公司。我们将追踪他们的领导力发展之旅，了解其中的细节，看看新经典服饰公司如何在整个组织的各个层面提升领导力效能，如何助力公司的整体战略顺利落地。

为什么要读这本书

领导力通过提升绩效创造更大价值，就是这么纯粹、这么简单。在庞大的组织里，每天都有成百上千位领导者做出成千上万个决定，而这些决定又会涉及数百万计的内部互动，而每一次互动都可能对组织的努力起促进或阻碍作用。因此，对组织来说，在互动中引导员工的行为与组织的战略和目标相一致，就变得非常有意义了。优秀的组织都清楚，各级领导者与他们身边员工之间的关系是组织的重中之重。

然而，一个新的领导力发展挑战已悄然出现：不断有组织表示，尽管他们已在全球范围内花费了数十亿美元用于发展领导力，但依然缺少能将战略付诸实施所需的领导者。或许你的组织就是其中之一：你明白组织需要高效的领导者，但你推行的领导力发展干预计划并没有带来你需要的效果，是这样吗？

我们写这本书就是为了在各个组织中培养更多更优秀的领导者。我们关注的是"规模化领导力"，关注在整个组织范围内发展领导力。我们发现，现今组织内的大部分领导力发展干预计划对特定个体来说非常重要，但对于组织总体来说并不特别奏效。

我们知道如何在组织内推动规模化领导力，并且践行我们信奉的理念。麦肯锡公司本身是全球最大的一家培养领导者的"工厂"。在公司内部，我们每年都会投资5亿多美元用于提升我们对领导力的认知并培养领导者。麦肯锡学院的校友进入其他公司担任高管的数量比其他任何一家管理咨询公司的都要多。目前，共有450多名麦肯锡公司的校友领导着市值数十亿美元的组织。此外，还有很多校友在公职单位担任高级官员。我们把公司内的做法运用到专业发展上。我们为《财富》100强企业中的88家企业服务，其中一半是关于人力资本和领导力方面的服务。麦肯锡公司作为全球领导力发展机构的"前5强"，每年在全球范围内开展的领导力发展项目就有100多个。

我们不断回顾并衡量我们为客户提供的服务，同时展开了广泛的研究。在这本书中，我们汇集了165家机构的37.5万多名员工的数据，来自500多名高管的最新研究成果和多年的实践经验，以及我们自己内部培养人才的方法，以破解规模化领导力的密码，真正驱动组织的绩效，让组织健康发展。我们的方法基于这样一个理念：就组织的健康和绩效而言，卓越的领导力事关重大，影响深远，远超此前的想象。为了能够真正提升绩效，我们提供了一种务实的系统性方法，致力于在整个组织中推动领导力的发展。规模化领导力就是答案！

这本书是数百位麦肯锡公司内外的同事和朋友共同努力的结晶。我们会将有关领导力的最新思考整合在一起并促使其发展，以更好地服务我们的客户。我们为自己对领导力的深刻见解而骄傲，但同时我们也知道，领导力是一门不断发展的学科，会持续产生新的数据，以帮助我们更深入地理解人力、组织和社会如何运作。

我们写这本书是为了全球广大的读者朋友，包括现在和未来的领导者。不管你领导的是一个组织、一个部门，还是一个团队，或者仅是你个人想提升领导力方面的知识，弄明白在工作中如何提升绩效，本书都与你息息相关。它会帮助管理人员和当前的领导者批判地审视自己当前发展领导力的方法，弄明白如何将领导力与整体战略更有机地结合，并通过领导力效能来提升绩效。对于从事领导力发展的人员（比如人力资源总监或者负责员工培训和发展的主管）来说，书中富有价值的详细信息也足以提供切实可行的领导力发展路线。对于有志成为领导者的个人来说，本书也提供了广泛的背景知识，其中包括：领导力在组织中如何重要？优秀的领导者看起来是什么样的？要想成为更优秀的领导者，哪些做法有效，哪些做法无效？要想在当今的组织环境中取得成功，还需要哪些特定的技能？

这本书适用于企业，也适用于非营利性组织和政府部门。若把本书用作一些大学或商学院领导力课程的教材，我们相信也会带来很多益处。

首先，我们希望这本书能够帮助你创造更高的绩效，让你所在的组织更健康，更具可持续发展力。此外，我们还希望，关于优秀领导力的理论科学与实践做法能在整个社会中产生涟漪效应。有人说，这个世界正处于"领导力危机"之中[1]，我们深信，促进人们追求卓越的领导力本身就是一个崇高的目标。

领导力为什么至关重要

有效的领导对组织来说非常重要，因此领导力发展通常是CEO开展人力工作的重中之重，也是总体来说最重要的三件大事之一。[2]这一点没什么可惊讶的，但领导力究竟有多重要呢？我们的研究表明，卓越的领导力可能比人们之前认为的重要得多，会对组织的绩效和健康两方面产生深远的影响。首先，领导力效能直接关系到组织的绩效。

如果你观察组织的一些实际做法，就会发现这些是可以用与之相关的一系列指标分别衡量的。此外，领导力效能还能预测组织未来的绩效。领导力效能越高，组织的绩效越好。在一个3年期内，相比领导力效能处于低水平的公司，处于高水平领导力效能的公司，其股东整体回报率（Total Return to Shareholders，TRS）要高出3.5倍。[3]在重大变革期间，投资培养领导者的那些组织，成功实现业绩目标的可能性要比其他组织高出2.4倍。[4]由此可见，领导力效能是可以单独衡量的，而且会对组织的绩效产生积极的影响。

其次，我们将组织的健康定义为组织的一致性、执行力与革新力。从长远发展来看，健康的组织会保持出色的绩效。我们会在第1章中更加详细地定义健康组织的组成部分。10多年来，我们以组织健康指数（Organizational Health Index，OHI）为参数衡量组织的健康状况，还累计建立了已超过500万受访者的数据库，他们来自各个地区和各个行业。我们发现，组织的健康状况能非常准确地预测组织未来的绩效。一个组织的健康包括组织中令人向往的各种能力，如战略协同、人才保留、保持活力、组织目标、组织承诺、创新能力、确定发展方向、职责担当和外部导向等。我们的研究表明，领导力效能本身就是组织健康至关重要的驱动力。没有高水平的领导力效能，要想实现高水平的组织健康是极为艰难的事情。

组织面临的领导力挑战

人类对领导力方面的研究已经进行了几千年，对英雄、伟人和伟大女性的崇拜在历史上由来已久。20世纪涌现了无数的领导力学派，学者们谈到了领导力同组织绩效的关系——领导力的罗曼蒂克

（romance of leadership）[5]和该术语带有经常超出日常含义的特点。例如，他们发现，人们倾向于把公司业绩不佳归咎于无法控制的外部事件，而把业绩优良归功于领导者的远见卓识和高品质。[6]

如今市面上并不缺乏领导力方面的书籍，涉及这一话题的大学课程（公司课程）更是高达数百种，出现了领导力发展和专业细分市场咨询公司数量过剩的现象。对这一话题进行快速网络筛查，能够检索出成千上万的文章、书籍和视频，很多都在过去几年内出版了。

所以，对于组织来说，发展领导力的事情真的变得容易了吗？不幸的是，情况并非如此。组织被淹没在领导力发展舆论的汪洋大海之中（这对他们来说并不是帮助），受到了理论术语的桎梏。我们发现，这造成了非常大的差距，我们称之为"组织领导力挑战"。

首先，对于CEO来说，领导力通常是最重要的优先人力资本之一。我们最近所做的研究表明，1/3的组织都觉得自己在领导者的数量和质量方面有很多不足，因此无法实现自己的战略和业绩目标。还有1/3的组织声称，他们并未拥有在未来3~5年内引领自身实现近期战略和业绩目标所必需的领导力。[7]

其次，根据所处背景的不同，50%~90%的领导力发展干预计划都不成功，尽管数据的来源不同，但这一发现却是一致的。例如，最近我们对高管进行的调查发现，55%的高管都相信，他们在领导力发展方面所做的努力与预期目标相符，并且能维系预期目标。实际上，如果仅仅看那些"强烈同意"的人，这个比例会下降到11%左右。[8]在另一项研究中，来自50家组织的1500名高管中，有3/4都对所在组织的学习和培训功能不满意。[9]根据英国一所商学院所做的调查，只有7%的高管认为他们的公司有效地培养了全球领导者。[10]很明显，这是一个大问题。另一个有趣的差异就是，与被领导者们的观点相比，领导者们都会过度地高估他们的领导力效能以及在领导力发展方面所做的努力。

组织愿意把钱投资在领导力发展上，就说明组织在关注存在的领导力发展的差距。一项研究表明，2017年，美国公司在每一位学习者身上花的钱平均为1075美元，而2016年，每个学习者在能力建立方面的花销平均为814美元。[11] 这些钱大部分用在了与领导力相关的培训上（根据某些账目的记载，超过500亿美元[12]），典型的为期4周的高管领导力课程，仅个人的学费就要投入4万~5万美元（平均每天2000~2500美元）。[13] 这就意味着人们在领导力发展上花费了数十亿美元，但产生的影响力几近于无。

上述两个难题同时存在，共同导致了不同组织间的差距倍增：组织并未得到他们现在或未来所需的领导力，在培养更多更好的领导者方面也不成功。[14] 可能你所在的公司就是其中之一：你能理解公司需要高效的领导者，但你并没有在你所开展的发展项目中传达出你对他们的期待。

有些人声称领导力行业很失败，[15] 虽然这个观点有些武断，但我们认为更好的领导力发展需求仍然存在，这主要有三个原因。首先，绝大多数的领导力文献都是以个人为目标的，注重于如何提升一个人或几个人的效率。这些文献通常会谈到领导者应当表现出的主要行为，如真我、果断和战略思维。尽管提升个人的效能确实很重要，但在如今飞速发展的环境下，递增式的"自下而上"的方法已经不管用了，整个组织都需要快速适应新的现实。为了以较快的速度切实增加他们的领导力效能，组织必须在更广泛的规模上对此进行思考，并通过协调的、系统化的方式予以回应。

其次，领导力研究通常"一刀切"，着重于选取高绩效组织的领导者素质作为样本。诚然，这些筛选出的领导力品质固然重要，但这里忽略了一个重要问题，即对于不同的组织来说，什么才是有效的领导力发展干预计划。为了规模化提升领导力效能，组织必须理解和发展对其自身环境来说切实可行的领导力。

最后，领导力普遍被视作一门软学科，著书立说时亦是如此。其硬数据通常比较有限，很多研究都建立在观察性证据或小样本量的基础之上。这一行业高度分散，几乎没有什么考核标准（除声誉外），从理论上讲，任何人都能够在一夜之间建立一个领导力发展实践。我们所需要的是更科学、更严谨的领导力发展实践。

应对组织的领导力挑战：规模化领导力

从以往的研究和经验中，我们很清楚地知道什么方式是奏效的。我们采用这样或那样的方式，出发点是希望在组织中规模化提高领导力效能，真正带动业绩提升。规模化发展意味着纳入足够多的领导者和员工，直到达到一个转折点，此后这种转变将会自我维持，从而在根本上改变组织的领导方式。

我们生活在一个充满变化和不确定性的时代，因此对于快速及大规模培养领导者的需求也是前所未有的。大型组织里，领导者每天都要做出几百个甚至上千个决策，组织会随着时代的变化而扩张（或收缩），这些决策的质量也决定着组织的兴衰。

企业高管们有很多方式来提高领导力效能，包括制订领导力发展干预计划、继任计划，引进人才，晋升和解聘人员，甚至进行组织结构和流程的变革。而我们则关注领导力发展干预计划，因为这会在短期内使领导力效能产生富有意义的变化（除大批招聘及解雇决策等手段外）。因此，本书的重点是将组织视为整体，通过各种领导力发展干预计划来提升领导力效能（也就是说，我们的重点并不是仅培养个体领导者，尽管这是整个系统成效必不可少的一部分）。我们将从以下三个方面着手。

首先，基于数百名领导力从业者和参与者的专有研究数据，我们提供了清晰的见解。结合成人学习的最新神经科学研究，阐述领导力发展成功的关键因素。我们测试了50多种重要的行为，发现了真正重要的事项。我们提出了四个重要的原则：

- 聚焦带动不成比例价值的关键转变。
- 在组织内发动足够多的关键影响者参与，以达到变革的临界点。
- 基于神经科学的成人学习理念设计计划方案，实现行为改变最大化。
- 在更广泛的组织内整合领导力发展干预计划，并衡量其影响。

然而，现实没有什么"灵丹妙药"，因为组织必须把许多事情做对才能成功。通过这种方式，组织可以将领导力发展干预计划的成功率从10%~50%提升到将近100%。领导力发展在很大程度上是一门学科，本书会展示如何将这些真知灼见转化为实际行动，并在整个组织内真正实现规模化的变革。

其次，涉及如何关注与对个体组织而言真正关键的行为有关的原则，我们提供并更新了情境型领导力理论中的相关观点。情境型领导力绝不是什么新鲜事物，而且许多相似的研究也对其进行了更新或重塑。[16]然而，这是我们第一次通过务实的办法，用数据精确地定义组织健康的实际背景，并确定在这种组织背景中什么才是高效的领导力。我们最新的研究表明，在特定的组织背景下，一家企业应明确转变或提升某些特定的行为，以提高其领导力效能。此外，我们讨论了组织为了更好地支持预期行为的达成应塑造的心态和技能。

这项最新的研究开辟了一个新的领域，它提炼出了在任何情况下都有助于实现有效领导力的特征，其中不仅包括行为，还包括心态和技能。研究明确了一些特征（行为、心智模式和技能）最适合组织发展的某些具体阶段。实际上，我们的研究使得关于模范领导力是情境性的还是固定范式的学术争论变得毫无意义。数据清晰表明，在不同背景下，两者兼而有之，而且其比重永远视具体情况而定。我们还可以肯定地指出哪些是一贯损害组织长期健康的行为，哪些是在特定情境下会带来损害的行为。

例如，我们发现健康程度在第四（最低）四分位的组织（最不健康的组织）应该将注意力更多地放在基于事实的决策和有效解决问题上，而健康程度排在第一（最高）四分位的组织（最健康的组织）应该将注意力放在激励和激发员工的优质潜能上（我们将在后文中更加深入探讨组织健康以及其如何衡量的问题）。这些意见可以帮助组织采取适合其特定业务环境的领导力行为，最大化驱动绩效。

最后，我们提出了如何实现整个系统的变革。我们制定了4D方法论，即评估、设计和推广、实施、果效（Diagnose, Design & Develop, Deliver, Drive Impact）。这也是我们所执行的领导力发展干预计划的特征。在每个阶段，我们都会将领导力发展干预计划同更大的组织背景或关注人才引进、继任计划和绩效管理等方面的重要性相关联。领导力发展只是高管们可采取的众多方式之一，还有一些同等重要的手段，例如人才引进、继任计划和绩效管理，这些通常与领导力发展工作并行，成为更多组织变革计划的一部分。掌握这些知识，你可以采取更全面的方法提高组织的领导力效能。

有人会说，上面列出的关键性成功因素是众所周知的。那为什么组织不采用呢？这大概有以下三个主要原因：

● 在组织发展上，首席执行官和董事会可能会存在短期导向但不持续关注。将重点放在几个高调且明显可以带来即时效果的项目（例如高管发展项目）上是比较容易的，而与之对比较难的是在一段时间内精心设计并持续实施一系列整合的领导力发展干预计划。

● 首席人力资源官（Chief Human Resource Officer, CHRO）或者首席学习官（Chief Learning Officer, CLO）需要把重点放在简化信息上，以保证将领导力发展与组织绩效联结起来。

● 对于每一个组织来说，将想法付诸实践远比最初提出这个想法要困难许多。

有趣的是，我们发现很多组织会为领导力发展做具体预算。但其实，钱就放在那里，没必要专门为领导力发展拨付新的款项，当务之急是有效地使用这笔预算以获得更好的投资回报。

规模化领导力到底会产生什么影响

如果实施得当，领导力发展干预计划会产生深远的影响。其影响具体体现在两个方面：

● 领导力效能得到有效提高。

● 对整个组织产生业务影响。

在短期内，我们经常看到参与者的领导力效能评估发生深刻的变化，例如在计划初始及结束阶段进行的360度调查评估结果对照。此外，我们经常看到参与者通过参与组织内的"突破性项目"使组织绩效显著提升。例如，一家化学制品生产商在其全球200多家工厂里进行了领导力转型，使其公司每年净收入增长超过15亿美元（该组织起步市值约400亿美元）。

另一个例子是一家能源和建筑企业，该企业推出一个为期7个月的领导力发展干预计划，面向30位高管和200名中层管理人员。该突破性方案为企业带来了超过2.5亿美元的增量收入（几乎占总收入的3%）。

从长远来看，成功的组织能够通过将这些方案扩展到组织的所有层面，以保持领导力效能的转变，并由此产生额外的业务影响。例如，亚洲一家大型保险公司针对"关键领导职位"设计了一个为期6个月的领导力发展干预计划，参与者包括4名副总裁、33名区域经理及210名公司主管。经观察，70%的参与者有积极的行为转变。通过进一步推广，25%的核心业务的关键绩效指标（Key Performance Indicator, KPI）有所增长，同时帮助30个从未达到业绩目标的分支机构扭转了局面。这些公司的共同之处是，其组织的领导力效能得到了根本性提高。整本书中贯穿了案例研究来解释概念，这些示例有的简短浅显，有的篇幅较长，也更加深入。

本书的内容结构

本书包含三个部分：

01　**领导力的定义**：我们在特定的业务背景下定义领导力，明确了实现有效的规模化领导力所需的心态与行为。此外，还探讨了麦肯锡发展领导力的理念和方法的指导原则。

02　**我们在实践中的做法**：本书虚构了新经典服饰公司的CEO卡罗琳·伦道夫所面临的领导力挑战及其公司实际运营的案例，且加以扩展，并结合其他相关案例，概述了麦肯锡的领导力发展方法。我们认为这是展现领导力发展干预计划的外在形式以及组织内部切身感受的最佳方式。

03　常见问题与解答：本书重点着眼于对领导力发展干预计划从具体的方法论到整个组织发展系统层面可能会引发的一些常见问题的解答。

在附录中可以找到支撑我们观点的相关研究和方法论，下面提供的是这本书的内容纲要。

01 领导力的定义

第1章　基础：背景、技能和心态

人们对领导力的研究已长达数千年，且存在众多不同的定义和学派。在学习、实践并进一步发展领导力多年之后，我们用一套可以观察到的行为来定义领导力，而这些行为会受到背景、技能和领导者心态的影响。我们知道哪些因素会造就优秀且独特的领导者，培养出他们卓越的领导力，于是我们既聚焦于组织的业务背景，也关注个体的背景差异，由此产生了如何在组织中推动规模化领导力的一些见解。

第2章　规模化领导力钻石模型

我们探讨了关于领导力知识的不同支柱，包括我们的最新研究，并介绍了发展领导力的四大核心原则，这些构成了规模化领导力钻石模型（leadership at scale diamond）。

第3章　聚焦关键转变：核心原则1

不同背景的组织会呈现出不同的领导力挑战。我们从不同的视角审视，以确定最有效的领导力行为，其中包括最重要的视角——组织的健康。我们的最新研究积累了37.5万多条数据，有了这些数据的支持，根据组织所处的健康水平，我们列出了一些具体的领导力行为，有助于组织向更高的健康阶段发展。

第4章 组织参与：核心原则2

领导力发展干预计划常常是不定时进行的，且具有偶然性。在这一章中，我们要讨论通过以下"三度"大规模培养领导者的重要性：

- 足够的广度（必须覆盖到哪些个体）。
- 足够的深度（必须贯穿的影响程度）。
- 足够的速度（以多快的进度推进干预计划）。

第5章 设计计划方案，促进行为改变：核心原则3

设计计划方案并不仅仅是为了获得知识或发展技能，还可以是为了最大限度地改变工作中的行为。这需要的不只是课堂学习，且对于实现发展领导力的目的来说，仅靠课堂学习已经完全过时了。本章根据神经科学原理，阐述了成人学习的七大原则，组织在领导力发展之旅中应该充分考虑采纳这些原则。

第6章 整合与衡量：核心原则4

组织要取得规模化领导力的成功，能力建立只占所需努力的25%。成功的项目计划需要深入整个组织，对这些项目计划进行衡量是必不可少的。在这一章中，我们探讨了沟通、角色示范、衡量与系统强化，以便可持续地转变组织的工作方式。

02 我们在实践中的做法

第7章　领导力发展的成功路径图

有许多种干预计划可以应用到领导力的发展过程中，而关键在于坚持前面概述过的四大核心原则。我们总体介绍了在实践中的典型做法，概括为四个主要阶段：评估、设计和推广、实施、果效。对于每个阶段，我们都概述了典型的成果，以及如何实现这些成果。

第8章　遇见卡罗琳·伦道夫

在这一章中，我们介绍了一个虚构的故事，即新经典服饰公司正面临的领导力危机，为了提高组织的健康指数，并实现其业绩目标，该组织开启了一场领导力发展之旅。

第9章　设定领导力的志向

对领导力发展干预计划的设计有太多都是始于自下而上的"需求分析"，由此完全错过了与战略的关联。在这一章中，我们将展示如何通过建立领导力模型，将战略转化为组织所需的领导素质及能力，并将预期的业务成果定义为领导力发展干预计划的目标。之后本章评估了当前领导力的优势和差距，以及产生差距的根本原因，这是在设计领导力发展干预计划之前就要考虑的至关重要的先决条件。在个人层面，还包括理解各种心态，它们能够解释为什么领导者会表现出今天这样的行为，以及根据领导力模型的定义，领导者以后该如何转变自己的心态和行为。

第10章　设计路径图

我们的研究表明，要开展成功的领导力发展干预计划，需要多种来源的投入，其中包括"终端用户"、外部最佳实践和方案设计的专业知识。此外，预先设计"学习传递带"（记录并学习成功的商业案例）也至关重要，这是将学习运用到工作中的关键流程，这种方式可以提高业绩。

第11章　交付领导力巅峰计划

关于如何帮助成年人学习并改变他们的行为，神经科学提供了最新的思路。此外，科学技术在重新定义课程设置方式和最佳实践方面发挥了巨大的作用，其中包括游戏化、按需学习和每天对参与者进行提醒。

第12章　果效

超过1/4的组织没有衡量过发展领导力带来的回报。我们将展示如何从三个维度（参与者评估、行为改变和业绩）像其他业务举措一样，严格地衡量投资回报率（return on investment，ROI）。此外，正式调整人力资源系统来加强领导力模型在组织中的应用将至关重要（比如绩效评估、薪酬设计、继任计划），以及通过发展"受训毕业生"培养未来领导者，并将领导力的期待向下一个层级传达。

03 常见问题与解答

第13章　领导力发展常问常答

问题包括投资回报、领导力发展在组织层面和不同行业之间的区别，以及招聘的重要性。

第14章　领导力趋势常问常答

问题包括定义未来最重要的领导力行为，千禧一代有何不同（以及如何应对），男性和女性的领导方式是否不同，以及技术如何改变领导力发展。

附录

附录部分包括我们进行情境型领导力研究的支持材料、对可强化每种领导力行为的技能和心态的详细阐述，以及如何促进个人学习和提升绩效的一些细节。

我们希望本书富于深刻的见解，读起来是一种享受，并能为加强你组织内的领导力效能和提升组织绩效贡献绵薄之力。

目录

01 领导力的定义

第 1 章
基础：背景、技能和心态 /002

第 2 章
规模化领导力钻石模型 /025

第 3 章
聚焦关键转变：核心原则 1/046

第 4 章
组织参与：核心原则 2/089

第 5 章
设计计划方案，促进行为改变：
　核心原则 3/114

第 6 章
整合与衡量：核心原则 4/145

02 我们在实践中的做法

第 7 章
领导力发展的成功路径图 /172

第 8 章
遇见卡罗琳·伦道夫 /203

第 9 章
设定领导力的志向 /214

第 10 章
设计路径图 /234

第 11 章
交付领导力巅峰计划 /253

第 12 章
果效 /271

03 常见问题与解答

第 13 章
领导力发展常问常答 /282

第 14 章
领导力趋势常问常答 /298

结语
致 CEO 的一封信 /321

附录 1 /327
附录 2 /333
附录 3 /353
作者简介 /367
致谢 / 368
参考文献 /381

01 领导力
的定义

第1章

基础：背景、技能和心态

安德鲁·圣乔治（Andrew St George）

克劳迪奥·费泽（Claudio Feser）

迈克尔·伦尼（Michael Rennie）

尼古莱·陈·尼尔森（Nicolai Chen Nielsen）

领导力为什么至关重要_003

综述：领导力多种多样，领导力理论也是如此_008

普布里乌斯·西鲁斯（Publilius Syrus）在2000多年前说："风平浪静时人人都可掌舵。"在今天的组织生活中，很少有"平静的大海"，很少存在没有动荡的时期。一个好的船长有能力在不确定的情况下做出精确判断，并鼓励其他人跟随，然后从经验中吸取教训，为下一次风暴做好准备。领导力至关重要，组织必须发现并培养其员工的这种素质，以跨越并征服"汹涌的海洋"。

这一章我们介绍对领导力和领导力发展所做思考的基础。第一，我们会阐述领导力效能与组织健康和业绩之间的联系；第二，简要介绍领导力发展的理论和理念；第三，提出麦肯锡的领导力定义及其对组织和领导力发展的启示。

领导力为什么至关重要

我们从研究和实践中发现，表现最好的组织在领导力方面超越了其他组织。在最好的情况下，强大的领导力可以带领组织取得非凡的成果；在最坏的情况下，糟糕的领导力会使团队、组织甚至国家误入歧途。这方面的证据一直都很直观，敏锐的观察者更是不难发现：在参观一个组织的几分钟内，人们就能感觉到它是健康的还是不健康的（甚至领导是糟糕的还是好的）。不过，这种感觉几乎没有什么用，除非有数据支持，并将其转化为可增值和可采取行动的建议。

领导力之所以重要是有很多原因的：有了好的领导力便有了更清晰的方向、更好的计划、更快的执行力、更好的人才培养计划等。这些广泛地存在于组织绩效和组织健康中，因此在回顾领导力的重要性时，有两个概念必须被阐明，我们会逐一讨论。

领导力驱动绩效

领导力效能与绩效直接相关。在麦肯锡的组织健康指数中，领导力最高的公司（在下一章中将有更多数据）在3年内，股东整体回报率是领导力方面业绩最低的公司的3.5倍。当查看14位领导者个人的领导力行为（更多的是关于下一章中的具体行为）时，我们发现，领导力行为得分最高的公司，其平均股东整体回报率是位于第四四分位公司的1.4~7.2倍，这取决于所观察到的行为。例如，当我们观察到组织有效解决问题的能力（我们测试过的领导力行为之一）时，处于第一四分位的公司的平均股东整体回报率是处于第四四分位公司的6.6倍。[1]

其他研究也支持这些结果：在总体领导力效能（领导力结果）方面处于第一四分位的组织在息税折旧摊销前利润（Earnings Before Interest, Tax, Depreciation and Amortization，EBITDA）上的表现几乎是位于第四四分位公司的2倍。[2]在重大变革期间投资于培养领导者的组织，达到其业绩目标的可能性是没有这样做的组织的2.4倍。[3]而已经具备自我把控能力的领导者，在变革中做好准备的可能性提高了4倍，对自己的领导绩效感到满意的可能性提高了20倍。[4]

领导力关系到组织健康

组织的健康是指一个组织随时间推移能不断协调内部、执行任务和更新自身以保持突出绩效的能力。健康状况不佳的组织通常面临严峻的挑战，例如缺乏方向、客户流失、员工士气低落、人才流失和缺乏创新。而非常健康的组织通常在业绩和口碑上表现极佳，在其行业中处于领先地位，在市场中占有一席之地，能够吸引优秀人才，并与

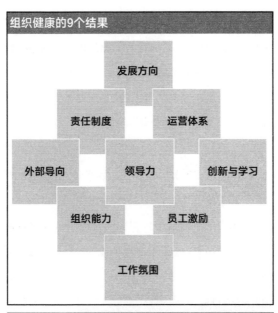

组织健康的9个结果

发展方向

责任制度　　　运营体系

外部导向　　领导力　　创新与学习

组织能力　　员工激励

工作氛围

37种管理实践

发展方向
1. 共同愿景
2. 战略清晰
3. 员工参与

领导力
4. 权威型领导
5. 咨询型领导
6. 支持型领导
7. 挑战型领导

工作氛围
8. 开放信任
9. 绩效透明
10. 运营规范
11. 开创创新

责任制度
12. 职责清晰
13. 绩效合同
14. 结果管理
15. 个人责任感

运营体系
16. 绩效考核
17. 运营管理
18. 财务管理
19. 专业标准
20. 风险管理

组织能力
21. 招聘人才
22. 培养人才
23. 能力流程化
24. 专业技能外包

员工激励
25. 有意义的价值观
26. 鼓舞人心的领导
27. 职业机会
28. 财务激励
29. 奖励与认可

创新与学习
30. 自上而下的创新
31. 自下而上的创新
32. 知识分享
33. 获取外部意见

外部导向
34. 客户导向
35. 竞争对手洞察
36. 商业伙伴关系
37. 政府及社会关系

图1.1　组织健康状况用9个结果来定义，受37种管理实践的驱动

积极主动的员工合作。

在麦肯锡公司，我们用组织健康指数来衡量组织健康状况，这是以9个结果（衡量员工对有效性的看法）和37种管理实践（衡量每一种实践在组织中应用的频率）为基础的指标（图1.1）。

10多年来，我们从1700多个组织的500多万名受访者中收集了10亿多条数据。这些组织分布在全球90多个国家里，对所有区域而言，其代表性几乎相等。我们过去10年的研究显示，组织健康指数评分是股东回报的一个很强的预测指标，在衡量组织健康指数得分后的3年里，得分高的组织产生高水平的股东回报的概率也更高。

领导者在组织中的有效性与该组织的健康指数评分密切相关，相关性的平方（R^2）为0.78，这意味着领导力结果解释了总体健康评分中几乎80%的差异（图1.2）。

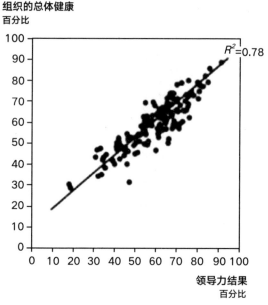

图1.2　组织的总体健康

总体来讲，在领导力效能上位于第一四分位的公司同其他公司相比，在总体健康度上存在显著差异：如果某家公司的领导力效能处于第四四分位或第三四分位，它则不可能拥有第一四分位的总体健康；具有第二四分位领导力效能的公司里，健康指数位于第一四分位的公司只有27%。但就领导力而言，位于第一四分位的公司同时拥有第一四分位的总体健康的比例是65%，比其他拥有第一四分位健康的公司比例高25%，拥有的优势也是这些公司的2.4倍（图1.3）。由此可见，领导力显然是组织健康的关键组成部分。

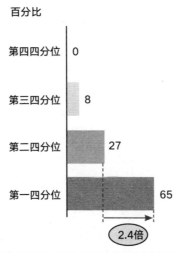

图1.3　具有特定领导力水平的公司拥有第一四分位总体健康的可能性

因此，我们看到，领导力效能是组织总体健康和绩效显而易见的驱动力。那么，什么样的领导力行为是最好的？在特定情况下，组织如何规模化地发展这些行为？这些是以下章节的主题。在我们讨论这些问题之前，了解现有的不同的领导力理论，我们如何定义领导力，以及这个定义对领导力发展的影响是至关重要的。

综述：领导力多种多样，领导力理论也是如此

　　是什么造就了一个优秀的领导者？就这个问题随便问5位专家，你很可能会得到6个不同的答案——抱负、灵感、想象力、创造力、真实性、正直，也许任何一个都会是正确答案。现在是时候进行一次现实调查了，有好消息，也有坏消息。坏消息是：我们没有一个确定的答案。好消息是：我们已经找到了能够使组织更有效地发展领导力的关键。

　　从古希腊民主制诞生之初起，组织领导力就一直是一个研究主题。大约2500年前，柏拉图（Plato）的《理想国》（*Republic*）在雅典市民中引发了激烈的争论。他对理想国家的监护人的选拔和教育的严格规定，在当时引起了争议。现如今，一夜之间，领导力成了热门话题，仅美国的学院和大学就开设了数百个领导力学位课程。亚马逊（Amazon）列出了6万多个关于该主题的图书搜寻结果。[5] 2016年，"领导力"一词在美国新闻头条上被提及了超过2.5万次，[6] 而在20世纪90年代只有几百次，领导力又一度成了热门话题。为了让这场激烈的讨论保持一定的秩序，我们确定了领导力的五大流派。这种分类显然是一种简化，但我们相信这是一种很有启发性的做法。

　　性格型领导力（Traits-based leadership）：这一理论认为领导者是天生的，而不是后天培养出来的。支持领导者是天生的这一观点的人认为，不可改变的人格特征，如智力或性格决定了一个人的领导力效能和绩效。这一学派思想的一个比较流行的版本是"伟人理论"（Great Man Theory），由维多利亚时代的苏格兰学者托马斯·卡莱尔（Thomas Carlyle）创立。卡莱尔坚信，世界历史就是"伟人的传记"（他没有把女性包括在内）。很可能有些人更倾向于领导别人，而且比别人领导得更好，但这个理论的局限性在于它的决定论：除非你生

来就是伟大的领导者，否则你永远不会成为伟大的领导者。

行为型领导力（Behavioural leadership）：这一理论基于这样一个假设：领导力是行动而不是性格，领导者不是天生的，个体是通过自身的行为所表现出来的力量而成为领导者的。这一理论以19世纪的行为心理学为基础，假设有效的领导是由一系列理想的行为来定义的。例如，优秀的领导者是令人信服的，是目光长远、行动勇敢、决策果断的人。这一理论的缺点是它假设同一组行为在所有情况下都是最优的。但在具体的商业情境中，一些抽象定义的"理想行为"不管是什么，都可能最终与领导者的意图无关，甚至是有害的。我们很难反驳这样一种观点：所有的领导过程都涉及人际的互动和交流，因此所有领导力都与行为有关。但是，没有普遍适用的模板，有效的领导力行为，必须是恰当与适合的。

情境型领导力（Situational leadership）：根据这一理论，伟大的领导力只有在特定的情况下才能产生。这一理论的支持者认为，不同的现实生活环境要求领导者具有不同的特质或行为；他们否认领导力建立在任何一个最佳的心理特征或一套理想行为的基础之上。这一理论借鉴了实证研究的结果，认为在一种情境中担任领导者的人不一定能胜任其他情境中的领导角色。情境型领导力理论在实践中很受欢迎。它的主要缺点是假设领导者可以根据情况调整自己的风格，即当环境或团队发生变化时，领导者可以轻松地对自己的行为做出相应的改变。然而，在现实中，即使是最优秀的领导者也会经历一段艰难的日子，很难适应不断变化的环境，或面对新的挑战。[7]

职能型领导力（Functional leadership）：这一理论将领导力理解为一种特定技能的组合，这种技能有助于一群个体成为一个有效率的团队。这些技能使领导者能够履行必要的职能，如监督、组织、指导、激励和干预。职能型领导力的支持者将行为和情境因素考虑在内，建议领导者应根据特定组织单位的具体要求制订自己的行动方案。这个理论有两个局限性：首先，许多反对者认为它过于简单化，因为它将领导力降低为一种或一套技术；其次，现实生活中的领导者往往很难将正确的方法与正确的需求相匹配，或改变他们的风格以适应不同群体的需求，或者这两种情况都有。在这方面，职能型领导力理论类似于情境型领导力理论。[8]

心理型领导力（Psychological leadership）：这类理论认识到这样一个事实：通往伟大领导力水平的道路充满了障碍，许多领导者感到自己的效率不如他们想象中那样高。对此，心理型领导力的支持者们认为，领导者必须通过探索无效领导力行为的驱动力并解决他们对变革的内在阻力来实现自我控制。心理型领导力理论的批评者指出，心理型领导力理论依赖于推理和解释，而不是观察和测量，用在错误的人手中可能很危险，因为它使用内省法和自我检查法。心理型领导力的发展需要依靠深厚的心理专业知识和有经验的从业者。

除了这些关于领导力思想的流派，还有大量其他角度的研究工作，有大量来自个人（通常很成功）领导者的文献，他们分享了自己的经历。有以特定群体部门为基础的分析，例如来自军队的分析，也有深入研究文化差异的区域研究。最近，这个领域出现了基于性别的研究，探讨了男女之间的差异和相似性。

所有这些理论都有局限性，因为它们试图从单一的角度来解释领导力，无论是从性格、行为还是情境角度。因此，现代领导力的模型从多个角度来探讨领导力实际的定义。例如，美国陆军的"是+知+为领导力模型"（Be + Know + Do' model of leadership）[9]本质上是跨学科的，因为它侧重于状态（Be）、知识（Know）和行动（Do），并借鉴了明确的背景下的行为意识。"是+知+为领导力模型"源自几个流派（性格型、行为型、情境型），这里的重点是，没有一个模型或理论能够涵盖整个领域。

当我们相信奥卡姆剃刀定律（Occam's Razor）的价值时（最简单的科学解释原理通常是最好的），我们发现这些流派（虽然增加了一个重要的视角）都不适用于我们在工作中遇到的关于组织领导力的多重现实。我们还考虑到我们发现的个体差异——我们为世界上许多杰出的领导者服务，发现没有任何两位领导者是相似的：有些是内向的，有些是外向的；有些人带头做事，有些人擅长引导别人表现出最好的一面；一些人在细节上做得很出色，另一些则善于把握全局。然而，这些千差万别的个体在各自的领域都是伟大的领导者。在现实生活中，所有类型的人都能成为卓越且成功的领导者。

任何理论都应该能解释过去并帮助预测未来，这样的事情不可能仅通过单一和静态的领导力视角发生。相反，我们的观点是通过研究表达出来的，并通过实际的工作实践以及我们在麦肯锡内部和客户中取得的成果验证过。没有一个答案适用于所有场合，同样，也没有一个模型能够坚实或灵活到对于任何变量都起作用。当领导力挑战变得更加复杂时，"两者皆可"的方法会更有吸引力。

请记住，我们在任何时候都坚持使用组织的视角：我们是从一个组织内部和整个组织的领导力方面来考虑的，而不仅仅是个人领导力。为了提高整个组织的领导力效能，高管们必须从整个组织、全系统的层面思考问题，而这样做的方法与提高个体领导者效能的方法截然不同。

我们对组织领导力的定义建立在几个学派的基础上，是务实的，我们从多个流派中汲取灵感，倡导一种全面且实用的方法。事实上，我们没有提出新的领导力模型，而是在现有思想的基础上再接再厉。因此，我们对组织的领导力的定义如下：

领导力是在特定业务背景下与组织保持高度一致的一系列行为的组合，这些行为能够提高组织的执行力，保证组织持续不断地革新，而这些行为的发生需要相关心态和技能的支撑。

我们的定义参考了领导力思维的所有流派：行为型领导力（行为和技能）、情境型领导力（在特定的情境下）、职能型领导力（与组织一致，促进组织的执行力与革新力）以及性格型领导力和心理型领导力（心态）。它建立在领导力研究现有的成果基础之上。例如，盖里·雅克（Gary Yukl）将个体领导者分为任务导向型、关系导向型、变革导向型和外向型，并强调情境变量以及行为灵活性的重要性，即根据特定情境调整领导者行为的重要性。这是情境型领导力的一个长久传统，在肯·布兰查德（Ken Blanchard）或约翰·阿代尔（John Adair）关于军事实践的作品中得到了例证。[10]通过我们对真实世界中真正有效因素的研究和实践，我们进一步探索了这一点。图1.4总结了我们的领导力模型，包括背景、行为、技能和心态四个关键要素。

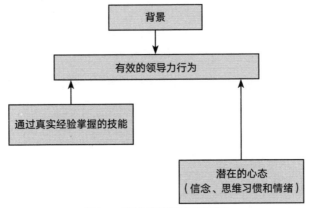

图1.4　领导力模型的四个关键要素

我们认为，整个组织使用、感知并观察到的行为会让领导力更真实和生动。这些看得见、摸得着的行为是我们研究的重点。我们的研究表明，业务背景会决定哪些领导力行为是最理想的和最有效的。我们把这些观察到的行为作为分析单位，把组织健康（以及组织运营的行业和经济环境）作为表达这种行为的主要业务背景。我们的重点是提高组织层面的领导力效能，以帮助组织实现业绩目标。从广义上来讲，我们认为组织的领导力有四个前提。

1. 领导者的一致性、执行力与革新力

领导力是通过行动来表达的，对我们来说，这需要一致性、执行力与革新力：领导者要做出关于人员和方向的决策（一致性）；他们要看到自己的意图得到贯彻、实施（执行力）；他们要思考活动的下一步进展（革新力）。一致性、执行力和革新力可能会发生在短期内（如在发生危机的情况下）或相对长期内（如在外部环境或业务重点发生变化的情况下）。

所有的领导者都会努力关注并实现这三个要素，并让它们保持同步。有很多方法来表达这三个要素：一致性大致包括规划愿景和激励人心，执行力可涵盖任务推动和绩效考核等，革新力需要领导者更加重视创造力、创新力、适应力、学习和发展。

我们想强调第三种要素——革新力的重要性，这在领导力定义里的几个字——"持续不断地革新"中有所体现。组织的环境曾经且一直是不断变化着的，因此，领导力的一个关键要素是展现出顺应性和灵活性，以便能使组织实现持续蓬勃发展。[11]我们之前已经表明，组织和团队必须通过强调组织健康的不同要素来显示这三个要素的结果（图1.5），这样做之后，领导者应对关注、帮助实现这些结果自然就

是顺理成章的事情了。

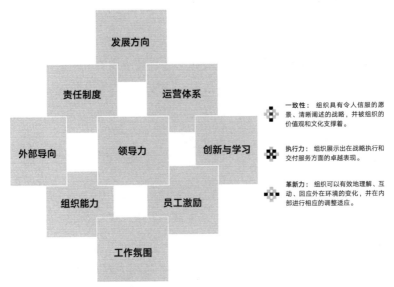

图1.5　一致性、执行力与革新力，可用组织的健康结果来衡量

2. 所有的领导力都在特定的背景中产生

我们的定义非常关注领导力行为在特定的具体背景下会有怎样的不同，这体现在两个方面：

（1）每个组织的背景在所处的行业、自身发展的成熟程度、所处的地理位置、总体业务绩效等方面都会有所不同。因此，在组织层面上，这些特定的背景需要不同的领导力行为。

（2）组织战略通常通过明确的关键绩效指标和清晰界定的边界从上到下贯穿组织的各个部分。因此，一个部门和另外一个部门要围绕的目标会有所不同，这意味着一个组织内部也会产生不同的特定背景，组织内的领导者们也会展示出不同的领导力行为。

如果一个医生为所有患者用相同的治疗方案，而不管他们的症状如何，这样的医生你会相信吗？可能不会。我们坚信，没有一种标准的领导力行为能够不受背景因素影响，例如受公司战略或个体领导者所处的特定职级的影响。

我们与著名的国际高管猎聘公司亿康先达（Egon Zehnder）的研究表明了这一点。通过将亿康先达对5500多名高管的管理评估与麦肯锡的"精微化成长"（Granularity of Growth）数据库中的企业业绩结果结合，我们能够从股东的总回报方面分析出领导力对业绩增长的影响。我们发现领导力素质很重要，与其他公司的高管相比，业绩最好的公司的高管会表现出更强的领导力。但是，更重要的是，我们发现不同的环境需要与不同的领导力素质组合。[12]

以增长战略为例，商业思想和业务领导力能够帮助组织做出大胆的举措，让其在并购中脱颖而出。例如，事实证明，通过并购实现增长的最强的先决要素是市场洞察力。相比之下，领导力和组织智慧更有助于组织的有机内生性增长，即通过出色地执行既定战略取得成功。实现有机内生性增长需要善于培养组织能力并能够展现团队领导力的领导者。这些见解与情境型领导力理论的先驱——拉尔夫·斯托迪尔（Ralph Stogdill）的是一致的。在他有一定影响力的文章《与领导力有关的个人因素》中，他表示组织普遍适用的领导力技能是很少的。[13]因此，对环境背景的认知，并能对自身的行为做出适度调整的能力对成功的领导者来说至关重要。

以美国能源公司的首席执行官为例。市场放松管制后，该公司陷入了有史以来最严重的财务危机。在自由化的全球市场中，这位首席执行官帮助该组织从一个监管时代的产物转变成为一个有竞争力的市场参与者。他相信领导力应该具有与经济现实相互关联的作用[14]："你必须把事情放在商业模式的背景下。你真正的客户是谁？你能如何拓展业务？你需要什么样的合作伙伴才能让业务成功？你到底应当做什么？各项工作应该在哪里完成？"后来，这位高管被《哈佛商业评论》（*Harvard Business Review*）评为"世界上表现最好的首席执行官之一"。

我们的经验表明，非常成功的高管通常会考虑诸多方面，以明确在特定情况下实现高效领导力的具体背景，例如：

环境：行业和竞争领域的特点是什么？

要务：谁是利益相关者，他们期望什么？

策略：公司或业务部门试图实现什么目标？

组织：组织的结构、流程、体系和文化是什么样的？

团队：团队在技能、意愿和心理特征等方面是什么样的？

3. 通过实际经验掌握的技能促进有效的领导力行为

你会乘坐没有飞行经验的飞行员驾驶的飞机吗？你会买票去听一场之前从未合奏过的乐队举办的音乐会吗？我们不会。当然，你可以在模拟器里学习驾驶飞机，你也可以通过观看虚拟教程来学习弹吉他。从某种程度上来说，这些都是正确的，但你迟早要驾驶飞机从地面起飞，或者与乐队一起站到舞台上表演。

展示有效的领导力行为的能力，前提是拥有正确的技能和经验（我们将其视为技能的积累）。领导力技能是个人通过正规培训和在岗学习积累的领导经验和智慧。技能不能仅仅通过阅读来培养，学习只能在一定程度上加快技能的培养，正如亨利·明茨伯格（Henry Mintzberg）所说，领导力就像游泳一样，而游泳不能通过阅读来学习。[15]毫无疑问，接受正确的训练和最好的练习是所有技能训练的基础。然而，成功的领导者肯定需要在实际的业务中磨炼他们的新技能，并经常为他人所见。

在一些特定情境中，一个领导者或许拥有合适的技能，或许没有，而在没有的情况下，组织就不得不接受风险，并支持个人培养这些技能。在某些低风险的情况下，例如重组一个小部门，这可能根本不是问题；但在一些高风险的情况下，例如收购一个主要竞争对手，则最好委派曾有相关经验和技能的人员。这里也有其他的培养领导者的方法，如在组织内部进行领导轮岗调动，或者从外部聘请领导者，可以是长期的或临时的。

领导者确定目标、吸引人才、分配任务、监控目标的完成情况并做出决策。在这方面，我们遵循行为学派的理论：领导力就是你所做的事情。[16]重要的是你要真抓实干，而不是假装去做。即使是在接受了非常基础的培训课程之后，成年人通常也只能保留他们在课堂上所听到的10%的内容，而他们通过实践所学到的内容几乎占了2/3（更多信息请参见第5章）。即使是非常有才华的新兴领导者，都很难将他们在研讨会中强烈的体验转化为在一线工作中的行为改变。

在近10年的时间里，我们帮助了许多高层领导者在不同的国家文化、行业和组织等广泛领域中实现了转型。他们重组了国际企业集团，挽救了濒临破产的公司，在放松管制的市场里，引领过去的垄断企业变革，甚至也帮助改善了整个国家的经济。尽管他们的任务各不相同，从中学到的经验教训也各不相同，但他们都认同一点：这些经验教训只有在现实生活中才能学到。麦肯锡1950—1967年的全球董事合伙人马文·鲍尔（Marvin Bower）曾说过："对于一位希望成为CEO的领导者来讲，唯一需要的培训就是成为CEO。"简言之，优秀的领导力技能是在工作中培养出来的，领导者积累的经验和学到的技能有助于他们展示出更有效的领导力行为。

4. 领导者必须培养基于内省和自我认知的正确心态

领导者通常需要调整他们的行为以适应新的任务，扩展他们的知识以理解环境的变化，或者在他们担任新角色时提高技能。但在某些情况下，他们还需要一些底层和基本的培训。试想一下，一位获得了董事会级别的职位的高管，在全新的企业文化中承担任务，或者在极度不确定的情况下担任领导职务会遇到什么情况。根据我们的研究，对自己作为领导者的表现感到最满意的人是那些善于了解和掌控自己的人。他们有能力调节自己的能量，挖掘自己的人生意义和优势，克服恐惧并善于同他人建立联结。[17]

这些以及其他类似的能力不同于可以从教科书上学到的技能，总的来说，它们构成了我们所认为的领导力的隐藏层。这一思路受到了领导力心理学理论的启发。[18]虽然行为可以观察，知识可以交流，但心理仍然隐藏在表面之下。我们用冰山比喻：行为在水面之上，只占实际存在的20%。在水下面的是心态（信念、价值观、需求以及恐惧）（图1.6）。我们之所以关注心态，是因为心态最终会驱动行为。因此，正如确保领导者在特定环境下拥有正确的经验和技能一样，理解和解决冰山下的问题对于实现理想的领导力行为至关重要。

有大量的文献介绍了心态的力量以及潜在的需求和恐惧，包括罗伯特·基根（Robert Kegan）和莉莎·莱希（Lisa Lahey）的《变化的免疫力》（*Immunity to Change*）、米特洛夫（Mitroff）和林斯通（Linstone）的《不受束缚的心灵》（*The Unbounded Mind*）、圣吉（Senge）的《第五项修炼》（*The Fifth Discipline*）、德韦克（Dweck）的《心态：成功的新心理学》（*Mindset: The New Psychology of Success*）、卢松（Russo）和斯格麦克（Schoemaker）的《决策陷

阱》（*Decision Traps*）和《制胜决策力》（*Winning Decisions*），以及盖尔韦（Gallwey）的开创性著作《内心游戏》（*The Inner Game*）。[19]此外，神经科学的最新研究正在通过考虑神经可塑性（大脑在一生中通过形成新的神经连接来重组自身的能力）来解释成年人是如何学习的，我们的情绪发挥什么样的作用，以及我们如何养成新的习惯等内容。

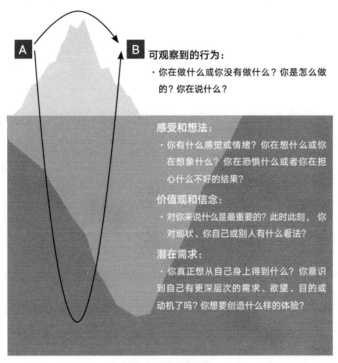

图1.6 心态驱动行为

各种形式的"冰山式教练"在高管教练和一些心理学家的实践中都很常见，其主要理念是识别一系列根深蒂固的核心信念——这些信念在驱动水面上的行为。通常，这些核心信念对个人来说是无意识的，只有通过仔细询问和反思，才会逐渐浮出。这些核心信念反过来又受一系列潜在的需求和恐惧所驱动。例如，许多年轻员工如果被困在一个问题上，往往不会自动地向领导者寻求帮助。事实上，他们中的有些人可能会想尽办法掩盖自己被困的事实，在深夜花几个小时试图自己解决这个问题。这些人可能会有一种错误的信念，即认为寻求帮助会被视为一种示弱。如果我们再深入一点，可能会发现一种潜在的心理：认为寻求帮助会导致业绩不佳的评价是因为我们害怕负面的评价。反过来，这可能是由害怕失败引发的，可能是因为家庭的压力、来自同龄人的压力，或者是来自员工自己的压力。冰山模型是一种简化的心理模型，包括触发行为的基本因素，而现实中，还有其他因素需要考虑，如人格特征、动机等。

虽然水下的有些因素在成长的早期就已经形成，且很难被改变，但我们发现，只要觉察这些，就能很大程度地提高领导力效能，帮助我们理解行为中的无意识根源，让我们能够有意识反思并谨慎地改变。我们对组织健康状况的研究表明，让一个人有意识地审视自己的心态是提升领导力效能不可或缺的先决条件。在我们抽样的2500多名高管中，只有大约1/3的高管表示，他们组织的变革明确了达到变革目标所需要的心态。那些这样做的人获得成功的可能性要比其他人高4倍。[20]

以一家专业服务公司为例，该公司希望他们的资深领导者能与公司的资深客户展开更具有挑战且更有意义的讨论。当培训人员透过领导者的表面行为往下看的时候，他们发现，这些领导者虽然在他们各自的领域非常成功，但是当谈话超出了他们局限的专长领域时，他们本能地感到不舒服，缺乏自信。一旦领导者意识到这一点，并深入了解原因，他们就能够承诺采取具体的行动，推动他们进行行为改变。

与此同时，一家大型的欧洲工业公司实行一项措施——将资本支出和资源配置的责任下放到工厂级别的组织，这在最初遇到了很强的抵制。一旦把这些问题摆在桌面上，我们就能清晰地发现，事业部领导们真正担心的是新的政策会给他们已经面临的巨大压力雪上加霜。他们不信任自己的下属，而且他们对放弃掌控权的想法感到不满。只有当他们确信这种新方法实际上会节省时间，并为更多初级管理人员提供学习机会，且有更多心态开放的同事和导师帮助他们挑战英雄式的领导模式时，最初的障碍才开始消失，权力下放计划才能开始实施。

人们可能会认为，鉴于这种相关性，领导者将拥有足够的工具和培训来帮助他们理解自己和别人的心态，以便识别和改变限制性信念，遗憾的是，我们发现情况并非如此。为了帮助领导者通过使用冰山式教练和自我反思等形式来改变自己和其他人的行为，组织中仍有许多工作要做。

在发展计划中，一些"存在于表面之下的想法、感觉、假设和信念"经常会被回避。这一点对于在特定业务背景下发展领导力来说是很重要的。如果组织希望发展某些具体的领导力行为，就必须积极主动地培养领导者驱动这些行为的潜在心态，这首先要识别什么是想要的心态。在此之后，组织必须评估组织当前的心态，建立与期望心态之间的联系（我们称之为"从当前到未来"的转变），并设计干预计划来创造这种转变。我们将在本书的第二部分更详细地讨论这一版块。

从领导力发展的角度来看，自我认知在三个方面是必不可少的。第一，它是洞察力的源泉：帮助我们探索自身的性格或心理构成，有助于我们理解什么是我们努力追求的以及什么是我们看重的。第二，它是优势的源泉：让我们对如何塑造自身有清晰感，有助于我们将自己的特质和才能运用到我们所面临的任务中。第三，它是社交能力的源泉：让我们认识到自己与其他人的不同之处，帮助我们认识到别人是谁，并为合作奠定基础。

虽然没有哪一种特定性格类型的人注定会成为领导者，但我们发现伟大的领导者往往能够敏锐地觉察他们独特的品质和才能，以及如何利用这些优势让每个人受益。领导者能够理解自身的潜在心态，专注于优势以及移除限制性信念，这是有效领导力行为的核心促进因素。伟大的领导者愿意面对内在的障碍，这些障碍有时会阻碍他们发挥自己的领导潜能。对领导力来说，更好的是创造觉察机会而不是规定行为，因为创造觉察机会能够帮助领导者在他们的工作中利用自身的优势，而不是弥补他们的劣势。我们坚信，领导者最强大的工具既不是某个公式，也不是一份检查清单，而是开放的心态。

把关注点集中在行为、技能和心态上是以另一种方式向领导力学派"是+知+为"这三个元素的关系投以关注。[21]技能和心态在这里是至关重要的，因为它们弥合了知与行之间的鸿沟。对工作场所来说，它们不一定是自然发生的，它们需要学习、练习和掌握。

另外还有一件重要的事——要注意到领导力定义的另一层含义：领导力在组织的各个层面都是息息相关的，我们不会按照董事、经理、主管和一线员工的层级来区别对待领导者。在组织的每一个层级上都有领导力获得成功的机遇和先决条件。因此，对整个组织来说，各级领导都是相关的，而且是推动业绩的关键。在一个典型的组织中，领导或高管团队每天只做出一小部分领导决策，真正提升绩效的是各级更好的领导力累积的决策总和。

如果领导力不足，那么没有一个组织能生存下来，领导力是一个组织财务绩效和非财务绩效的关键促进因素。然而，这是一个复杂的话题，经常被传奇化。它似乎有许多真相，这取决于你从哪个角度看待它，你很难找到对领导力这个话题没有自己的见解的人。

小结

　　我们在本章探讨了构成高效领导力的因素，而这些因素又为组织如何促进领导力的发展奠定了基础。我们回顾了领导力的发展史，探讨了五种不同的思想流派，我们发现，领导力的发展并不能简单地分为一两类，而更多的是一种"组合"。通过结合不同的理论与麦肯锡的专项研究，同时也结合我们自己发展顾问领导力的经验，以及帮助数百位客户发展领导力所积累的项目经验，我们提供了一种求真务实又别具一格的领导力视角和定义，这让我们能够理解在个人和组织层面，到底是什么真正驱动了领导力效能的提升。

　　总体来讲，我们有关领导力的观点基于三个论断：第一，组织层面的有效领导力是指那些可以确保组织的一致性、执行力和革新力的一系列行为；第二，组织所需的具体领导力行为取决于组织所处的特定业务背景和环境；第三，正确的技能和心态会促成领导力行为成为现实。组织必须明白自身的业务背景和所需的领导力行为，并能规模化地将必要的技能和心态落实到位，这样才能驱动有效的领导力。

　　在下面的章节中，我们将回顾支撑我们发展正确领导力行为（由业务背景和环境决定）的方法的相关研究与实践，以及所需的潜在技能和心态。

第2章

规模化领导力钻石模型

高塔姆·库姆拉（Gautam Kumra）

米歇尔·克鲁伊特（Michiel Kruyt）

拉梅什·斯里尼瓦桑（Ramesh Srinivasan）

我们的知识支柱_026

我们的核心原则：规模化领导力钻石模型_032

我们所做的一切都是建立在一套清晰明了的原则之上的，这些原则是从广泛的实践和理论知识中归纳出来的，并且在实际工作中被反复测试过的。就领导力发展而言，我们是在整个系统发展层面思考的，并能够以恰当的速度和规模在组织层面上创造或提高领导力效能。这一目标的进展通常以组织整体范围内的指标为衡量依据，如前面概述的组织健康指数。

当然，提高领导者的个体效能将是这一过程的积极推动因素，但这不是我们在这里要重点讨论的议题（个人领导力的发展目标还有其他不同的实现方法）。本章将回顾我们的四大知识支柱——领导力发展四原则（共同定义为"规模化领导力钻石模型"），并展示如何将这些原则在一个整合的系统中联合应用。接下来的四个章节会对每个原则进行更详细的阐述。

有一点很重要：任何领导力发展干预计划的首要目标都是通过组织层面的领导力效能来提高绩效。结构化的领导力发展干预计划是诸多方式的一种，这也是我们在这里所关注的。然而，成功实现领导力效能的一个关键因素是在组织范围内采取全面的方法，不仅包括领导力发展，还包括继任规划、岗位流动和招聘等环节。本书的第三部分（常见问题）集中讨论这些干预计划中的其他几个环节。这些虽然不是本书的重点，但绝不是不重要的。

我们的知识支柱

领导力发展既是一门艺术，也是一门科学，包括许多理论和观点（可能有人会说这些理论和观点的数量太多了）。当如此大量的材料存在时，我们从哪里开始呢？此外，当不同的理论看似互相矛盾时，我们应该如何应对呢？

在领导力发展方面，我们知道我们的核心原则必须一起表达，如果去除或淡化一个或多个原则，就可能会带来实际应用结果不理想的风险。那么，我们发展领导力的原则从何而来？这些原则有哪些资源在背后支持？

我们的核心原则基于经验和知识的结合，是一种实用的智慧。我们在第1章中介绍了我们在定义领导力时借鉴的不同的思想流派，采用了一个多维度的、实用的方法。我们在确立我们的领导力发展原则时也遵循了同样的做法。我们借鉴了大量的理论，把理论的精华与实践结合起来，做到实事求是。

我们定期回顾并参考全球最新的有关领导力的理论和趋势，以批判性的眼光关注可信的且有科学支撑的研究发现（我们在第1章回顾了领导力理论的不同流派）。此外，我们的理论还具有适应性和前瞻性，因为我们不仅将相关领域的理论纳入了最新的研究，还定期通过内部知识网络和外部咨询委员会不断完善自己的思维。

我们在很大程度上参考了《组织科学》（organizational science）。麦肯锡对组织所做的研究为领导力有效性、组织健康状况和绩效之间的联系提供了深入而可靠的证据。我们对情境型领导力的研究（将在本章和下一章中介绍）有助于我们明确在特定的业务环境中的领导力需求，而我们的领导力发展、组织健康指数和转型变革措施则提供了以事实为基础的方法论来发起变革并保证变革项目的成功。此外，我们的组织方案团队在许多其他领域的组织主题之间架起了桥梁，包括通过大数据的"人员分析"和组织科学计划。我们会定期关注各个行业和地区，包括很多非麦肯锡的国际化、多样化的客户的领导力发展的热点和进展状况。

我们应用了神经科学在成人学习原则、积极心理学、基于正念发展技巧，以及如何管理个人精力等方面的最新成果，也从麦肯锡内部的神经科学家和公司专门负责学习发展的团队，以及外部的专家和顾问那里学习吸收了很多经验。

通过每年实施的100多个领导力发展干预计划，我们不断在全球范围内收集实践中有用的反馈，因此，作为实践者的学习过程是我们的一个关键知识支柱的来源，并且这种学习过程每年都使参与者迅速成长。此外，我们还定期举办多个领域的多客户高管研讨会，包括为首席执行官举办的鲍尔研讨会（Bower Forum），为企业核心高管（CXO）举办的高管转型大师班，为高层领导举办的变革领袖研讨会和正念领导力项目，以及为中层领导者举办的青年领袖研讨会。每年，我们都举办60多个研讨会，吸引了来自60多个国家的350多个组织的1000多名领导者参与。

最后，为了让领导力发展进程与我们的多维度方法保持一致，我们也建立了包括哲学、灵性、心理学、发展理论、人类学、道德价值观等多学科方法，并在需要的时候将这些方法应用到领导力发展中。

有两个方面特别值得强调：

第一，越来越多的研究表明，一个组织的发展阶段与其领导力效能之间存在联系。我们在与组织和个人的工作接触中，越来越关注阻碍个人和组织发展的固有信念和潜在的思想障碍。

第二，我们已经见证了一种增长趋势——那些已经任职多年的首席执行官尤其喜欢深刻的问题和深刻的反思。在这方面，我们经常求助于哲学和精神学方面的教学指导。

关于领导力发展的最新研究，我们在本书的前言中提到了"组织的领导力挑战"：1/3的组织认为他们没有足够的领导者来实现他们的战略和业绩目标。此外，1/3的组织表示，除近期战略和业绩目标外，他们不具备带领企业应对未来3~5年变化的领导力。[1]同样令人不安的是，只有大约55%的高层表示，他们在组织的领导力发展干预计划中达到并保持了预期的目标。而实际上，如果只看那些"非常赞同"的人，这个比例会下降到11%左右。[2]换句话说，企业认为他们不具备现在或未来所需要的领导力，而且他们无法填补这个缺口。

我们在不断测试并完善我们的方法，涵盖了与提高领导力效能有关的广泛主题。[3]我们之前也讨论过，组织层面的领导力发展需要系统的方法，例如我们对领导力发展干预计划失败原因的研究指出了几个关键的不足：忽视了业务环境的作用，所做的领导力发展的努力脱离实际工作，低估心态对领导力发展效果的影响，以及未能对领导力发展的结果做出充分衡量。[4]

2016年，我们扩展了这项研究，并测试了该领域的50种领导力发展措施，覆盖超过全球500名高管和领导力发展专业人士。一个明确的研究设计目标应该是全面的，因此，我们测试了50种领导力措施，覆盖了我们认为对领导力发展的成功可能有必要的全部措施。这项最新的研究增加了我们现有的知识储备，并在组织的领导力发展干预计划中得以应用。总的来说，有三个关键的洞察：

第一，规模化领导力需要一个涵盖四个关键领域的系统性方法。当我们看到实际结果时，就会发现有些举措比其他举措重要得多，而且这些举措对整体规划的成功确实至关重要。例如，基于实证研究，与领导力发展干预计划不成功的组织相比，那些成功实施领导力发展干预计划的组织更倾向于将关注点放在最关键的、真正影响绩效的领导力行为上。我们还看到，最关键的行为包括四个主题：根据组织的现状和战略的背景来确定领导力发展干预计划；确保计划覆盖整个组织；利用最新的成人学习理念设计行为转变和学习成果转化方案，并将这些在更大的组织范围内整合；将计划嵌入正式与非正式的机制。这些主题与我们进行的其他领导力发展研究以及我们在实践中看到的是一致的。图2.1显示了10个最重要的领导力发展举措，围绕四个主要主题分组。每个倍数都显示了在实施关键举措时，领导力发展干预计划成功并持续的可能性提高了多少倍。这对组织来说意味着在制订领导力发展干预计划时，必须确保计划涵盖这四个主题。

第二，没有"灵丹妙药"存在，成功就是把许多事情都做对。领导力发展措施和计划的成功率之间有明显的相关性。在图2.2中，横轴是行动的数量，纵轴是成功率，这条曲线显示了采取的举措数量不断增加时计划成功率的效果。因此，成功的组织不仅要涵盖上述四个主要领域，而且要确保每一个领域内举措的深度。

值得指出的是：第一，在采取大约24个关键举措之前，成功率不会超过30%；第二，必须采取40多个关键举措，才能把成功的概率提高到80%；第三，如上所述，完成所有50个举措的组织将成功率提高到了99%。

第三，我们的方法是有效的。我们发现，在接受我们调查的组织当中，有一部分能够持续实现并维持其领导力发展目标，这些组织通过一个综合和最佳的实践方法，采取了所有的50个举措。这些组织能够将成功的概率从50%多一点"翻转"到几乎100%。考虑到研究本身的假设驱动性质，这是令人信服的。无论如何，这是对我们的方法有效的再次印证。注意：成功的领导力发展干预计划是那些达到并维持项目预期目标的计划，受访者包括"同意"和"非常同意"。

采取关键举措的可能性增加度，前10名

关键主题	因素	采取关键举措的可能性增加量（倍）[1]	
领导力发展干预计划根据情境而定，主要基于组织的现状（组织健康指数）和战略	根据基于事实的研究，着眼于真正影响绩效的最关键的领导力行为		8.1
	根据领导力模型，决定未来心态和行为需要做出怎样的改变		5.5
	通过领导力模型将组织的战略转化为必需的领导力素质和能力		5.4
领导力发展干预计划覆盖整个组织	确保领导力发展干预计划覆盖整个组织，并在更广泛的领导力发展战略背景下制订领导力发展干预计划		6.9
	确保领导力战略和领导力模型涉及组织的所有层面		6.4
领导力发展干预计划利用最新的成人学习理念[2]	积极鼓励个人践行有助于成为更优秀领导者的新行为		6.1
	领导力发展干预计划将内容与项目（个人或团队）联系起来，让参与者拓展知识，并要求将自己的学习收获长期应用到新环境中		4.6
领导力发展干预计划要嵌入组织正式与非正式的机制中	在实施领导力发展干预计划之前，回顾建立领导力技能的正式与非正式的机制		5.9
	调整正式的人力资源系统，以强化领导力模型所需的行为（例如招聘、绩效评估、薪酬设计、继任计划）		5.6
	高层团队在领导力发展中以身作则，展示示范预期的行为（例如担任教员、项目支持者、导师或教练）		4.9

规模化领导力

[1]与领导力发展干预计划不成功的组织相比，领导力发展干预计划成功的组织采取关键举措的可能性会高多少倍。
[2]其他重要因素包括在研讨会之间实施的各种实际挑战项目（3.6倍）、基于优势的发展（3.4倍）、教练辅导（3.2倍）、注重解决心态问题（2.9倍）。

图2.1 发展领导力最重要的10个举措

领导力发展干预计划
的成功率（%）

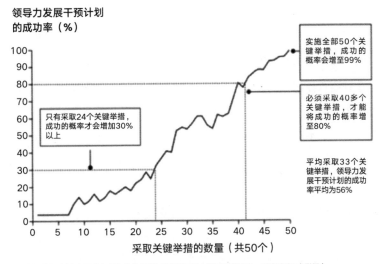

只有采取24个关键举措，成功的概率才会增加30%以上

实施全部50个关键举措，成功的概率会增至99%

必须采取40多个关键举措，才能将成功的概率增至80%

平均采取33个关键举措，领导力发展干预计划的成功率平均为56%

采取关键举措的数量（共50个）

（在绩效和健康方面"有些"或"非常"成功的领导力发展干预计划；平均移动5个举措）

图2.2 要将成功率提高到80%必须采取40个以上关键举措

我们的核心原则：规模化领导力钻石模型

现在来谈谈我们的方法的核心原则，这些原则需要始终适用于成功的领导力发展干预计划。这些原则从我们上面讨论的最近的研究中得到了印证——该研究明确了规模化领导力的四个关键领域和采取措施的力度。在此基础上，这些原则还通过许多其他渠道获得了佐证。下面概述的核心原则是我们从过去和最近的研究中收获的以及在现实中观察到的，也是作为领导力发展的从业者在与世界各地客户打交道的过程中所感知到的。它们是从已知的原因和理性的演绎中得出，并且经过多年的研究、实践和提炼而发展起来的。像任何好的理论模型一样，它们不仅有助于解释"现在是什么"，还能预测未来需要什么。

它们汇集了我们对这个主题的思考，并形成了领导力发展干预计划的基础（我们将在本书的第二部分详细介绍）。它们涉及"内容"（在具体业务情境下需要的行为转变）、"参与者"（组织参与），以及个人和组织层面"如何操作"（构思领导力发展干预计划如何最大限度地带来行为改变，以及整合与衡量结果），统称为"规模化领导力钻石模型"（图2.3）。这个"钻石模型"是一个持续循环，组织在实施这四个原则时，也会不断地调整它们：这是一个持续的、永无止境的过程。随着环境的变化，组织需要培养的行为、技能和心态也在变化。接下来，我们将简单介绍这四个方面的核心原则，并对其进行进一步的阐述。

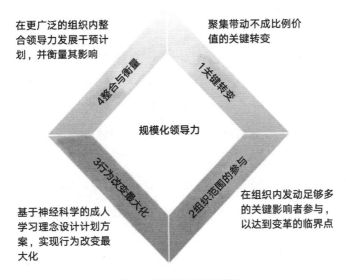

图2.3　规模化领导力钻石模型

图中文字：

在更广泛的组织内整合领导力发展干预计划，并衡量其影响

聚集带动不成比例价值的关键转变

4整合与衡量

1关键转变

规模化领导力

3行为改变最大化

2组织范围的参与

基于神经科学的成人学习理念设计计划方案，实现行为改变最大化

在组织内发动足够多的关键影响者参与，以达到变革的临界点

核心原则1：聚焦带动不成比例价值的关键转变

将发展领导力与组织背景和战略联系起来，关注对绩效影响最大的3~5个转变（行为、技能和心态）。

在最新的研究中，我们了解到领导力发展经常与组织背景和战略相脱节。高管们告诉我们，他们所在的组织通常不能通过针对他们需求的领导力模型将战略转化为所需的领导力技能。许多组织使用通用的、没有针对性的领导力模型，而不是专注于真正影响绩效的关键领导力素质。我们经常看到的是一长串的领导标准，即一个由数十种能力和企业价值观构成的过于复杂的关联表述。每种方法通常都以一个看似容易记住的方式进行总结，每一个术语单独来看都有道理，然而在实践中，经理和员工经常看到的是一堆指令，既不够具体，也没有优先级顺序。

但是，成功的组织不会编造领导教条，也不会为了领导而进行领导力发展，而会将领导力发展与组织战略联系起来。当领导力发展与战略恰当地联系起来时，结果明显更好。我们在研究中发现，在领导力发展方面取得成功的组织，比那些没有取得成功的组织，更倾向于关注真正会影响到绩效的最关键的领导力行为。

在制订领导力发展干预计划时，组织应该问自己一个简单的问题：这个计划到底是为了什么？如果是为了支持以收购为导向的增长战略，那么组织可能需要有创造力、有能力为新的事业部制定制胜战略的领导者；如果是为了抓住机会实现业绩增长，那么企业可能更希望高层人员善于培养内部人才。

一个组织一旦确定了其领导力发展目标，并与组织背景相联系，那接下来就是时候确定优先级了。组织不可能什么都做，所以他们最好把关注点放在真正重要的事情上，比如3~5个最关键的行为转变（同时也包括技能和心态），以支持和推进他们的战略。事实上，我们正在进行的转型变革研究和经验表明，要想在变革项目中取得成功，组织应该把重点放在3~5个最关键的行为转变上。这也与我们的最新研究相一致——有成功的领导力发展干预计划的组织更有可能关注这3~5个关键的行为转变，这也与我们在实践中看到的非常一致。通常情况下，组织总试图同时做太多的事情，这就意味着关键的行为转变无法实现并坚持下去。

但是，组织应该关注哪些行为呢？这是我们在开始关于情境型领导力大规模研究时应该问自己的问题。在2016年的一项调查中，我们调查了165个组织中的37.5万人后发现，只有少数领导力行为能驱动组织的绩效，而且这些行为会根据背景环境发生变化。比如，与扩张和增长阶段相比，转型危机阶段需要不同的领导能力。

然而，仅仅有特定的行为（以及技能和心态）是不够的。在今天的环境中，战略有时会迅速变化，一项新技术和一个新的竞争对手可以使一个表现良好的组织在短时间内陷入转型危机。除特定情境的行为外，还需要适应性，即能够适应不同情况并具有迅速调整行为的心理灵活性。不光领导者需要这样，整个组织中大多数人都应该这样。适应需要高度的自我觉察力和学习心态。在下一章，我们将详细介绍不同背景下最有效的具体的行为、技能和心态，以及发展领导者适应性的方法。

核心原则2：在组织内发动足够多的关键影响者参与，以达到变革的临界点

要改变整个组织的领导力行为，并让所有员工了解什么是卓越的领导力，组织必须确保工作的广度、深度和速度。

如今，许多领导力发展干预计划都是偶发性的，且只关注部分组织。在整个组织中持续改变领导力行为所需要的是工作上的广度、深度与速度的结合。

首先是广度。 在研究中我们发现，对于领导力发展干预计划成功的组织来说，确保领导力发展干预计划覆盖整个组织的成功率会比其他组织高6.9倍，并能在更广泛的领导力发展战略的背景下设计方案。我们还发现，同那些不成功的组织相比，成功的组织更能确保他们的领导战略和模式传达到组织的各个层级。

在实践中，这就意味着在组织的各个层级要迅速覆盖足够多的关键影响者。展现某种新行为的关键影响者的数量需要达到临界点，唯其如此，这种变化才会自行维持，组织才会转型。临界点取决于许多因素（包括信息的黏性以及个体之间的互动程度），流行病学、社会

学和市场营销等领域的临界点理论表明，10%~30%的群体成员的行为转变是群体整体改变的必需条件。根据我们的经验，对整个组织来说，不需要10%至30%的改变比例，我们需要的是关键影响者的数量达到临界点，组织中的其他人会从这些人身上寻找在组织中获得成功（或生存）的重要信号。出于角色、信任关系或性格的原因，关键影响者能够影响组织中其他人的行为。关键影响者包括高层管理者——CEO以及CEO以下的一两个层级、出色的人才、有影响力的人和关键角色（例如分公司经理、工厂经理）。我们发现，这些人的比例需要达到组织的5%~15%，这取决于组织的具体情况（例如规模、行业、管理幅度和层级）。

其次是深度。发展领导力需要时间，建立一系列领导能力需要花费时间，新的行为需要反复练习才会发展成一种能力。大多数领导力发展干预计划并没有把领导力发展看作多年或几十年的历程，相反，这些计划通常持续时间很短——几周到几个月，断断续续、零零碎碎。此外，许多人倾向于关注"年度亮点"，关注领导力当下最流行的方面，结果是，新的洞察力和行为永远不会发展为能力。

最后是速度。我们发现更快即更好可以作为一个经验法则。比如，若领导力发展干预计划发起6~9个月后，组织内的员工没有看到有意义的变化，他们就会开始质疑该发展计划对组织以及对他们个人的价值。因此，检验领导力发展干预计划的成果不光要从高层（N-1级：管理层的一个层级）开始，也要从他们的直接下属（通常是主管或副总裁级别）开始，这都是有益的。

像专业服务或军队这样的组织都明白，领导者必须经历师徒式的培养，在组织内部成长，因此这些组织会长期投入时间、精力、人力和财力来培养自己的领导者。这种方法为个人领导者提供了一条持续的发展之路，也可为组织有计划、有保障地培养领导者以及整个组织范围内的领导力文化。在第4章中，我们会更详细地概述组织如何考虑广度和深度，以确保系统范围内的领导力变革。

核心原则3：基于神经科学的成人学习理念设计计划方案，实现行为改变最大化

运用与神经科学相关的最新原理，明确致力于帮助个人"更好地完成日常工作"，设计干预措施，将所教和所学的价值及其对组织的影响最大化。

成人学习是一个由来已久的术语，这里的区别在于：第一，将重点放在制订有明确目标的干预计划上，即将所学知识最大限度地转化到个人的日常工作中；第二，运用了基于神经科学的最新成人学习理念。

如今，许多领导力发展干预计划都建立在对培训的古老理解之上。当被问及他们是如何学会当领导时，每一个成功的领导者都会讲述自己如何掌控困境、带领他人度过逆境的故事——在这些故事中学到的东西最终能帮助领导者在日常工作中表现得更好。这是因为领导力（像任何其他能力一样）是人们在特定的背景环境中必须处理实际问题时发展起来的。如果一个人发现一种新的行为，并用它来处理很复杂的情况，那么随着时间的推移，他在日常工作中对这种新行为加以实践时，它就变成了一种能力。然而，这并非大多数领导力发展干预计划的运行方式，许多人（如果不是大多数的话）仍然依赖"教师和教室"（主持人和研讨会）模式，这种方式使领导者在处理日常工作方面改进有限。

跟其他领导力发展干预计划不同的是，我们明确地围绕实现最大限度的学习转化来制订干预计划。学习转化是指在一种环境中学到的

知识或技能，以及个人在另一种环境中提升绩效表现的过程，我们利用最新的神经科学原理来实现这一目标。在过去的20年里，神经科学在我们的大脑和成年人学习方式的理解方面取得了重大突破。例如，我们知道，神经可塑性（大脑形成新的神经通路和功能的能力）不再局限于儿童时期，而是贯穿人的一生。[5] 我们也知道更多关于如何明确地提高成人学习转化的方法，以及它们对领导力发展干预计划的影响。从根本上来说，我们经常采用的成人学习原则有七条：

- 将参与者带出舒适地带。
- 在岗学习和自我发现的方法。
- 利用工作中的学习，通过重复和练习形成新的技能。
- 提供积极的框架，将积极情绪与学习联系起来。
- 确保干预计划以优势为基础。
- 处理潜在的心态问题（全人方法①）。
- 通过反思和教练辅导来保证反馈循环。

我们关于领导力发展的最新研究发现，与不成功的组织相比，具有成功的领导力发展干预计划的组织更喜欢积极鼓励个人实践新行为，从而成为更好的领导者，且它们这样做的概率是不成功的组织的6.1倍。

与成人学习相关的另一个关键的成功因素是，组织将内容与个人或团体联系起来，挑战学员，并要求他们将所学到的知识长期应用到新的环境中（4.6倍）。其他重要的举措（除了我们排名前10的举措）还包括研讨会之间的各种实际挑战项目（3.6倍）、基于优势的发展（3.4倍）、教练辅导（3.2倍）和注重解决心态问题（2.9倍）。将这些

---

① 全人方法（whole person approach），指全面、充分开发人的潜能的方法。

干预措施综合起来并加以合理设计，将实现较高的学习转化率。

此外，还有许多基于神经科学的最佳做法，组织都可以采用，它们不仅能提高学习效率，还能提高员工的整体效率。这些实践与多任务处理、心态、偏见、正念和身体健康有关，我们将在第5章详细阐述上述要素。

核心原则4：在更广泛的组织内整合领导力发展干预计划，并衡量其影响

组织必须确保在更广泛的系统中，能直接支持并促进领导力发展干预计划需要的行为、技能和心态的转变。

许多领导力发展干预计划都是"孤立"的，与其他致力于改变一个组织的管理措施脱节。最近，我们参加了一个讨论，在这个讨论中，学习与发展部门的一个主管被委派在组织内发展领导力的任务，现在他需要展示成果。然而，发展新的领导力需要做出改变并学习新的行为，很少有人仅仅通过接受培训就能改变自己的行为。这个学习与发展主管注定不会成功，因为他的岗位职责没有同其他组织要素相结合。事实上，我们有时会看到文化举措和其他组织健康的干预措施完全独立于领导力发展进程之外，这不仅降低了每个举措的有效性，在最糟糕的情况下，还会让员工感到困惑。

如果上级能够解释并示范新的领导力行为，如果激励系统、组织模式和文化能够强化这些行为，那么大多数人就会改变自己的行为，习得新的能力。要创造大规模的持久影响力，组织必须调整系统、流程与文化，让领导力发展干预计划得以实施。然而，不幸的是，大多数领导力发展干预计划并没有嵌入包含这些元素的整体方法中，而只是作为孤立的计划实施的。

我们的研究表明，如果领导力发展包含在一套组织干预计划中，除领导力发展干预计划外，还包括三个要素，那么领导力发展就会是最成功的。这三个要素是：

整个组织的高层领导（尤其是首席执行官和高管团队）以这些行为为榜样。我们发现，在领导力发展的背景下，相比领导力发展不成功的组织，领导力发展成功的组织的高层领导有理想榜样行为的可能性增加了4.9倍（例如担任项目教员、项目支持者、导师或教练）。

组织以结构化的方式，在整个组织中有序沟通，促进理解，并为理想中的领导力行为和能力创造信念。

正式的机制，如绩效管理系统、人才评价系统、组织结构和关键流程等要能够加强领导者能力方面的必要改变。在工作中，我们发现领导力发展干预计划成功的组织与领导力发展干预计划不成功的组织相比，有5.6倍的可能性调整其正式的人力资源系统，以强化其领导力模型或所需的行动（例如招聘、绩效评估、薪酬设计、继任计划）。与此相关的另一项行动（在发展领导力最重要的10个举措之外）是确保规划目标、衡量标准、跟踪机制和治理能够明确制定和落实的，在这方面成功的组织调整人力资源系统的可能性是不成功组织的3.3倍。

案例研究：建立重要时刻的文化

背景和挑战

有家企业集团，是中东和北非地区最大、最著名的企业集团之一，在16个市场拥有4.5万名员工，跨越12个不同的业务领域。这个企业集团定义了长期战略方向和新的运营模式，这意味着控股公司（集团总部）的角色将发生重大转变，并需要在集团内发现并培养现有和未来的领导者。此外，该集团花费了很大力气解决不同运营公司文化脱节和缺乏未来领导者梯队的问题，并渴望改善其健康状况，以维持长期业绩，确保公司保持初心。

方法

从一开始，麦肯锡和该客户就联合建立了战略伙伴关系的项目。我们首先进行路演，访问和对标全球领先的企业学院，然后设计了一个最先进的领导力学院蓝图：领导力学院将成为顶级人才的孵化器、未来领导力梯队的引擎，以及组织文化和价值观的守护者，并提供世界级的培训和发展方案，以解决整个集团最关键的领导力发展需求。

我们确定了一个详细的领导力模型，该模型与组织的愿景和战略目标以及组织转型的议程相关联，共有六个主题，包括"关注客户""考虑集团""培养人才"等。领导力模型的主题被分解为组织层面可观察的行为，并整合到整个组织的人才培养和绩效管理框架中。此后，我们设计并启动了五个转型项目，重点关注集团内的顶级人才，每个项目都与领导力模型紧密关联，并与参与者在组织中面临的具体挑战相关。与此同时，我们在领导力学院内培养内部交付能力，以及组织维持和转型规模化所需的各种能力。

最后，学院启动了一个全组织范围内的文化项目，包括非常成功的新员工入职培训，并启动了一个国际演讲系列和其他社群建设项目，以激励顶级人才群体和更广泛的组织成员。

影响

领导力学院的影响是深远的，它在很短的时间内取得了重大进展。在头3年，超过400名顶级人才在领导力学院完成了领导力发展之旅，900名新员工完成了为期3天的入职培训，1.9万名一线员工完成了为期一天的入职培训，4000名员工加入了文化塑造计划。课后反馈一贯良好，领导力课程的有效性平均得分为9.3分（满分10分）。

在组织层面，领导力学院在3年内就帮助该集团实现了组织健康指数得分增加14个百分点的目标，从第三四分位上升到第二四分位的中间。领导力发展成果是组织健康指数的一大驱动力，在同一时期，该领导力绩效从第四四分位上升到第二四分位，上升了13个百分点。在个人层面，参与者的反馈突出强调了该课程"改变人生"的作用，而团队中的顶级人才则强调，该课程是他们保持长期兴奋并致力于服务组织的主要原因。

反思

CEO和高管团队对人才议程的坚定付出是领导力学院成功的关键因素之一，这使整个集团（人力和资源）得以动员起来，以创纪录的速度创办了领导力学院。尽管行动迅速，但领导力学院绝不是匆忙速成的"花架子"，从一开始，我们就以长远的眼光来看待发展。在启动之前，我们还花了一些时间来推动并确保高管团队的参与，并对领导力模型达成共识，以及随后的课程设计。

成功的另一个关键因素是领导力学院使整个组织都参与了进来。除了让高层团队参与领导力发展和角色示范，领导力学院还推出了一项新员工入职培训计划，"溯及既往"，让所有在职员工和新进员工都参与培训。此外，领导力学院启动了文化项目，将领导力模型和价值观嵌入组织中，确保领导力学院不仅能成为输送未来领导者的渠道，而且能成为组织文化和价值观的监护人，并能在更广泛的范围内实施战略。

一个综合的系统

本章中概述的四个核心原则为领导力发展提供了一个综合体系。我们的研究和经验表明，为了提高整个组织的领导力效能，这四个原则必须同时存在。即使坚持了其中的三个，领导力发展的效果往往也会大打折扣。此外，核心原则是连续变化过程的一部分，随着背景环境的变化，组织需要培养的行为、技能和心态也在变化。

有许多因素可以对领导力发展干预计划付诸实践并产生影响（例如，研讨会举办的天数，具体的学习模块，分配的引导师，现场或远程地点），预算通常会限制可用的解决方案。但关键是将这四个原则纳入计划中，这适用于所有组织的各个层级和所有预算水平，这样做将大大增加领导力发展干预计划取得成功和持续变革的概率。

值得注意的是，虽然我们的知识基础大体上保持不变，但知识的存量却在不断增加，所以当环境改变时，我们的想法也会改变。我们会定期更新我们的发现，并进行新的研究来对其进行测试、改进或者验证我们的方法。而这些原则已经制定出来，并且经受住了时间的考验，还足够灵活，可以在新知识出现时将其纳入其中。

随着新研究的开展和组织环境的不断变化，适用于核心原则1的具体行为转变也将发生变化。特别是技术，它是一个贯穿始终的主题，对我们在接下来的章节中强调的四个核心原则都有重要的影响。在核心原则1中，技术正成为领导力发展课程中越来越重要的一部分，因为组织不能再忽视来自高级分析和数字化等方面的机遇以及挑战。在核心原则2中，技术正成为关键手段，例如通过App和虚拟现实识别组织的顶级人才，并在计划进行期间使人数达到"临界量"。随着我们获得更多关于大脑学习方式的证据，以及我们开发新的交付手段（例如，可穿戴技术的即时反馈），最大限度提高学习转化率的成人学习方法（核心原则3的基础）将不断发展。而技术也让整合和规范领导力发展干预计划的新方法成为可能（核心原则4）。并且，在所有情况下，核心原则本身仍然是正确的。

小结

　　这四个原则构成了规模化领导力钻石模型，形成了领导力发展工作的基础。接下来的四章将更详细地阐述每个原则，包括我们对每个主题的最新研究和思考。本书的第二部分将说明我们如何在领导力发展干预计划中整合和实现这四个原则。

第3章

聚焦关键转变：核心原则1

比尔·尚格宁格（Bill Schaninger）

克里斯·盖格农（Chris Gagnon）

张海濛（Haimeng Zhang）

迈克尔·巴济戈斯（Michael Bazigos）

为什么关键转变要有特定的背景_048

打开组织背景的"黑匣子"_050

真正重要的领导力行为_055

背景之间的转换：适应型领导力_067

关键促进因素：技能和心态_077

领导力发展的意义_080

我们证明了领导力效能与组织绩效紧密相关，并将"领导力"一词定义为：为了成功实现共同目标，在不断变化的环境中激励并团结群体争取一系列行为的能力。换句话说，领导力就是大规模的协同、执行和革新。在上一章中，我们强调，为了培养高效的领导力，真正提升绩效，组织必须大规模培养某些行为、心态和技能。我们看到，领导者展现出的高效行为能力取决于他们理解与适应环境的能力、技能、工作经验和心态。我们构建了规模化领导力钻石模型，其中第一个核心原则就是聚焦带动不成比例价值的关键行为，它们的确能提升绩效。在这一章中，我们将进一步讨论至关重要的具体行为、技能和心态。

第一，我们讨论的是核心原则1的重要性，以及如果该原则缺位，通常会有怎样的后果。第二，我们会打开背景的"黑匣子"。我们都知道，组织必须有一致性、执行力和革新力，但我们也知道，做这些事情的程度和方法会因背景不同而有所区别。我们将回顾探查到的不同的潜在组织背景，着重关注组织的健康，将其作为观察背景最有价值的镜头。第三，我们会讨论"情境型领导力阶梯"（situational leadership staircase，简称"领导力阶梯"），概述健康环境下对组织来说最有效的一些行为。我们发现，这其中既包括适用于任何情境的基准行为，也包括情境行为，其效果会在特定的背景下产生。我们会讨论组织如何才能"更上一层楼"，提高领导力效能。第四，为了让领导力在不同背景之间有效转换，我们会讨论适应力的重要性。第五，我们会在具体的背景下，探索技能和心态方面潜在的促成因素，以便更好地支持预期行为。第六，我们会讨论领导力发展干预计划的实践意义。

核心原则1：聚焦带动不成比例价值的关键转变

将领导力发展与组织背景和组织策略联系在一起，关注3~5个关键转变（three–five shifts，行为、技能和心态），以期为业绩带来最大的影响力。

为什么关键转变要有特定的背景

在2014年的《麦肯锡季刊》（*McKinsey Quarterly*）中，我们表明，对背景的忽视，是造成领导力发展干预计划失败的主要原因。[1] 我们最新的研究成果有力地支持了这个观点，根据基于事实的研究，我们发现，相比一般组织，那些领导力发展干预计划比较成功的组织有8.1倍的可能性更关注于能够切实影响绩效的关键性领导力行为。有73%已取得成功的组织进行了此项行动，而领导力发展干预计划不成功的组织中，只有9%的组织采取了上述行动。换句话说，在没有采取上述行动的情况下，大多数组织不能够取得领导力发展干预计划的成功。

我们的研究还包括下列关键的举措：通过领导力模型，将组织策略转变为所需的领导力素质和能力（领导力发展干预计划取得成功的组织实施此行为的可能性是不成功组织的5.4倍）；根据领导力模型，确定心态和行为在未来需要做出怎样的改变（5.5倍）；以组织背景为基础，从内容和传达两个方面量身定制领导力发展干预计划（4.2倍）。值得注意的是，除了行为转变，我们还发现，支持行为转变需要基本的技能和心态，对其予以关注也十分重要。因此，特定背景的转变包括三个方面，即行为、技能和心态。

我们的经验同样支持这一观点。我们见过太多的培训计划，建立在"一刀切"的假设基础上，不管策略、组织文化或CEO授权具体怎样，都认为可以运用同样的技能或领导力风格。很多描写成功企业的流行书籍中，提出的建议同样宽泛。总的来说，很多领导者和组织使用的都是较为宽泛的通用领导力模型，而并不关注能够切实影响业绩的关键性领导力。

例如，我们所熟知的一家欧洲大型服务企业的CEO，在市场飞速增长时业绩优秀，但在最近的经济下滑期间，却不能为企业指出明确方向或在企业的事业部中明确财务纪律，反而继续鼓励创新和新思路。这一文化特征确曾带来成功，但他最终却因为业绩不佳被替换掉了。

在另一个案例中，欧洲某家零售银行急于提高销售业绩，此时最重要的技能（同时也是最短缺的），就是在未经直接管理层正式授权的情况下，劝说并激励自己的同事。这种在正式汇报程序之外对他人产生影响的艺术，与很多组织的刚性结构正好相反。具体到这家公司，对于销售经理而言，最重要的是劝说IT部门改变系统和工作方法，因其已给销售部门的经理增加了负担，他们迫切需要将时间用在介绍重要的促销措施上。当这些经理关注了系统和工作方法的改变后，银行的营业额上升了15%。

这一核心原则的第二部分，涉及至关重要的行为转变。组织不仅应当对领导力行为进行规划，以便实现公司策略，而且应该把重点放在3~5个关键转变上。成功实施领导力发展干预计划的组织，关注这些关键转变的可能性为其他组织的3.2倍。这一点与我们所做的转型变革研究以及在实践中的发现相一致。组织通常会一次性地尝试做太多的事情，这就意味着其并没有坚持进行关键转变。

打开组织背景的"黑匣子"

情境型领导力并不是一个新概念。众所周知,当"房子"被烧毁时,并不需要什么以共识为主导的领导力。风险投资者们都知道,一个充满激情的领导者,或许能引领企业走过风云突变的创业初期,但并不一定能进行长期的领导。我们今天看到的大多数以组织为背景的文献资料,提供的都是通用公式,如宣扬领导者应具有的正直、公正无私和谦逊等品质。为了使领导力效能达到最高水平,这些公式通常会建议组织创建一支领导干部队伍,塑造完美的继任者,用以取代即将离任的领导者。

毋庸置疑,这些品质的确重要。但上述研究是以高绩效组织的共同特征为视角的,从而忽略了它们之间的不同点,而这些不同点同样有效。确定并解释组织之间的共同点,通常比确定并解释不同点要容易,因此,制订培养方案重要的是先确定相关的组织背景,然后用一种稳健的方法分析其共性和差异。

要研究的问题

在对组织层面领导力效能的现有文献进行了回顾之后,我们提出了两个问题。第一,应该如何领导一个组织?有关组织文化的文献早已表明,人们的集体行为,通常会通过设计或演变渗透到组织和单元中,从而成为标志性品牌。很多人都将这类行为理解为工作方式,即组织文化的一个方面。在这一点上,不同组织之间的区别很大。问问你自己:我该如何描述组织的运行方式?

研究表明,这一点同样被应用于领导力行为,我们的经验更加证实了这一点。不同组织的领导力行为不尽相同，这一观点可以通过组织调查数据予以证实。不同的领导力行为模式具有普遍性，这在一线员工群体中很常见。对于领导者个体的分析研究，可能会忽略这些更加宽泛的组织层面的模式。

这些模式塑造了一线员工的经验和对领导者的预期，每天有无数个创造价值或损失价值的"关键时刻"发生在一线。很多评论家本能地对高层的领导力行为感兴趣（当然，这确实非常重要），因为在一线，某些特定领导力行为的可见性和有效性，对于长期的价值创造来说，既是最大的风险，也是最大的机会。由此我们得出结论，只有在所有层面和所有员工中间培养有效的规模化领导力，才能真正推动组织绩效的发展。

我们要关注的第二个问题是：对于组织管理来说，是采用"一刀切"的方法，还是采用情境型领导力？我们有理由认为，当公司面临生死存亡、员工劳动积极性下降时，其所需要的领导力行为，与业绩优秀的公司为了避免自鸣得意而需要的领导力行为是完全不同的。"一刀切"的方法只是一种规范，当情况有所不同时，往往会偏离目标。

哪些行为适合哪种具体情境（或背景）呢？"情境"又意味着什么？它的决定因素有哪些？也就是说，我们怎么能够准确知道自己正处于特殊的情境中？最后，我们又该如何判断情境的变化已大到足以凸显不同的行为呢？

领导力文献中的《权变研究简史》涉及情境因素。然而，这些因素仍然着重于团队而非整个组织，将情境的偶然性定义为领导、员工关系和任务结构[2]、下属的成熟度[3]和决策[4]比较常见。除此之外还有很多因素，但我们的问题仍然没有得到解答。是否存在能普遍应用于大单元或大企业更宽泛层面上的一系列行为呢？哪怕这些单元或企业在特定环境或背景下有所不同。

领导力发展干预计划以组织健康为背景

观察背景的视角有很多，例如所处行业，公司的生命周期、成熟度，组织规模，所有制结构，地理情况，以及总体组织绩效、财务状况；另外，还包括组织内部背景，如战略、结构、人员，甚至包括即将设立的具体职能或部门。

上述每个角度的背景都需要不同的行为，以便实现高效领导力。我们以行业背景为例：在石油和天然气行业中，业绩优秀的领导者重视卓越的运营模式和安全标准；而专业服务领域可能更强调知识分享和学徒制教育。我们通过硬数据证明，在一般组织健康方面，事实确实如此。我们发现了由一整套连贯且互为补充的管理实务组成的四种"配方"，[5]同时发现努力向这四种"配方"靠拢的组织，比那些未能这样做的组织，有高出4倍的可能性会进入最佳健康状态。[6]每个行业都有自己的"主要方法"，所以，如果我们以所处行业为背景的话，组织应当决定将主要精力放在什么地方，并将此作为有力的出发点。不难想象，对于领导者来说，这些更加可取的管理实践，不论是对于组织的领导者，还是对于行业的领导者来说，都同样适用。

与之类似，不同背景的差别也很重要。从所有权方面来说，家族企业所需要的领导力行为不同于上市公司或私人股份投资者所购置的组织。从文化方面来说，无疑也存在差别，有关这方面的文献资料大量存在。从战略方面来说，增长战略所要求的行为不同于整合战略（或紧缩战略）。从运营方面来说，领导财务部门的性质可能与领导市场部门的性质不同。

另外，优秀的领导者，必然需要具备某些通用性品质，如表现出对员工的关怀、表达批判性的观点、品德高尚。组织在培训高效领导力时，理所当然地应考虑这些永远不会过时的品质（以及行业差别、地理差别、部门差别和其他差别）。我们在为客户设计领导力发展干预计划的内容时，也要做到这一点。

我们还发现，有证据表明，"组织健康"这一背景在指明组织所面临的最普遍的领导力挑战以及在确定最能发展领导力效能的行为方面最有见地。原因有三：

组织健康贯穿其他所有元素。所有组织（包括公共组织、商业组织和政府组织），不管所处行业、所有权结构、地理环境或其他情况如何，健康状况都不同。的确，只要有足够的数据点，无论是在业务单位层面还是部门层面，我们都可以对组织健康进行衡量。由此带来的领导力挑战和关键性行为转变会贯穿所有其他背景，因此组织健康的适用范围很广。

组织健康意味着组织的稳健运行。模仿其他成功的组织，如本行业业绩最好的公司的领导力行为，并不能保证一定会取得成功。如果仅仅关注财务业绩，并以增长最快或收益最好的组织为榜样，就会带出很多隐匿的影响因素（如所处行业或公司的生命周期）。另外，组织健康与财务业绩和非财务业绩的关联都非常明确。

组织健康是可改善的。组织健康有着非常明确的最终状态，因为组织都盼望能跻身该行业的前25名，或在某些方面盼望跻身前10名。因此，组织高度关注领导力发展干预计划（以及其他计划或方案），不仅将其用于提高领导力效能，还用于过渡到更高层次的整体健康上。在所有组织层面上，用组织健康来激励领导者屡创佳绩的例子不胜枚举。

为此，我们将组织健康作为确定最有效领导力行为的主要背景，并把上面描述的这些次级主题叠加起来探讨。我们可以放眼全球，从长期的跨领域工作中获取信息。这些主题无论是在组织层面（为实现某一战略而对行为进行规划）还是在个人层面（如个人培训计划），都含有规范的特性。

你的组织有多健康

为应用本章观点，领导者必须能够准确识别所在组织的健康状况。这一观点的树立说起来容易做起来难，因为很多领导者高度认同自己的组织和自己所担任的角色，所以他们自然而然会高估组织的健康状况和自己的领导力效能。

以我们的经验来看，有太多的高管认为自己的组织为了发展壮大在努力奋斗，[7]但事实并非如此，更多的组织的健康状况低于组织健康的中线。当我们以组织的不同层面为视角对调查数据进行检视时，发现与一线员工相比，高管们通常都对其所在组织的健康持乐观态度，他们更接近组织真正的重心。

调查、访谈和大量诚实的自我反省，都会形成对组织健康更有力的评估。有时人们不会做出严格的自我评估，为此我们总结了一些经验法则（表3.1）。它们并非凭空想象，而是有根有据的，能让人们感受到不同类型的组织到底是什么样子的。[8]

当然，其评估显示的虽然只是某一个维度的组织的健康，但为本章的其他内容提供了一定的基础。

目前我们已经将组织健康确立为背景，现在让我们来看看在组织健康四分位中，那些切实重要的行为，以及由此带来的组织所要面临的领导力方面的挑战。

真正重要的领导力行为

为了探寻特定领导力行为在不同的组织健康状况下的效能，我们测试了在一致性、执行力和革新力方面的24种主要领导力行为。这些行为包括了通常包含在组织健康指数评估中的4种领导力风格（权威型、咨询型、挑战型和支持型）[9]以及20种新的领导力行为（此处统称为领导力行为）。我们调查了来自不同行业、不同地区的165家组织中的37.5万人，开发了同类别的最大数据库。按照我们自己的工作经验和不断发展的学术观点，我们对24种领导力行为进行了测试，看其是否能够达到情境型领导力方面的严格标准。

我们提出的第二个问题是，对于组织来说，是否存在"一刀切"的方法，还是领导力须依情境而定？通过我们的分析，这一问题已得到清楚的解答。

表3.1 麦肯锡公司的"组织健康"问卷（1）

你的组织有多健康？	不赞同或强烈反对	中立	同意或完全同意
对于组织的发展方向、如何达到目标，以及这些对员工意味着什么，领导者能够传达清晰有说服力的愿景	0	5	10
组织的领导者确保每个人都能明白别人对自己的期待如何，有足够的权力并能够对由此产生的结果负责	0	5	10
领导者对企业和风险的测量管理始终如一，在问题产生时马上行动以解决问题	0	5	10
领导者与重要的外部利益相关者（顾客、供应商、合作伙伴及其他）建立联系，以便在现在和将来更加有效地创造价值建立联结	0	5	10
领导者用有效的领导力风格对组织内的员工进行行为塑造，以便实现高绩效	0	5	10
领导者鼓励并应用新观念，包括从激进式创新到递增式增长的所有一切，以便使组织有效地发展壮大	0	5	10

领导者确保组织技能和人才在正确位置上，以便使战略得以实施，创造优势，增加竞争力	0	5	10
领导者培养员工的忠诚度和工作热情，鼓励员工投入超乎寻常的精力，尽自己所能将业绩发展到最佳水平	0	5	10
组织内的领导者制定一整套清晰一致的价值观和工作规范，培养有效的职场行为	0	5	10
总计			

表3.1 麦肯锡公司的"组织健康"问卷（2）

计分图例	
大多数组织成员像你一样回应……	分数
组织健康（第一四分位），有望达到和保持业绩水平，并在较长一段时间内创造剩余价值	70~90
组织健康状况良好但并不突出（第二四分位），但在未来1~2年可以达到健康水平并最终获得市场回报	60~69
组织位于平均健康水平之下（第三四分位），但能够利用特定优势，加速踏上健康和良好业绩之路	50~59
组织健康状况在第四四分位，但如果能迅速确定绩效和健康优先事项的话，会比其他组织更快获得收益	0~49

通过上述分析，我们得到了领导力阶梯，其与马斯洛[①]需求层次理论（hierarchical theory of needs）的行为金字塔类似。[10] 对此感兴趣的读者可阅读附录1，里边提供了与之相关的更多细节。

在领导力阶梯中（图3.1），有些行为必不可少，我们称之为基准领导力行为（以下简称"基准行为"）。这样的行为共有4种，这些行为

---

① 亚伯拉罕·H.马斯洛（Abraham H.Maslow，1908—1970），美国著名社会心理学家，第三代心理学的开创者，提出了融合精神分析心理学和行为主义心理学的人本主义心理学。他的主要成就包括提出了人本主义心理学、马斯洛需求层次理论。需求层次理论是心理学中的激励理论，包括人类需求的五级模型，通常被描绘成金字塔内的等级。从层次结构的底部向上，需求分别为：生理（食物和衣服）、安全（工作保障）、社交需要（友谊）、尊重和自我实现。这种五阶段模式可分为不足需求和增长需求。马斯洛需求层次理论在现代行为科学中占有重要地位。

的加强，可以避免组织陷入困境，但就其本身而言，并不能用来辨别领导者是业绩平平还是业绩出色。领导者需要的，是超过基准行为的其他行为能力，以便帮助其所在的组织沿阶梯向上攀登。我们称之为情境型领导力行为（以下简称"情境行为"），这样的行为总共有11种。

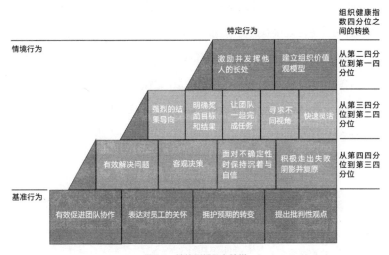

图3.1　情境型领导力阶梯

研究表明，为了能使组织健康从最末的第四四分位上升至第三四分位，最有效的情境行为通常与直接的"自上而下"的领导力风格有关：决策时以事实为依据，有效解决问题，积极关注组织的健康。当组织陷入极端困境时，尤其需要这种行为。

如果想让组织健康水平再上一层楼，上升到第二四分位，领导者似乎更应关注通常被称为"执行力导向"的行为，即让团队一起完成任务，运用强烈的结果导向意识，明确目标和结果，并寻找不同的视角。除此之外，速度和灵活性的建立也很重要，一旦任务执行完毕，这方面的需求就会出现。"以执行为导向"和"与灵活性相关"的行为并不能取代"自上而下"的行为，后者在第三四分位内非常普遍，且占据上风。领导力阶梯表明，领导力行为的每一步都建立在前一步的基础之上。

沿着领导力阶梯继续向上，若想让组织进入第一四分位，领导者必须具备创新精神，超越竞争对手，与员工建立亲密关系，吸引大量人才，直至数量超出利益相关者的预期。这就需要领导者做出通常被称为"鼓舞人心"的行为，即激励和发挥员工的优点，建立组织价值模型。

总而言之，健康状况处于底层的组织，需要培养能坚定地带领组织回到正轨的领导者，然后确立坚定的执行动力，以便取得成果、提高速度，最终激励并帮助员工发挥他们的最大潜能。另外，这4种基准行为必须自始至终存在。完整的阶梯如图3.1所示，这一模型与我们对现实的观察完全一致。每种基准行为以及情境行为的详细描述，参见表3.2。

表3.2　基准与情境型领导力行为

	领导力行为	描述
从第二四分位到第一四分位	激励并发挥他人的长处	·促使员工做自认为不可能做到的事，寻找让工作变得更有意义的方法
	建立组织价值观模型	·向员工明确传达对其个人具有意义的一整套价值观，并建议员工遵守组织价值观和规范
从第三四分位到第二四分位	强烈的结果导向	·强调效能和生产力的重要性，把最有价值的工作放在首位
	明确奖励目标和结果	·将公司愿景转化为具体的战略目标和里程碑，在绩效和结果之间建立明确联系
	让团队一起完成任务	·严格遵守纪律，密切监控绩效
	寻求不同视角	·鼓励员工：出谋划策；在需要时与关键的外部利益相关者建立密切关系；导入"最佳做法"；征求客户反馈
	快速灵活	·在组织面临挑战、出现新问题时，迅速行动或适应新的行事方式
从第四四分位到第三四分位	有效解决问题	·有效解决难题
	客观决策	·以事实、数据和分析为基础，运用良好的判断力，做出高质量的明智决策
	面对不确定性时保持沉着与冷静	·面临严峻挑战时，保持镇静和头脑清醒，在面临挑战或模棱两可时有效引导组织
	积极走出失败阴影并复原	·从挫折和失败中快速恢复，并将其视为一种学习机会
基准	有效促进团队协作	·鼓励公司不同部门共同协作，对组织进行改进，在整个公司建立团队合作和相互支持的意识
	表达对员工的关怀	·营造以团队和谐、相互支持和关心员工福利为特征的积极环境
	拥护预期的转移	·在公司内部推动革新，拥护变革，改善公司的运营
	提出批判性观点	·足够重视并考虑公司不同的行事方式，对假设和现实提出质疑

除此之外，我们还发现了一些"负面区别"。从排名来看，在组织健康方面位于较高四分位的组织，相比位于较低四分位的组织，对

这些行为强调得较少（但绝对数字仍然很高，也就是说，表现出这种行为且健康状况位于较高四分位的组织，仍然多于健康状况位于较低四分位的组织）。

据此，我们通常会建议组织发展所有的领导力行为，上述排名只会帮助你确定优先顺序。

组织背景不断变化，组织健康也是如此。有效的情境型领导力能够确定和调整进行更有效的领导所需要的行为，从而适应所有的变化，引领组织从现在的状态上升至更好、更健康的状态。以下章节会涉及不同健康阶段最为有效的领导力行为，以及组织如何在健康四分位之间进行转换的内容。

下面我们来具体看看领导力阶梯以及每一级阶梯之间的转换。

在领导力阶梯上转换

值得注意的是，情境型领导力阶梯不同等位上的行为具有累积性和连续性。已经开始进入健康历程的组织，首先必须掌握底层的行为，当组织的健康状况发生变化时，再慢慢向上移动。如果组织的健康状况在一开始就处于较高层面，组织在开始运作特定背景下的行为之前，则必须确保掌握（并维持）基准行为，以及较低四分位内的行为。这是因为，阶梯凸显的是不同背景下的不同行为。理想状况下，无论何时，组织都必须掌握15种（或尽可能多的）领导力行为。由于背景不同，这些行为的被重视程度也不同。

基准行为

对于公司来说，不管其健康状况所处层级如何，只要处于真正功能失调的水平上，似乎就有必要执行一整套的起点基准行为。根据组织的健康状况，还可能会要求其他的行为，但不管公司的健康状况如何，以下做法都是恰当的：

- 有效促进团队协作。

- 表达对员工的关怀。

- 拥护预期的转移。

- 提出批判性观点。

如果缺乏这些基准行为，组织就会招致混乱；而强化这些行为，能够避免组织陷入困境。但就其本身而言，并不能用于区分某个组织的健康水平是一般还是顶级。沿阶梯向上攀登的话，组织还需要一些其他做法。

挖掘（从第四四分位到第三四分位）

健康状况位于第四四分位的组织，面临着严峻的挑战，甚至关乎组织的生死存亡。例如，创新水平较低、客户忠诚度下降、员工士气萎靡不振、主要人才流失，以及关键资金受限制。这些组织通常缺乏某种甚至所有的基准行为，对它们而言，最重要的是进行全面的补充。但通过研究，我们还是建议，当处于艰苦环境中时，以下几种领导力行为最为有效：

- 客观决策。

- 有效解决问题。

- 积极走出失败阴影并复原。

- 面对不确定性时保持沉着与冷静。

具有讽刺意味的是，这些额外行为，与那些处于困境中的组织所采取的实际做法正相反。健康状况位于第四四分位的组织中，有太多的领导者在迫切需要采取行动时，追求自上而下的解决方案（如一次或多次更换高管），而放弃以事实为基础的分析或根深蒂固的战略。

这一点很糟糕，因为我们发现，上述常见行为中有一些是产生负面效果的。具体来说，有一种行为通过了所有的标准，即具有挑战性的领导力，它要求领导者能够引领员工做超乎员工想象的事情。不巧的是，在较差的健康环境中，对这一行为的过度使用导致了事与愿违的结果，就像对于一个腿折了的人来说，马拉松没有任何疗愈作用。

无疑，从许多举世闻名的历史事件中吸取过多教训这种举动非常危险，因为记忆通常都是选择性的。然而，上述研究结果与20世纪90年代初期国际商业机器公司（International Business Machines Corporation，IBM）亲历之事，以及20世纪90年代晚期美国大陆航空公司（Continental Airlines）亲历之事如此相似，对此我们深感震惊。路易斯·郭士纳（Louis Gerstner）是外聘来的，他接管了正处于水深火热中的IBM公司，任董事长和首席执行官。上任后，他优先处理的是那些以事实为基础的问题。其衡量标准之一就是坚持要求管理团队从根本上放弃单纯的幻灯片演示，言简意赅地提交领导力发展干预计划方案。对于那些说辞（认为公司的业绩下滑、被拆分甚至清算实属无奈，不可避免的），他也不予接受。郭士纳能够清晰地看到事实并表现出自己的适应能力，这种能力帮助他和他所带领的团队打破了长久以来IBM公司业绩下滑的局势，重新考虑那些以前被认为已经过时的产品种类，把很多人认为不可避免的资本拆分，让其拥有了新的增长轨迹。另外，领导力心态开始在企业中扎根，经过重组的郭士纳团队的成员实行了他通常的做法，并将这些做法传递到自己所带领的团队中。

美国大陆航空公司的情况也是如此：员工士气低下，甚至会从制服上撕下公司标志，免得在工作时间之外被人认出自己是该公司的员工。公司状况出现转机的部分原因，是新领导团队的成员能够接受有效态度，采取有效行为，深入评估每一条航线、每一趟航班的盈利情况，并根据实际情况采取果断措施。实际上，坚定不移地将注意力集中于事实，曾使得当时的首席运营官格雷戈·布伦纳曼（Greg Brenneman）在感恩节期间以为，公司会在未来两个月出现资金短缺的情况。但最后，领导团队精神饱满，表现出很好的适应能力，他们取消了不能盈利的航线，实施了具体的补救举措（如对准时出发的航班予以奖励），并在一年内将一个亏损企业变成了盈利企业。[11]

向上（从第三四分位到第二四分位）

我们的研究和经验都表明，那些正在崛起的公司，在领导力方面有一个最主要的不同特征，那就是能够运用组织内某些层级已然使用过的做法，并且在使用时做到系统、可靠、迅速。这一转变所要求的行为需着重于以下方面：

- 让团队一起完成任务。
- 强烈的结果导向。
- 明确奖励、目标和结果。

这种情况对以下领导者同样有利：

- 能够欣然接受灵活性（包括速度、稳定和弹性）的领导者。
- 寻求不同的视角（从内部及外部寻求最佳做法），确保其所在的公司不会忽略更好的行事方式的领导者。

但在上述环境下，对于那些组织健康状况位于最高层级的公司来说，领导者的有些品质的效果并不明显，比如激励并发挥他人的长处以及树立公司价值观等。

我们还发现了两个会造成负面影响的因素。第一个是在情况不明朗时仍然保持镇定和信心。实际上，在从第四四分位上升到第三四分位时，这一点是积极的。然而，如果组织在健康方面有所提升，健康情况上升到了第二四分位甚至第一四分位，在这种情况下，运营环境的不确定性通常会降低，因此，对这一因素予以关注，带来的收益并不大。第二个是咨询式领导力，包括征询员工的反馈意见，给员工充分的自治权。当组织发展速度较快时，应着重关注速度，没有那么多时间用于咨询。

从第三四分位上升到第二四分位的过程非常重要，但难度也很高。就四分位的相似性而言，只有这个转变呈负相关性（第四四分位和第三四分位之间的关联度为0.67，第三四分位和第二四分位之间的关联度为-0.71，第二四分位和第一四分位之间的关联度为0.37）。这意味着其所要求的是行为和心态的根本转变，同时其所强调的很多行为是以前未被强调的。在第三四分位中，高效的领导力更多需要的是根据事实做出实际的决策和解决问题，而在第二四分位中，需要的则是更多的授权以及培养员工责任。无论是培养组织内部人员还是组织外部人员，最佳做法都是"胡萝卜+大棒"的形式。在组织上升到第二四分位时，领导者通常要费尽心思，让员工避免沉迷于日常运营活动中。

我们所熟知的一家美国财务服务公司提供了一个实例。这家公司的领导者希望能够提高财务业绩，同时在核心业务方面有所创新，于是就将健康、绩效和领导力发展干预计划融合在一起，以期获取更多的风险价值。一开始，公司的组织健康位于第三四分位，即中等偏下水平。公司面临的主要挑战包括：缺乏明确目标或责任（突出表现为董事们的任务混乱不清或相互重叠，未向业绩突出者提供充分的职业发展机会），对于财务、运营和风险的管理较弱（其中一个表现就是缺乏稳定指标）。而这家公司在经营方面采用的是普遍的自上而下的领导力方法，这就使这些问题变得愈加严重。

为应对上述挑战，领导者需要将健康方案和绩效方案进行融合，如制定清晰的标准和结果，以及确定每一天的任务。公司需要通过阐述强有力的战略构想，让目标变得显而易见（以及如果未完成目标，后果如何），并以特定的经营目标和转折点作为标志。领导力的目标是促进自下而上的、以员工为驱动力的解决方案施行，积极鼓励大家提出新观点。尽管这家公司在许多方面都做得很好，但毫无疑问，这些内部转变更加强化了这些方面，并取得了切实的成果——两年内，其健康状况、业绩和领导力都已达到顶点，股票价格上涨了250%。

登顶（从第二四分位到第一四分位）

最后，就是从第二四分位攀升至第一四分位，即最高等位。在这一过程中，以下两种主要行为起到了重要作用：

- 激励并发挥他人的长处。
- 建立组织价值观模型。

组织健康处于这一水平时，个人通常都能够自我激励、自我管理，且业绩出色。领导者的任务就是对员工进行激励、调动和指导，以期达到更高的业绩水平。就像优秀运动员的私人教练一样，这一水平的领导者不必解决所有问题，但必须向员工展示如何找到这些问题的答案。

组织越健康，其使命、愿景和文化就越会成为重要的驱动力。同样重要的是，领导者应对预期行为以身作则，并通过始终如一的沟通交流，使员工之间相互理解和相互肯定。

这一转变中只有一种很有趣的消极行为，即明确目标、奖励和结果。之所以说它有趣，是因为在从第三四分位上升到第二四分位的过程中，这种行为原本是正面的。我们发现，在健康状况达到第二四分位之后，这一领导力行为就失去了其效用，在此之后如果再强调这一行为，就会对员工产生负面效果。健康状况位于第一四分位的组织，其员工对目标非常清楚，因为这些本来就是他们自己制定的；同时，他们也十分清楚组织的绩效管理系统。另外，他们在做手头工作时，常常有内在动力驱使，这时候如果再强调外部奖励，包括金钱奖励等，只会对他们的动力产生负面影响。[12]

为什么不从顶端开始

如果领导力行为的某些可识别形式属于健康状况位于较高四分位的公司，那么健康状况位于较低四分位的组织能否马上应用这些行为，并跃升到第一四分位呢？我们的研究结果和实际经验表明，有此种意图的组织，通常结局都不太好。如果重视那些不适合自己组织特定情况的行为，就会造成时间和资源的浪费，同时强化那些不好的行为。更糟糕的是，这样做会使组织健康更难上升到高一级的四分位。这一点很直观：如公司正处于困境之中，其领导者就不应模仿第一四分位的行为，如优先建立组织价值观的模型等。

以下实例应引以为戒：某家合资企业，出于健康、业绩和领导力方面的某些原因，结局十分悲惨。这家公司的董事会任命了一位极具魅力的领导者，这位领导者极其关注第一四分位领导者所采用的激励行为。比如，他常与主席一起环游全球，标榜自己公司的"创新优势"，宣称尽管其具有合并的特点，但对于每一个对公司愿景充满激情的人来说，"工作是每个人的"。不幸的是，当他如此宣扬时，公司在一体化的关键问题上基本没做任何补救工作，包括怎样在迥然不同的IT系统和组织文化间进行协调。遗留下来的组织在实施和履行计划方面都保持原样，就像什么事也没发生一样。有证据表明，他们也希望什么都不会发生。

公司未完成上升到第一四分位的目标，作为解决方案，设定了更加雄心勃勃的计划。公司将责任推给了负责销售和营销的管理团队，却没有进行任何根本原因的分析。出现资金危机时，公司也没有做出令人信服的努力来制定切实可行的策略，相反，公司的高管继续通过环游世界的方式鼓吹其使命。"工作是每个人的"成为这家合资公司资金恐慌的牺牲品，造成了大规模裁员，随之而来的就是领导信任度的终结。在运营误入歧途后仅一年时间内，这家合资公司便宣告解体。

与成人发展相关联

领导力阶梯与我们针对领导力发展所进行的更加广泛的研究及实践，同成人发展理念相符。通过领导力阶梯，我们发现，组织中的领导者，在组织从底层的四分位到顶层四分位的过程中，必须对一些重要转变进行管理：第一是坚定不移地将组织拉回正轨（也许采用的是自上而下的方式）；第二是亟须创建以执行和结果为导向，以速度和灵活性为内置的引擎；第三是领导者必须努力使自己的领导力具有启发性、指导性和参与性，以便尽力发挥他人的长处。这就需要领导者在行为和心态方面做出重大转变。

这三种转变都指向成人发展的基本阶段（层次、结构）及其意识。例如，对于认知发展的研究，描述的是向逻辑和越来越抽象的理性层次的过渡。[13] 对于自我相关阶段的研究，（十分宽泛地）描述了从生存到成果和成就，以及随后的集合与服务的转变。[14] 在特定发展模式中，这种关联显得尤为清晰。发展模式涉及个人方面和集体方面，从20世纪40年代的马斯洛到2010年的基根、莱希和拉卢，在他们研究的特定发展模式（包括个人方面和集体方面）中，这种关联显得尤为清晰。

另外，我们所做的研究还表明，想跳过某些阶段是不可能的，若想迁移到更高一级，需要超越并包括前一个阶段（不能跳过）。成人发展理念所叙述的进展过程与此类似，即过程呈现增量形式，前一个阶段必须完成，才能开始下一个阶段。

背景之间的转换：适应型领导力

不同组织背景下的有效领导力，在行为、技能和心态方面的要求也不同。在静止的世界中，前面的见解的确能够根据需要提供有效的行为范围：确定背景，显示相关行为。但我们生活的世界不是静止的，甚至与之相去甚远。无论我们看向何处，看到的都是世界的变化。新技术让某些商业模式变得陈旧、过时，相互联系日益增强，加剧了全球冲击所带来的影响；人口方面的变化，创造出了需求各不相同的新的消费者团体和员工团体。对于组织来说，背景在未来会继续发生变化，组织的健康也会因此在各个四分位之间来回转变——如果他们没来得及做出反应，可能就会呈下跌趋势。从心智上讲，领导者必须具备灵活的头脑，才能适应不同的情境，并迅速调整自己的行为，我们将其称为"适应型领导力"。

适应型领导力需要自我意识不断提升和正确的学习心态。因此，对于我们前几章中所讨论的基准行为和情境型领导力的组成部分而言，适应型领导力是一个有效补充。基准行为和情境型领导力会在特定背景下帮助你进行有效领导，而适应型领导力则会帮助你在不同背景之间进行快速有效转变。

从理论上讲，适应型领导力似乎很简单，但在实践中，却通常更具挑战性，尤其是处于快节奏环境中。在本章中，我们将回顾与组织中的领导力有关的趋势，以及对领导者的意义。之后我们会讨论适应型领导力的需求，以及如何通过以领导力为中心的方法建立适应性。

一场新的工业革命

现在的世界变得越来越复杂，在这样的环境中，必须大力发展组织和领导力。过去，组织可以在很长一段时间内保留自己的专有优势，因为商业活动主要集中在本地，且步调缓慢。举例来说，商业公司的经营通常集中在一个或几个行业中，组织背景相对比较稳定。

然而，整个世界都在发生巨变，很多事物的周期变得更短，全球化程度更深，改变的速度更快，也愈加不稳定。因此，在过去20年中，我们看到很多组织为了维持自己的业绩，面临越来越艰巨的挑战，对于领导者的需求与日俱增。价值创造与颠覆的速度越来越快，这在很大程度上归因于普通的知识创造和分享。例如，典型的财富500强企业用了将近20年的时间使市值达到了10亿美元，但现在，成功的新组织只用几年时间就能达到这个标准。1935年，财富500强企业的预估寿命为90年，到了1975年，下降到了30年，而到了2010年，就只有14年了；直接向CEO报告的职位，1990年为5个，现在增长到了10个；国际商务活动份额从1990年的33%上升到了2018年的66%。曾经，对于重要问题的响应时间最多为48小时，这在过去似乎是可以接受的，但现在，这个时间的预期缩短为2小时或3小时。[15]

未来会发生什么？我们都知道，世界总在变化，但真的与之前有所不同吗？我们相信，答案是肯定的。我们通过对全球领导者进行访谈的形式对这一问题进行了研究，结果凸显了5种趋势，这5种趋势都和希望取得成功的组织及其领导者有关。

互联性发展日新月异。在当今世界，互联网统计数字、全球贸易或公司的供应链都表明，互联越发增强。虽然这一趋势可能是个福音，但同时也会给各个行业带来更大的冲击。

新兴市场崛起。有人曾经预测，到2050年，新兴的七大经济体（中国、印度、巴西、俄罗斯、印度尼西亚、墨西哥和土耳其）会革新当前的市场竞争状况。

资本主义性质转变。我们能够看到，可供替代的所有制结构正在兴起，市场资源短缺情况越来越严重，越来越需要以客户为中心。

技术干扰。技术创新的发展速度比以往任何时候都快，在方式上呈非线性。它会影响所有行业的组织发展，将其引领至新的商业模式，改变收益模式和新的劳动力市场。

显著的人口变化。全球范围内的老年人（这里指65岁以上的人口）所占比重增大，尤其是在发达国家，同时造成"千禧一代"和"Z世代"的劳动力比重增加。

上述这些趋势，就其本身而言，每一项都非常重要，都要求领导者掌握新的行为、技能和心态。例如，组织需要采取更加系统化的方法来应对潜在的冲击，将提高可持续性作为当务之急，提高整个组织的"技术商"（technology quotients），协同人员流程，以满足新一代员工的需求。

但综合起来看，上述趋势的意义更加深远。与工业革命相比，现在发生的变革速度快了10倍，规模大了300倍，影响力大了将近3000倍。[16]确实，我们正身处一个被称为"后VUCA"①的时代，正处于新工业革命之中。我们相信，事物的复杂性在未来会有所增长，变化的速度会更快，对于组织和其领导者来说，这一点意义非凡。

对适应型领导力的需求

以前，组织可能会在相当长一段时间内处于某一背景下（如转机或飞速成长），也就是说，组织所需要的行为、技能和心态相对来说比较稳定，组织的领导者也比较熟悉。然而，变化的规模在加大，速度在加快，因此在较短时间内，组织在不同背景下的运行速度也随之加快，无论何时都会有大约1/3组织经历某种类型的重大重组。在这些组织中，有1/3的组织会持续两年以上的重组过程。[17]的确，跨业务部门或跨地理区域的很多组织，经常会在同一时间发现自己正处于不同的状况之下。

这种在组织中新出现的情况，意味着领导力具有前所未有的重要性。对于组织业绩而言，领导力的重要性在未来会只增不减。如今的领导者在进行领导时，需要同时面对多种项目运行速度和多种竞争力。在这种环境中，他们怎样才能保持积极性和创造性呢？

我们都相信，领导者必须具备适应能力，并能迅速弄明白组织所处的背景，相应地调整自己的领导风格。这就像一位十项全能选手，

---

① "VUCA"一词是volatile、uncertain、complex、ambiguous的缩写，原本用于20世纪90年代的军队中，分别代表易变性、不确定性、复杂性和模糊性，"后VUCA"意为更易变、更不确定、更复杂和更模糊。

在10个项目的竞赛中集力量、敏捷度和技巧于一身。实际上，适应型领导者表现出的行为范围更广，利用的技能更加全面，自我意识更强，故而可以达到业绩巅峰。

麦肯锡的研究支持了适应型领导力的首要地位。我们在对21世纪的领导力进行研究的过程中，采访了100余名CEO，记录下一个飞速变化的世界。我们发现，领导者必须能够"置身事外"，"同时用望远镜和显微镜进行观察"，才能在不确定性因素日益增强的环境中做出决策。

一些访问强调了谦逊的重要性以及对变化的开放性。对于适应型领导力而言，这些都是重要的成功因素。[18]

从组织层面来讲，我们所做的关于转型变革的研究表明，相比未对变革工作进行科学、合理管理的组织，那些对变革进行了严格管理、建立了变革领导干部队伍、在组织中实行了心态转变以适应所预期的新状态的组织，获得成功的可能性是前者的2倍。[19]在学术和其他应用研究领域，对于适应型领导力和适应型组织的重要性，我们所得出的结论与此类似。

回到组织背景框架中，我们可以将适应型领导力看作能在不同背景之间进行快速、高效调整的能力。背景包括组织健康（比如一个公司拥有多个运营部门，但各部门的健康状况往往处于不同阶段），还包括更广泛的微观和宏观背景。例如，我们之前讨论过健康状况处于不同四分位的组织所需要的不同行为，在组织健康所处的四分位发生变化时，领导者可以利用适应型领导力快速适应，或同时领导处于不同健康水平的营业单位、部门或团队。

罗恩·海费茨（Ron Heifetz）教授对"适应型领导力"进行了更加深入的研究。[20]海费茨所关注的问题，是在应对复杂性和持续变化的同时，如何提高日常效率。他表示，领导者需要新的思维方式，并学会解决问题，才能日益提高其能力，以便应对与适应性相关的挑战，而不是那些技术性挑战，后者通过解决线性问题和已知的解决方案就可以得到解决。此外，他还创造了诸如"露台和舞池"（balcony and dance）之类的术语，敦促领导者偶尔"登上露台"，使视野更加开阔，以便提高领导力效能。另一项针对适应性的研究来自"领导力圆圈（Leadership Circle）模型"。这项研究表明，领导力的发展（至少）必须能够跟上变化的步伐。有些领导者的"心智操作系统"发展速度快于周围世界，那么其在进行领导时会更具创造力（而非被动地做出反应），企业业绩也会因此而有显著提高。研究表明，业绩位于前10的企业，其平均创造力评分为80%，而后10名的企业仅为30%。[21]最后，一家猎头公司根据自己的研究和数以千计的高管的评估，确定了成为成功高管所应具备的最基本的领导力特征和技能。他们发现，最关键的能力是驱动变革，以及在学习新的观点时表现出谦逊和自我认知，这些可以帮助领导者适应他人的观念。[22]研究还发现，适应性同样适用于组织层面。[23]

对于个人来说，适应能力也越发重要。根据2016年所做的一项调查[24]（如今的人们一生中要做10份工作），在同一个工作岗位上的工作年限平均为4.2年的员工，其一生的工作在地域和行业方面的变动较大。另外，在不久的将来，那些当前劳动力认为非常重要的技能，有超过1/3（35%）会产生变化。[25]因此，个人不得不强迫自己掌握新的技能，以免脱节。适应型领导力、心理意识和灵活性，是关键的促进因素。

通过"正念领导力"增强适应性

在麦肯锡集团，我们用"正念领导力方法"（Centred Leadership approach）逐渐提高适应性。正念领导力帮助人们在领导时以自我控制为核心，包含五个要素（图3.2）。我们针对正念领导力所做的研究进行了十余年之久，执行数据点超过5000个，做了几百次的深度采访。研究结果表明，"中心领导者"（至少掌握了正念领导力五个要素的领导者）随时准备在变化中对组织进行领导的可能性为其他人的4倍，对自己的领导业绩和生活总体满意的可能性为其他人的20倍。[26]

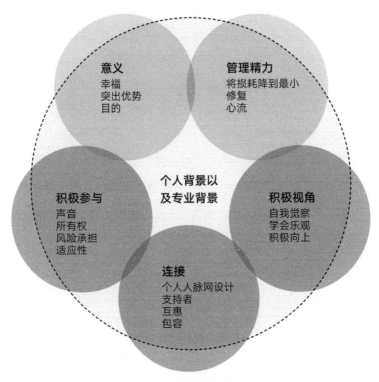

图3.2 正念领导力方法

正念领导力方法极其关注自我觉察意识的创建，包括明白自己的长处和弱点、自己的行为对他人的影响，以及自己的个人价值和信仰，同时强调观点重塑的能力，以改变他人的思想和行为，使之更加有效，展示最好的自己。[27] 下面我们将描述为逐渐增强适应性，"中心领导者"应掌握的每一个要素。

● **意义**。意义是正念领导力的支柱，是最有力的要素。为什么对于领导者来说，意义如此重要？有研究表明，在专业人士中，意义可以转化为更高生产率、更低的人员流失率和更高的忠诚度。给个人带来的好处，则包括更高的工作满意度和超越感（换句话说，当人们为那些比自身更重要的事贡献力量时，会产生更深层次的意义，并由此创建良性循环）。首先，它始于快乐，因为有意义的参与能带来持久的满足感；其次，它能激发我们的核心优势；最后，它能帮助我们有目的地进行领导，继而激发我们尚未意识到的信念、勇气和信心。通过可视化引导，明确自己的长处，以及对巅峰体验进行反思，我们会帮助领导者发现意义所在。

● **积极视角**。我们通过自己创造的看不见的"视角"来看待这个世界，而我们看待世界的方式和处理经验会对专业性的结果造成影响。例如，很多研究都表明，乐观主义者在看待生命时，比悲观主义者更加实际——在做出正确的商业决定时，这一心态至关重要。研究表明，乐观主义者并不惧怕按照世界的本来面目塑造视角：他们相信自己能够处理好所面临的挑战，让团队快速行动起来。与之相比，悲观主义者往往会觉得无助，身陷下滑旋涡而不能自拔，这种下滑导致了耗时费力的沉思默想。视角塑造会使自我意识逐渐增强，能够让我们看到"露台上的自己和正在舞蹈的自己"。这样我们就可以后退、暂停、转变对现有形势的看法，以及对此的反应。我们帮助领导者找到自己的视角，以及如何通过"冰山式教练"，通过对需求和恐惧的反思，通过积极学习等，有意识地对此进行转变。

● **连接**。一个拥有强大人脉和良师的人，能够得到更多的提升、更高的报酬和职业满意度。建立联系、信任和有意义的社交至关重要，它能帮助你充分发挥自己的潜能。其主要内容包括网络设计、赞助方、互惠和相互包容。用这种方式与他人建立联结的人，会有很强烈的归属感，从而使自己的生活变得有意义。正如马克·亨特（Mark Hunter）和艾米妮亚·伊瓦拉（Herminia Ibarra）在《哈佛商业评论》中所指出的那样，领导者和经理的区别在于"是否有能力清晰地指出公司的去向，以及为达到此目的而招募必需的人才和团队"。[28] 有些高管情愿做超出职责范围的事情，情愿冒着风险为支持对象创造机会，并予以帮助，与这样的高管建立个人关系非常重要。

● **积极参与**。很多人都认为，勤奋工作最终会引起别人的注意，并获得相应奖励。这可能会发生，但往往并没有发生。参与关乎一系列行为（如清晰的声音、姿势和许下的承诺），以营造强烈的存在感。那些在工作中全力投入的人已将他们的意图、注意力和情绪调节一致。他们观点明确，而且乐于承担责任。通过这些方式，他们的辛勤工作会受到关注并得到重视。我们会通过下列方式帮助领导者变得专注，即写下个人承诺，列出他们想做事情的先后顺序，以及不会做的事情，并创建个人的"迷你记事版"，让他们自己承担责任。

● **管理精力**。人们大可不必被工作搞得精疲力竭。管理精力包括以下内容：意识到哪些活动会耗费体力；如何恢复精力；如何让自己经常处于"心流状态"，以便实现巅峰表现。米哈里·契克森米哈赖（Mihály Csíkszentmihályi）是积极心理学的奠基者，他对数以千计的人进行了研究，包括雕塑家和工厂工人。研究表明，那些生活中经常处于"心流状态"的人生产效率更高（一种专注于某项活动，甚至感觉不到时间流逝的状态），而且比那些没有此方面经历的人，能够在工作中获得更强烈的满足感。另外，"心流状态"不会使人感到精疲力竭，相反，还会使人充满活力。能够让人充满活力的重要技能包括：对资源以及精力的使用进行规划（对于内向的人和外向的人来说有所不同），找到精力助推器，以及学会正念减压法。[29]

本书的重点并没有放在对正念领导力要素的详述上［对此感兴趣的读者，可参考2014年出版的由乔安娜·巴斯（Joanna Barsh）和约翰妮·拉沃伊（Johanne Lavoie）同著的《正念领导：麦肯锡领导力方法》[①]一书］，我们关注的是正念领导力如何通过自我觉察和开放的学习心态来培养适应性，以及领导力发展的重要意义。

组织可以通过构建强有力的成长文化来培养适应性，期待（或要求）员工不断发展，同时用适当的技能和心态武装员工。[30]对员工的支持包括反馈文化、领导者对自身行为进行人格化处理或协同组织的激励系统。我们在制订领导力发展干预计划时，意识到了适应性的重要性，并将重点放在探索和反思上，使正念领导力要素贯穿始终。我们的计划始终以自我认知为坚实的基础，建立"领导自我—领导他人—领导组织—领导变革"的模式。在本书的第二部分，我们会对此进行详述。

适应性不应混同于个体健康背景所要求的行为、技能和心态。确切地说，这些要素能帮助领导者掌握超越宏观和微观层面不同组织背景下对有效领导力的需求。因此，适应型领导力对领导者的帮助不仅体现在组织的健康四分位的变化方面，还体现在进入新的不同背景时

---

① 本书的简体中文版已于2015年6月由电子工业出版社翻译出版。

对组织的基本"未来保障"（future-proofing）方面。

关键促进因素：技能和心态

我们在第1章中看到，有效的领导力行为需要情境化及正确的技能和心态。之前，我们在这一章中描述了不同背景下最有效的特定领导力行为：它由4种基准行为和11种情境行为组成，涵盖整个健康四分位，可以帮助组织上升至更高一级的健康级别。此外，我们还讨论了培养适应性的重要性。这一章的重点放在了领导力行为以及不同情境下组织所需要的行为转变上。

然而，任何行为都能够得到适当技能和心态的滋养，如果没有这些促成因素，若想有效并持续性地实施这些行为就显得十分困难了。对于情境型领导力阶梯上的每一种行为以及适应性（以及组织想要培养的任何其他领导力行为）而言，我们实际的领导力发展课程的重要组成部分，是识别这些心态和技能的转变，并将其融入其中。下面的示例说明的是如何寻找我们上边所说的第一种基准行为，即有效促进团队协作。有兴趣的读者可阅读附录2，其中对潜在技能和心态有更加全面的概述，这些潜在技能和心态有助于培养基准行为、情境行为和发展适应型领导力。

我们关注更多的是实践而不是理论，要培养的也是具体的和现实的技能和心态，以便能够达到所期待的行为。然而需要注意的是，我们给出的例子都是说明性的，而不是决定性的。这些例子以我们的实际经验和典型观察为基础，同时也是出发点。我们并没有宣称自己面面俱到，我们承认所讨论的那些行为仍然有很多额外的研究和工具。实际上，在将技能提升元素和心态转变融入领导力发展干预计划中时，我们对其进行了额外设计和专门定制，其资料来源非常广泛。

有效促进团队协作所需的技能和心态

第一种基准行为就是有效促进团队协作，这是最根本的领导力行为之一，当这一行为缺失时，其重要性愈加凸显。这一行为所必需的主要心态如下：

- "团队协作比若干人各自在封闭的环境中工作的结果更好。"
- "我们需要共同的方向，为达此目的，需要相互依靠。"
- "人们有不同的偏好，有不同的工作方式（每种工作方式同样有效），并不是所有人都跟我一样。"
- "会议准备很重要，但还不够——我需要在会议背景下确保合作与创新，以及严格的后续工作。"

在下文中，我们列出了与此相关的六种技能。

团队组建与团队协作。领导者可能不会总能随心挑选自己的团队，尽管如此，明白手头任务所必需的技能以及目前的团队成员是否拥有这些技能，也是至关重要的。

培养共同责任与共同承诺。

明白团队动力以及如何将有不同工作偏好的人凝聚成一支高效率的团队。诸如迈尔斯–布里格斯类型指标①或大五人格②特征之类的工

---

① 迈尔斯-布里格斯类型指标（Myers－Briggs Type Indicator，MBTI），是美国心理学家伊莎贝尔·布里格斯·迈尔斯和她的母亲凯瑟琳·库克·布里格斯制定的。该指标以瑞士心理学家荣格划分的八种类型为基础，经过20多年的研究编制而成，从而把荣格的类型理论付诸实践。

② 大五人格（Big Five），自20世纪80年代以来，人格研究者们在人格描述模式上达成了比较一致的共识，提出了人格五因素模式，被称为"大五人格"。研究者通过词汇学的方法，发现大约有五种特质可以涵盖人格描述的所有方面。这五大人格特质是：开放性、尽责性、外向性、随和性、神经质性。

具，也许有助于领导者理解并欣赏不同的个人倾向和行为。迈尔斯–布里格斯类型指标通过四个维度对人的偏好进行测量，包括外向与内向、感知与知觉、思考与感受、判断与知觉。大五性格特征测量的是一个人的开放性（Openness）、尽责性（Conscientiousness）、外向性（Extraversion）、随和性（Agreeableness）和神经质性（Neuroticism）的开放度，首字母缩写为OCEAN。这两种工具都有很严谨的付费版本，以及线上免费评估简洁版。[31]

领导者必须建立一种文化——能够实现坦诚对话，快速有效地解决冲突。

领导者必须具备协商公平（最好是"双赢"）结果的能力。 哈佛最为权威的谈判著作，中文版名为《谈判力》（*Getting to Yes*）的书中介绍了以下工具："区别对待人和事""关注利益而非立场""创造双赢的选择""使用客观标准"，这些可以作为实用资源。[32]

有效主持会议的实用技巧。 这些技巧可以在促进团队协作方面为领导者提供支持。有效主持会议听起来像是个微不足道的问题，但我们常常看到一些会议缺失一个或几个关键要素。有效主持会议包括以下内容：会议准备（发送会议邀请，并附上议事日程，以便确保正确的人员出席）；准备进行决策时所需的主要事实，以便支持决策者；培养协作、创新和会议本身的趣味性；记录并分发会议/活动记录；跟进。

我们所做的"背景中的领导力研究"列出了在不同健康背景下最有效的特定行为——在识别能够实现组织业绩的关键行为时，我们通常将这些行为用作主透镜。另外，我们还探讨了适应性的重要性。在本节中，我们会探讨与这些行为相关的基本技能和心态，并对其中的一项基准行为举例说明。对于余下的情境行为和适应型领导力行为，附录2列出了更多例子。

领导力发展的意义

就领导力发展干预计划来说，以健康以及正念领导力要素为基础的特定背景转变只不过是一种导轨。领导力阶梯并不是有效领导力的规范。背景的范围很广，例外情况也很多，所以，一切原则必须通过实践加以磨炼和充实。因此，我们在制订实际的领导力发展干预计划时，看的是组织的特定背景和对组织来说最为重要的方面，如行业背景、"秘诀"、发展阶段、使命和策略。

我们将健康视作观察领导力行为的主透镜，但这样做往往会掩盖那些副透镜。除了领导力阶梯，我们还考虑了其他与领导力发展有关的理论，例如领导力心理学派，它显示的是领导力的不同发展阶段（或意识水平）与领导力效能之间的紧密联系。为此，在计划中加入这些要素，可以帮助个人开发这方面的复杂性心理，从而使组织受益。另外，倡导道德普世主义的人，可能会将诸如正直、诚实、专业素质等价值观和道德观放在计划内。除此之外，我们还考虑了培养持续适应性的重要性，将培训计划的层次定为"领导自我、领导他人、领导组织、领导改变"。

最近，科技带来的跨领域影响力变得越来越重要，发展速度也越来越快。我们之前曾经讨论过与科技有关的问题，将其视为一种能够加快价值创造和使价值混乱的力量，因此需要领导者具备适应能力。然而，作为领导力发展干预计划的一部分，科技本身变得愈加重要。因为就科技本身而言，它对领导力提出了独一无二的挑战。例如，众所周知，应用目前已有的技术，在未来10年内，现在人们所进行的所有活动中，有50%都能实现自动化。[33]

因此，通过这一镜头，我们能很好地观察到领导力的发展。工作场所越来越分散，我们从线性的价值链，发展到水平平台，再发展到任意节点的生态系统；很多组织从所有事情都自己做，发展到将越来越多的增值活动，如制药公司的研发活动等外包给第三方。新兴的零工经济（gig economy）在构建时围绕价值创造互动来进行，它能够快速适应新需求、新观念，通常采用轻资产商业模式，[34] 给很多行业带来了混乱。

例如，全球最大的住宿提供者没有一间房，最大的出租车公司没有一辆车，最大的零售商没有一间仓库。未来10年，组织需要培训大批的领导者，使其能适应上述科技变革的管理和影响；这些领导者必须明白科技对其商业模式可能会造成哪些影响，必须表现出对经历此变革的人们的同情，因为处在变革中的人们，通常会比较焦虑；此外，领导者还必须在转型期对员工进行鼓励。

我们在对不同的影响力进行审视以及对组织策略至关重要的行为进行识别确认后，最终得到了某种领导力模型，其由3~6个重点主题的10~20种行为组成。随后根据不同的职业路径（如多面手和专家）设计模型，以适应不同的组织层面（如个体工作者、总经理、主管）。在本书的第二部分，我们会详细讨论领导力模型的构建。

对一些关键转变予以关注也很重要。组织一旦确定了其在预期行为方面的领导力模型，就需要对转变进行优先排序。在实践中，最好的做法是在12~18个月关注3~5个巨大转变，在整个组织都采用了首个优先行为之后，就可以考虑新的优先行为了。同时，原有的行为至少应在未来3年中继续强化，以便维持这种变化。在第二部分偏后的章节中，我们会讨论如何做到这一点。

优先行为一经确认，我们就要花时间先确定实现预期行为转变所需要的技能和心态。这些技能和心态看起来似乎很明显，但如果缺少在它们的帮助下产生出来的行为，组织对它们的需要就会更加明显。领导者在经营一个组织时，如果缺乏"提出批判性观点"之类的能力，会是什么样子？其所做的决定可能会不准确、片面、保守，并带有"集体思维"或其他形式的偏见。作为整体，这样的组织无法将决策建立在来源于理性推理的已知原因的基础上。

另外，这里有必要重申一下，优先进行转变的行为、技能和心态必须在整个组织内实行，而非仅在高管团队或某个部门内实行。尽管个人会从领导力发展中受益（不仅仅是在工作上，在社会和社群生活中也是如此），但组织才是主要受益人。如果每个组织都能大规模地培养这些行为，就会在各种各样的谈话、互动和决策中大规模受益，远远超过在领导力发展干预计划中的受益。

组织如果能准确地确认主要行为、技能和心态并确定正确的优先顺序，就能从更加有效的领导力中收获更多。

案例研究：释放领导力潜能，培养新能力

背景和挑战

2011年，亚洲一家拥有3500万用户的移动电话供应商遇到了很典型的领导力方面的问题。就像CEO所说的那样，整个组织缺乏领导力："我们每次调查重组或寻求新的商业机会时，都会看到有20个人在同时做这件事情。我们的公司拥有超过5000名员工，情况本不应如此。" 同时，该组织没有继任者计划，从而无法为公司确定或提供内部人才，来补充重要的领导岗位。

因此，公司所面临的挑战就是在广度和深度上对领导力有需求。初步的评估显示，该公司在这两个方面上都存在缺口：在2~3年内，该公司需要补充80位领导者，这些人必须具备能够领导增长计划或周转计划的能力；另外还有80位领导者的业绩水平呵待提升。这种问题并非仅存在于这类组织或某一领域。

这种差距不是仅凭领导力发展干预计划就可以填补的。普遍认为，组织应当为更广泛地培养领导者做好准备，招聘、继任者计划、人才培训和绩效管理，这些方面都是需要得到提升的；对高管团队内的人才和领导力发展干预计划，应实施问责制和所有权制。

方法

首先是明确组织领导力的"成功画像"（profile of success）。通过对标外部基准、结构化面试和顶尖团队管理，分析战略价值驱动因素并与之相关联；回顾人才管理系统内的现有能力，开发一整套的领导力标准。麦肯锡和客户的联合团队创建了具体的领导力模型，这一模型由七大主题组成，即卓越执行力、企业家精神、以人为本、以客户为本、创新、个人价值和战略思想。领导力模范能力可被分解为更加具体、易于观察的行为，并融入更广泛的人才管理系统中。

招聘： 领导力是对应聘者进行评估的重要组成部分，对于高层领导来说，也是引荐计划的催化剂，可将其用于确定和任命前途无量的外部人才。

绩效管理： 随着对发展的关注日益加深，绩效管理也从原来的以关键绩效指标为基础的讨论转化为更加全面的讨论，关注焦点不再仅仅是所取得的成果，还有这些成果是如何取得的。

人才管理原则： 领导力模型本身就包括以人为本的主题，突出为人员的发展担责的重要性。领导力模型的改变，对于组织切实改变是一个机会，能够真正让人事管理权从HR（人力资源）转移给组织的所有领导者。

人才发展： 组织设计并实行了一个为期6~9个月的项目计划，让不同组织层面具有高潜力的员工成长为高效的组织领导者。

影响

在不到两年的时间里，该计划就在三个层面上取得了成功。

业绩提升：100%的参与者及其上级都表示，该计划使他们的领导力以及获取业务成果的能力得以增长，使他们能够更好地做准备，以便担任更高层次的职位。每个项目结束时，在组织高层领导者所做的人才盘点中，这种观点都得到了进一步的回应。计划结束不到一年，就有1/3的参与者担任了新的或更高层次的职位，他们用那些已得到提高的技能，提高了组织业绩。

优势深化：绝大多数职位都确定了内部继任者，主管培训计划的两名参与者加入了高层领导者团队，而其他的结业生正在负责那些在2011年组织因缺少领导者而不得不放弃的计划。CEO表示："我们甚至可以指望在这一团队中出现未来的CEO。"

员工更加敬业：所有参与者都发现，参与领导力发展干预计划让他们对组织的敬业度有所增强；该计划实现了其所承诺的对人进行的投资，帮助组织遏制了中层经理以及工作高效的年轻职员的流失。人才流失这一现象从一开始就是组织面临的挑战之一。

反思

提高领导力效能需要的不只是一个计划。组织开发的领导力模型，可以在更广泛的范围内，促使人才培训系统的转变，并将其纳入招聘、绩效管理、领导力发展干预计划，以及高管团队对人才开发的所有权之中。

另外，这里所提到的经验表明，领导力发展过程不会在9个月之后完全终结。反之，其支持作用会持续下去，以前的参与伙伴会作为导师和联合教员参与到随后的追踪中。开放的领导圈举办的定期会议会继续考验参与者，这样有助于将计划中的项目内容传播到更广泛的组织中。

随着这一计划的成功，组织有了更高的期望。领导力发展不仅仅是为了填补空缺，还希望能向更广泛的企业集团输送人才。另外，该计划已成为"企业大学"（Organization's University，高管学习中心）的旗舰产品。

小结

在开篇中，我们将领导力定义为特定背景（环境）下采取一系列行为的能力，用以协同组织，促进执行，以及确保组织和个人层面的革新，相关技能和心态对这些行为予以支持。这一定义决定了领导力发展干预计划的基本原则。第一，从组织层面上讲，有效领导力是指那些能够确保一致性、执行力和革新力的行为能力。第二，组织背景确定了所必需的特定行为能力（每个组织都必须了解自己所处的背景，就组织背景来说，最重要的就是组织健康）。第三，通过适当的技能和心态来实现这些行为，而在领导力发展干预计划中，必须明确培养这些相关技能和心态。

关于背景，我们可以看出，在很长一段时间内，组织健康是能够最有效地将跨部门、跨地区的组织联系在一起的因素。因此，我们在确定最有效的领导力行为时，需要将组织健康作为主要背景，并用次要的、组织所特有的镜头对其加以覆盖。

在静止的世界中，情境型领导力阶梯和其他特定背景行为是高管的有效工具，以便他们能够根据需要调整自己的行为。然而，世界并非静止。我们看到，更加动态的领导观更适应全球与日俱增的变化速度，这种环境要求领导者拥有更广泛的行为和经验。不同背景可能会混在一起难以区分，或迅速地发生变化，因此，领导者必须快速适应这种变化。适应性并不能取代特定背景下的领导力，但可以让领导者自由"出入"不同背景，同时保证工作的有效性。因此，我们开发了3种领导力行为：

- 基准行为：任何背景都可以应用。
- 情境行为：其有效性取决于特定的背景。
- 适应型领导力行为：有助于在不同背景之间转换。

这些镜头通常会以领导力模型告终，这种模型详细列出了对实现组织策略而言至关重要的领导力行为。为了维持这种变化，组织应同时关注3~5个关键性转变，同时必须能够确定潜在的技能和心态促成因素，以便实现预期的行为转变。

我们列出了领导力发展干预计划应关注的内容，然后就是目标对象问题。在下一章中，我们会对此进行讨论。

第4章

组织参与：核心原则2

安德烈·杜瓦（André Dua）

夏洛特·雷利亚（Charlotte Relyea）

戴维·斯派泽（David Speiser）

为什么要开展组织发展的历程_091

融入的要素：广度、深度、速度_093

领导力发展的意义_102

不断提高的发展速度_104

关于领导力发展干预计划资源配置的简短说明_111

目前，很多领导力发展干预计划都是片段式的，关注的只是组织的某个部分，且进展速度不快。然而，为了能使整个组织内的领导者的领导力行为发生显著变化，就需要努力达到适当的深度、广度和速度。所有的领导力发展干预计划都必须能够为整个组织而非某个独立部门带来变化，同时要在短时间内触及各个层面的、众多对公司具有关键影响力的人员。因此，领导力发展干预计划必须适合组织，并能够被理性地接受和实施；另外，该计划还必须在文化层面上适合该组织。其是否能被接受（以及是否能够成功），取决于整个组织是否懂得什么是优秀的领导力，以及对某些人来说，是否懂得最好的领导力是什么。

核心原则1聚焦领导力发展干预计划的关键转变，并将这些转变与组织背景和价值创造联系在一起。实际上，这涉及领导力发展干预计划"是什么"的问题。核心原则3和核心原则4分别关注的是领导力发展干预计划在个人和组织层面上"怎样做"的问题。

至于核心原则2，关注的是该计划培养"谁"的问题。这一原则以"组织参与"的概念为基础，它要解决的是下面这些问题：什么人应参与领导力发展干预计划？该计划在什么条件下进行，多久进行一次，参与多长时间？这就是组织发展领导力的方式，由广度、深度和速度三方面构成。广度是组织吸引体系内的大量人员参与；深度是发展领导力的性质特点、频率和持续时间；速度是领导力发展干预计划发起和推出的进度节奏。

核心原则2：在组织内发动足够多的关键影响者参与，以达到变革的临界点

组织必须确保计划具有足够的广度、深度和速度，以便能在整个组织范围内改变那些关键影响者的领导力行为，并且要让所有员工明白什么是优秀的领导力。

为什么要开展组织发展的历程

那么，组织发展及领导力发展干预计划是否有必要密切互动？有两个方面的证据证明了人员参与互动的重要性及其在整个组织范围内所产生的影响，那就是我们交付领导力发展干预计划过程中所做的研究以及这方面的实践经验（同时，我们也注意到，如果缺少这些，计划最好的意图就无法实现，或者变得无效）。

首先是研究。我们通过研究发现了一些显著的事实，这些事实中包括的元素构成了我们所说的领导力发展组织的过程。换句话说，就是组织的领导者和关键影响者如何在一段时间内参与到领导力发展干预计划的实施过程中去。在这方面比较成功的组织，更有可能（可能性为其他组织的5~7倍）按照我们所制定的组织历程（与个人历程相反）的思路制订领导力发展干预计划。

例如，我们都知道，领导力发展干预计划取得成功的组织让计划成果覆盖整个组织的可能性是其他组织的6.9倍，并能根据计划成果对项目进行改进。我们还知道，领导力发展干预计划比较成功的组织能够确保其领导策略和领导力模型惠及组织的所有层面，这个可能性是其他组织的6.4倍。

对于所有参与者来说，我们称为"组织发展的历程"的观点，获得了另外两项研究数据的支持：领导力发展干预计划取得成功的组织会在组织所有层面上对领导者的领导力现状差距（及造成这种差距的原因）进行评估，因此计划成功的可能性是其他组织的4.6倍；在高管团队及更大范围内建立预期行为模型的可能性是其他组织的4.9倍，因为组织的高管（作为发言人、教员和导师）会正式或非正式地参与到培训计划中。

上述几点涵盖了"广度"的重要性，即确保领导力发展干预计划惠及组织中足够多的影响者。另外，研究表明，在足够的时间内，领导力发展干预计划的实施需要足够的深度，即人们参与到计划中去的形式。能力不是一天培养成的，人们需要持续的时间和接触，才能发展某种能力。

遗憾的是，绝大多数领导力发展干预计划（81%）仅仅能够运行90天或更短时间，但还有10%的计划运行时间超过6个月。[1]领导力发展干预计划运行时间如此之短，组织在这方面花费的时间如此之少，甚至都没有给参与者尝试新技能和进行反思的机会，也没有时间使群体行为的支持效应产生影响。该影响表明：领导力发展干预计划取得成功的组织中，有41%的组织运行计划的时间超过了两个月；而在计划不成功的组织中，这个比例是25%；相比领导力发展干预计划不成功的组织，有35%的成功组织将计划运行了较长的时间。[2]

其次是我们能从实践经验中获得什么。导致领导者日常的领导力行为和底线发生明显变化的最具影响力的领导力发展干预计划总是需要全组织的思考。这些计划深入组织的结构和文化中，最初关注的只是关键的领导群体，随着时间的推移，计划会触及转变的爆发点，继而转变所有员工的行为。为此，领导力发展干预计划还需要具备足够的深度和速度，每一波预期的行为转变，要耗12~18个月，以确保达到真正的转变。我们甚至看到，有些组织的领导力发展从来不是一种"干预活动"，而是稳定业务流程的一部分。例如，通用电气公司（GE）就将领导力看作"房子里的管道系统"，因此，其领导力发展是建立在持续性基础上的，为组织所有层面上的顶级人才勾画出清晰的领导力历程。

遗憾的是，我们经常能看到的情况恰恰与之相反：领导力发展干预计划里的任务被向下分配到组织的很多层面，但没有得到组织高层的必要支持；上层管理者并没有做到"言行合一"，个人行为与计划脱节，自身开展的领导力发展历程非常肤浅。我们看到，有些领导力发展不仅在整个组织中的应用很狭隘，在个人层面上的应用也很肤浅。这类片段式的培训针对的是特定人群，并不重视整个组织的参与度。

专业服务部门或军队组织都知道，领导者要从组织内部选拔、培养，因此他们肯花费时间、精力、人员和金钱，在较长一段时间内培养他们的领导者（和影响人物）。这一方法使参与者经历了持续不断的发展历程，可以为组织有计划、可靠地输送领导者，并创造整个组织的领导力文化。

融入的要素：广度、深度、速度

在组织参与方面取得成功的组织依赖于一些相似的要素，我们不断地看到"临界数量群体"带来的效果：足够数量的领导者和影响者以符合预期战略的方式行事——为其他人铺平道路。同样，我们也看到了拥有足够范围、足够密度的领导者的重要性，这些领导者来自组织的不同部门，他们在行动上采取新的方法的感觉来源于别人对他们的正面反应。负面反应承担着很大的风险。有时候我们会看到，领导者在项目结束后返回领导岗位时，浑身充满了活力，而那些没参加这个培训计划的同事，却缺乏热情，使参与了计划的领导者感到失望。因此，这些领导者通常会退回"原地"，继续使用原有的工作方法，渐渐失去对工作的热情，甚至有可能离开公司。

另外，还必须有足够数量的高层领导者。这些人能够谈论领导力发展干预计划所带来的变化，并在正式流程中承担任务（包括绩效审核、员工评定、360度审核），以强化新的领导力行为。他们所担任的角色，能够增进更广泛的组织文化，在这种文化中，培训项目所带来的变化能够得以维持。例如，当足够数量的领导者聚在一起形成工作关系，且每个人都将普遍的领导力发展经验作为基础时，就会呈现出群组的正面效果。

组织发展的历程在开展时，还需要有足够的强度和持续时间。很多领导力发展干预计划都是断断续续的，比如每次只涉及一个群组（或一个人），持续2~3周的时间。我们看到，这种断断续续的领导力发展干预计划之所以失败，不仅是因为它们并未作为更广泛的计划的一部分得以实施，还因为这些计划本身不足以为组织带来重大改变。另外，干预本身应具备足够的速度和力量。这两点的缺失会导致动力的缺失，浪费学习机会，也会有更多的组织部门因为缺乏明显的变化而备受挫折。

因此，让组织参与应具备以下三个要素：

- 广度（参与计划的人数）。
- 深度（参与者的参与频率及性质）。
- 速度（首次推出计划的速度）。

以上三个要素可以确保领导力发展干预计划令关键数量的人群发生变化，这些人继而为整个组织的行为改变创造临界点。实际上，这就意味着（通过广度、深度和速度）让组织内所有层面上的关键数量的领导者进行改变。当足够数量的领导者表现出新的行为时，组织内的变化就到达了某个临界点，此时，该种变化就能够自我维持，继而完成整个组织的转变。下面我们将详细探讨广度、深度和速度这三个要素。

广度

　　领导力发展干预计划的广度是指该计划所涉及的整个组织中的人数。这里有一个关键问题：多少人才算足够呢？这一问题的答案有很多，其中之一是可以通过网络理论的视角，即跨学科工作，将来自数学、物理、人类学、社会科学、通信尤其是流行病学的思维联系在一起。这个答案能够应用于生物、数字和社会网络中的所有传播现象。组织指的是后两种（数字和社会网络）的复杂组合体。

　　网络中有很多关于规模、速度和质量的决定因素。网络规模可以通过节点进行测量，而网络思想家倾向于区分静态网络（如铁路）以及无标度网络（如互联网）。网络速度（或网络的成长速度或信息速度）可以从流行病学的角度进行考虑：在敏感性和恢复率方面，网络思想者是以感染概率及频率或连接密度为基础来计算传输速度或扩散速度的。关于网络质量，社会网络理论者一般会谈到弱联系、结构洞，以及超级传播者。最有趣的思想通常是连接各学科之间的桥梁，因此物理学家可以这样描述传染病："在无标度网络中，即使病毒的传染性不强，它也会扩散并持续一段时间。"[3]组织的网络视角真的可以帮助我们从实践的角度看待一场组织发展的历程。

　　另一种思考方法则是看网络中达到关键人数的时间。马尔科姆·格拉德威尔（Malcolm Gladwell）在其著作《临界点》（*The Tipping Point*）中提出了综合视野，关注的就是"临界量、临界点和沸点"（the moment of critical mass, the threshold, the boiling point）。[4]他创造了一些新的术语，包括"个别人物法则"（Law of the Few）、"附着力法则"（Stickiness Factor）和"背景威力"（Power of Context），分别讨论关于信使、信息和环境的问题。

其他思想体系关注的是团体或个人能动性。例如，约翰·科特（John Kotter）长期致力于组织变化方面的研究，他认为，带领变化的团队必须拥有足够的力量、专业度、信誉和领导力。[5]至于个人能动性，现在通过通信测量和网络分析就可以反映出个人互动的范围和价值。[6]

我们已经讨论过了组成信息传送网络的个体，那么信息本身的性质是如何影响它的传播距离（以及传播速度）的呢？"黏性"（stickiness）在这里非常重要，[7]而领导力变革信息是否激进、保守、符合预期或出乎意料，以及其程度大小都是很重要的问题。这里，更传统的企业传播思维会影响领导力发展干预计划在组织内的宣传和开展。

在这里，人类学思维可以为其增加价值，这一思维方式借鉴的是在某种文化中，人与人之间信息传播、行为传播或风格传播的观点，即一种模仿传递行为的观点。这种文化具有独立的生命（更像记忆理论中的基因），由变异、竞争或遗传形成。

另一个在领导力发展过程中起重要作用的要素是组织的状态。组织的紧迫性、时机、资源、物理素质和准备状态，都会影响领导力发展是否会成功实现。

组织的性质及其所处的行业领域，对于领导力发展干预计划是否成功有相当重要的影响。例如，公共事业单位通常有不同的治理结构，用以促进多方面（且耗时）的咨询；快速消费品组织通常会以很快的速度来推动变革，并看到变革的直接结果；开采组织和公用事业组织最先考虑的是操作和安全方面的问题，这对于以怎样的方式集合人群以及何时集合有实际的影响。

同样，不同的组织在规模和劳动力安排方面也不尽相同。零售商和制造商，关键人数占所有劳动力的比例通常比较小；以知识为基础的组织，整体劳动力通常都享有较高的自主权（所有层级的领导力程度都比较高），必须做出变革的关键人数也比较多。

这些视角，即信息传递者、信息和环境，共同构成了整个思考范围。规模较大的组织（3万~5万人），高层管理者通常为250~750人，大约占组织总人数的1%，对于"高层领导"职位来说，这个数量是可控的。然而，我们发现这个比例远远不够。有时，尽管高层领导者达到了关键数量，但他们却并未深入组织中。以我们的经验，高层领导者的比例应占到组织总人数的5%~15%，具体比例取决于组织本身。在很多组织中，所有层级的顶级人才差不多也是这个比例。

尽管如此，任何组织在构思领导力发展干预计划时都应当重新考虑其目的：是培训所有的领导者，还是培训那些所在的岗位能够创造价值的领导者？抑或培训那些对公司运营至关重要的领导者？在人员设置合理的组织中，所有的领导者都会发挥作用，但其重要性不尽相同。也可以这样说，只有一部分领导者确实需要培训，因为很多研究都表明，只有真正杰出的领导者才能够产生重大影响，因为他们所推动的业绩和影响力与本身的数量不成比例。[8] 因此，问题就在于：怎样将个人的卓越领导力转化到整个组织的领导力效能中？我们的回答是，组织发展的历程能够确保整个组织明白什么是伟大的领导力。其余85%~95%的员工，在看到显而易见的预期行为方面的榜样时，他们对这些行为的理解和应用，会通过有针对性的能力建立、沟通与激励进一步得到补充。

领导者的角色也会发生变化，因此我们坚信，任何领导力发展干预计划的目的都是加强整个组织的领导力效能。因此，发展领导力必须从包括CEO在内的高层领导者开始，然后扩展到组织中5%~15%的关键影响者。关键影响者因其职责、可信赖的关系或性格，能够影响组织中其他人的行为和思维方式，包括CEO、高层管理团队、顶级人才和关键角色（例如分公司经理及工厂经理），尽管他们从组织层级上来说职位并不一定非常高。时机和定位至关重要：计划的实施从高层开始是可以的，但需要以很快的速度转移到整个组织中。

事实上，有些人的确比其他人更具影响力。这些人如果能够分配到正确的位置上，就能做出最好的改变。关键影响者的分配不能太过稀疏，这样会在组织内形成"独唱"的局面，导致"无人应和"；分配也不能过于稠密，以免形成"合唱"局面，却"无人喝彩"。为此，各个层级上的关键人数需要均等。每个部门/关键区域都要有能够相互支持的最小群组（他们有足够的权力——这里会用到临界点理论和社会变化理论）。例如，某跨国组织拥有5万名员工，我们就要聘用2000~3000名高管。5万名员工中的一半会实际参与运营，而非做面向客户的工作，而从事后者的员工是我们所试图影响的，因此，我们吸引了约10%我们试图影响的人。

深度

组织发展的历程不是一夜便能发展起来的，培养领导能力需要时间。新行为必须经过反复实践，才能发展成为一种能力、一种技能。但大多数领导力发展干预计划并没有考虑到，领导力发展需要经历若干年甚至几十年的艰难历程，也没有意识到，技能的建立需要时间。大多数领导力发展干预计划都是短期的，通常都是几周到几个月的时间，而且实施得断断续续的。另外，很多计划倾向于关注"年度流行趋势"，即目前认为最时髦的领导力。其结果就是，此类培训并未与提高业绩的关键性转变相协同，而新观点、新行为永远也发展不成技能。

领导力发展干预计划的深度突出了一种纵深研究法，即研究个人参与项目计划的频率和程度。典型的领导力发展干预计划会将一群人召集起来，开展课堂讨论，但这是一种对学习的狭隘看法，参与者主要通过实践来学习。因此，我们在看待领导力发展干预计划时，倾向于从日常工作中取得成就的视角出发。学习就是工作，工作就是学习，因此，在谈到工作中的学习时，如果干预计划以及课程内容安排适当，我们认为理想的时间是250天。毕竟，领导力是通过领导力行为学习的，而不是仅仅坐在教室里就可以掌握的技能。实际上，我们无时无刻不在接受培训。如果我们想在培养领导者方面取得成功，就必须确保学习干预计划融入工作当中。参与者在工作中得到培训，他们所参加的数字课程，能切实地帮助他们解决在工作中遇到的问题。然后他们解决问题，并在这一过程中学到新的技能，包括领导力技能。理想状态下，这种在工作中学习的方法，建立在能够获得授权和支持的文化之中，因此人们可以在日常工作的基础上进行。我们会在第6章再次谈到领导力发展和组织文化之间的联系。

尽管植入发展文化（"250天学习时间"）在思考领导力发展（以及普遍意义上的学习）时很重要，但仍然有很多组织是从除此之外的精心组织的领导力发展干预计划中受益的，比如推出新的领导力模型，或对现有领导力模型进行修正。"延展"（stretch）涉及的是在工作中发生的学习行为，但它对于留出反思时间和同伴间相互学习同样重要，它可以帮助学习者巩固已经取得的进步。另外，在课堂或更加正式的地点进行的培训可以提供新的想法，并对其他部分的学习产生刺激。

接下来的问题是：这一"历程"到底是什么样子的？正如我们在之前章节中所讨论的那样，领导力模型应能适配组织成员的不同职业路径及水平。特定职业路径上的个人，在成为组织中更高一级的领导者时，必须明确其对领导者的预期是什么。同样，帮助组织成员达到此预期的领导力发展干预计划必须与时俱进。这往往表现在多阶段的"历程"中。例如，某个组织在描述其"领导力管道管理"（leadership pipeline）时涉及四个阶层，即经理、总经理、董事及副总裁（VP）。每个阶段平均耗时4~6年，其上的新晋顶级人才（如新员工或已获提升的人）所经历的领导力发展干预计划都是经过精心设计的，而其他已经完成了该阶段主要培训计划的顶级人才，在工作中会被分配具有挑战性的任务，即辅导他人以及负责每年正式的人员"更新"。

确切地说，在领导力发展历程的每一个阶段，我们都会用很长一段时间，倡导现场、研讨会和教练辅导相结合的方法，涉及的内容包括在工作中学习（现场）、开展以工作为基础的项目（现场）、进行非工作环境中的结构化反思与激励（研讨会）、培训与辅导（教练辅导）。一般来讲，最起作用的方式是每天开展3~5个研讨会，每个研讨会持续2~3天的时间，中间穿插现场工作及训练，将其作为领导力发展干预计划的主要部分。每年还要对内容以及对领导力的预期进行更新，以此作为领导力发展干预计划的补充。在下一章中，我们会详尽阐述哪些特定机制可以帮助学习干预计划取得成功。

速度

领导力发展干预计划的速度，指的是该计划在整个组织内推广的速度。我们这里所说的速度，是整个组织范围内领导力发展的达成速度，而非个人的达成速度。总的来说，我们发现，这个速度越快越好。

在上一章中我们提到，领导力发展干预计划中优先转变的关注期应为12~18个月。前6~9个月，先让领导者参与，在接下来的6~9个月，让参与计划的人迅速扩展到整个组织。我们发现，在计划开展的6~9个月，如果组织中较低层级的人看到或感觉到领导力发展干预计划所带来的变化，他们通常会表示信服，认为计划是成功的。在这里，最关键的是采用整体变革方法，触及影响力模型（Influence Mode）的所有内容（在第6章中会对此进行详述）。对于高层领导者和关键影响者来说，最重要的是角色示范和参与具有象征意义的活动。

如果计划的第一阶段（6~9个月）之后组织内什么也没有发生，或者发生的变化很小，人们就会对计划失去信心。更糟糕的是，他们可能会觉得整个计划（及其支持者和倡导者）都很失败。因此，组织发生变化的速度过慢的话就会有风险，但不幸的是，在现实中，这种情况很常见。

组织会根据多种因素选择计划的进展速度。我们发现，速度、深度和广度通常取决于能力或资本，而这些通常并不是正确的边界条件。组织最好思考一下日前阶段仍然存在的风险，或推动不利的领导风格带来的危险性，以及为什么没能成功吸引和留住人才的问题。

通常组织都会觉察到，计划进行速度过快本身就带有交付风险：用这么快的速度，怎么能够做出切实可行的预算安排呢？但人们高估了这种风险，同时低估了计划失败的风险。我们发现，"等等看"是一种很危险的行为。同样，年度预算分配也可能具有很大的风险，因为它会带来不稳定且不可预测的开启或停止，这些都不利于组织发展。

就速度而言，发展领导力必须从组织的最高层领导开始（第一层级领导），但有时候，也应该从第二层级领导开始（并包括第一层级领导），以便迅速获得广度。包括第一层级领导是为了迅速让极其重要的"军士长"阶层参与其中，因为这一阶层的人，往往会更多地参与日常业务的实际操作。

例如，某个国家的某军队有8万名将士，在开展新的思想道德计划时，该军队在同一天、同一个场地召集了800名高级将领（占军队总人数的1%），又在没有任何耽搁的情况下，由他们将该计划普及军士长群体（每人负责120名士兵），再由军士长群体普及中士群体（每人负责35名士兵）。

一些组织会设置严格的时限。有一家组织从基本原则出发开始实施领导力发展干预计划，设置了6周的培训期限，并开始往下传达。他们认为，在为期6周的培训期之后，如果该计划确实起到了作用，就可以在其所经营的100个国家中的任意一个国家内试运行并推出该计划。

不管计划的本身如何，它必定具备好的影响力，并能够引起变化，且人数越多，影响力越大。简言之，如果有足够多的人像领导者一样改变自身的行为，计划就是成功的；反之，如果改变行为的人太少，计划就是失败的。另外，这些现象并不仅仅局限于领导力发展干预计划，任何为组织改变所做的努力都存在这种现象。

领导力发展的意义

参与原则会影响领导力发展干预计划在组织中的安排方式、设计方式、传达方式和建立方式。在第二部分中，我们会详细讨论这些内容。事业感和努力是所有思想产生的基石。这项工作应该以对当前领导能力和未来需求的了解为基础，最好的方式就是进行差距分析。同时，这项工作还受到领导力发展干预计划本身的内在需要的影响：必须有足够多的人改变他们的思维方式和行为，组织才能保证这种改变有足够的传播范围。

为了实现这一点，组织必须获得最高管理层的完全承诺：推动领导力方面的发展；协同最高管理层全面改进已达成共识的领导差距；与组织保持清晰的联系和沟通，确保最高管理层的角色示范具备预期的领导心态和领导力行为，同时确保高层管理团队成员本身愿意参与领导力发展的历程中。

核心原则2的主要意义包括以下几点：

第一，对领导力发展的路径的描述应从入门层级到执行团队，不管是仅有一部分员工还是所有员工都参与了这样的领导力之旅。每一层级本身都应有自己的学习路径，而参与的个人也应该对其有清晰的认知。

第二，在领导力发展干预计划实施期间或在其他拐点，如领导者的晋升或工作调动上，组织必须为领导力发展提供充足的人员。在变动期间，特定的领导力发展干预计划应涉及全组织5%~15%的员工。干预计划是否应强制执行，取决于组织的文化和目的，但无论如何，其内在价值或声誉应具备足够的吸引力，以吸引人员参加。

第三，在设计上，新的内容和课程应能在整个组织内达到最大广度，继而吸引足够数量的领导者。应根据不同层级对内容进行调整，量身定制，但又必须具备广泛的吸引力、适用性和可接受性。例如，某个组织在实施领导力发展干预计划时，选择以"权力"作为关注点和主题。其计划的内容就必须根据不同层级进行量身定制，涉及每个层级的特定预期行为，这样就会让组织内的每个人都能感受到什么是伟大的领导力，以及如何做。

第四，为了使计划的影响力达到必需的广度、深度和速度，组织必须建立自己的传送引擎。在这方面，科技起到了重要作用，如建立在以笔记本电脑为基础的交互式视频会议、3D技术，以及手机应用上的先进的学习系统，都会对整个组织产生重大而有效的影响，且成本相对较低。另外，建立计划交付基础设施是影响力达到特定范围的关键，如通过"教员培训"和"平权辅导"（power mentoring）（五个学员中的每一个都负责辅导其他四个）等。

第五，组织发展的历程应按节奏进行。所有的设计和内容都应既能满足长期计划，也能满足短期计划。也就是说，最初的计划推行（比如9个月）速度不要太快，以免组织跟不上。组织每年还应设计一个"加速器"，将新思想、新技术、组织背景的改变，以及最重要的参与者学习和潜能发展考虑在内。该计划应当能持续地让参与者尽其所能。

不断提高的发展速度

尽管对某些组织而言，从组织历程的角度对计划参与进行思考已经是很大的进步，但其责任远远不止于此。组织历程的讨论及其意义，必须将组织的周边趋势考虑进去，而这种趋势往往非常苛刻。我们在前一章中谈到了新工业革命，技能的衰败速度之快前所未有（图4.1）。[9]例如，当今的小学生中，预计有65%的人在以后会从事尚不存在的新的工作类型。[10]

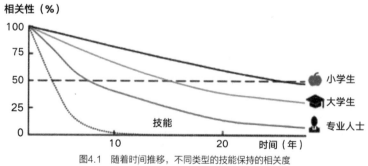

图4.1 随着时间推移，不同类型的技能保持的相关度

严格来说，所有组织都必须定期更新培训活动的内容。但从组织历程的角度来看，何时是最佳时间？最佳的方式又是什么？是否应该先结束一个活动再开始另一个活动，还是同时开展若干活动？运用S形曲线的概念来思考这些问题很有益处。S形曲线模型是在20世纪60年代发展起来的，其倡导者宣称，这是理解非线性世界的最佳模型之一。它的应用范围很广，包括组织的生命周期、创新和一般技能的建设。[11]

让我们将这一模型用在学习上。例如，人们在进入新角色时会面对许多新的要求和利益相关者，这代表着一条新的曲线，人们必须获得相关的能力。刚开始时，学习曲线会大起大落，这代表人们的知识和技能在快速增长。但他们的表现对业务的影响通常较低，随着在新角色中逐渐获得技能和信心，他们的个人能力和业务影响力都飞速提高，直到达到拐点。成为新角色一段时间之后，曲线会比较靠上，并呈现较为平坦的状态，这代表他们的学习和个人发展出现停滞，任务渐渐变成了习惯，他们对业务的影响力不再加大。[12] 因此，开始第二曲线的最佳时间是在日前曲线达到高峰之前，此时组织已完全具备开始新曲线的资源。如果第二曲线开始的时间过早，第一曲线的收益就会浪费；而开始的时间过晚，资源和推动力就会消失（图4.2）。[13]

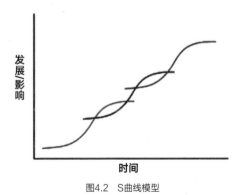

图4.2　S曲线模型

在领导力发展方面，该曲线代表的是培训项目的自然寿命。因此，事情进展顺利时，可以计划并推行下一个曲线。世界变得日益复杂，技能衰退的速度日益加快，每条曲线之间的周期日益缩短，这就意味着广度增加（更多员工需要得到培训）、深度增加（培训强度更大，培训的接触点更频繁）和首次展示的速度增加（学习速度和技能获取速度越来越成为重要的竞争优势）。这就意味着，领导力发展在未来会越来越常见。与之类似，对于所有员工来说，继续学习和适应性的概念变得越发重要。

对于相关从业者而言，上述意义在于，领导力发展必须变得敏捷，能够对外界环境的变化迅速做出反应，同时还意味着组织要更多地强调员工在工作中进行学习（我们会在下一章对此进行讨论），以及将干预计划融入更广泛的学习文化和领导力文化之中（我们会在第6章对此进行讨论）。

案例研究：改变领导力的速度和规模

背景与挑战

我们的一位客户在创新制药方面处于全球领先地位，位列《财富》杂志"最受推崇的公司"榜单之上，其生产的消费保健品在创新制药和消费保健品方面全球领先。该公司的员工总数超过5万名，业务遍及全球140多个国家。它面临的重大挑战是"专利悬崖"（patent cliff），它的一些主要产品将要被取消专利。为了应对这一情况，该公司推行了新的策略，以便推动未来发展，并在其核心业务区域采取了不同的手段，即更加依赖于"特色"产品的模式，建立了新的组织结构，用新策略、流线型研发，以及提升了效能的共享服务，对企业进行调整。最后，该公司为了推进新策略并取得成功，在至关重要的领域做了投资，以增强其能力建设。

尽管如此，该公司仍面临两大挑战。公司自己开展的员工敬业度调查显示，公司过于关注业绩，而在大规模领导变革、给员工赋能，以及激励开发员工头脑与心灵方面常常忽视。另外，市场不同，新策略的开展方式也不同。在某些发达市场，该公司主要大规模缩减业务；而在某些新兴市场，它的目标可能是在5年内使同样的业务翻一番。为了将战略意图与不同市场中不断变化的情况有机结合在一起，获得全球范围内的公司高层领导者对转型的完全认同非常重要。

方法

我们的职责是帮助公司内部组织的领导者明白这一策略，并使其能够向自己所在的部门和团队清晰简洁地传达这一策略的意义，授权他们实施与公司策略相一致的强有力的地方策略，帮助他们规划如何通过更多地关注员工参与来展开变革。

为了支持组织的领导者推行新策略和新的组织结构，我们成立了中心项目管理部，发起了多项倡议，包括创建完整的变革框架和沟通计划，重新调整业绩目标，将高管坚持不懈的角色示范职责落实到位，激活变革推动者网络。另外，我们在组织的最高领导层中推行"变革加速器"（Change Accelerator）计划，以此来提高组织的变革意愿。

该计划由为期两年多的研讨会组成，意在解决公司变革所面临的障碍，与高层领导者就其计划进行持续不断的检查，以及让训练有素的引导师给领导者提供反馈和教练辅导。速度对成功至关重要，同时，该计划本身也具备广度、深度和速度：在全球超过120个国家内推出，为期6个月，超过1000名领导者参与其中。每一个国家，根据其自身的规模、复杂性和对变革的意愿，采取不同的方法。训练70~80名内部引导师来支持计划的推行，可以使其达到所需的广度和速度。

第一个研讨会关注的是新策略的方向。对领导变革的领导者而言，这意味着应通过传达策略的意义来对员工进行激励和吸引他们，优先处理员工必定会出现的主要心态转变和行为转变（如以客户为中心）。大约在首个研讨会开始18个月之后，在同一群人中开展第二个研讨会，时长也是6个月，其关注的是帮助领导者全面融入新的行为转变，仔细推敲组织结构的意义，以及运用新战略所需的技能。大约两年之后，以同样的速度推行第三个研讨会，其关注的是重新激发组织活力，继续对员工进行变革管理技能方面的培训。

影响

研讨会、定期检查、定期反馈，为高层领导者实行新策略和新工作方法提供了持续不断的支持。该计划帮助该公司在全球120多个国家的业务单位和职能部门的所有领导团队获得了变革能力。该计划得分极高（在内容和教员上的得分为9，总分10分）。参与者都强调说，该计划帮助他们改变了心态，使他们提升了能够付诸行动的洞察力，让整个团队充满激情。从组织层面上来讲，在该计划推行的5年时间内，股东整体回报率位于同业之首，销售额增长了25%，一跃成为该行业第二大公司。

反思

该计划的巨大成功缘于四个因素。第一，尽管以前的计划允许该公司某些国家的分部不参与，也就是说，不是公司所有组织都被包括在内，但领导力发展干预计划是不容商量的。该计划的推行采用严格的系统化方式，涵盖公司所有领导团队。第二，该计划与策略及商业目标紧密相连，并不是"为了改变管理而改变管理"（change management for the sake of it）。实际上，头一批实行该计划的国家所做出的积极反馈，在组织中造成了积极的反响，强力"拉动"了这一计划。第三，该计划的引导师并非只来自人事部门或组织发展部门。中心项目管理部对全球的业务领导者进行培训，使得研讨会既有变革管理方面的内容，又有非常重要的业务方面的内容。第四，该计划以极快的速度在短时间内展开，不仅对当地业务产生正面影响，还让该公司全球的员工在得知变化之后的很短时间内，就能看到并且感受到这种变化，由此极大地鼓舞了士气，使他们增加了对新方向的信心。

关于领导力发展干预计划资源配置的简短说明

最常见的问题与费用有关。有如此多的人参与领导力发展干预计划，其花费必定非常大吗？我们发现，事实未必如此。如果操作正确的话，学习和培训方面的预算通常足以培养足够数量的领导者。换句话说，钱要花，但要用正确的方式花出去。

例如，大型组织花在每个员工身上的培训费用通常为800美元（这里说的是普遍意义上的培训，不单指领导力发展）。[14] 因此，拥有1万人的组织，每年的培训预算大约为800万美元。如此规模的组织，培训计划应尽力涵盖占总人数5%~15%的员工，即约1000人（速度越快越好）。如果在这1000人中，有20%（200）的人在任何时间参加了为期8天的结构清晰的培训计划，组织每年正式开展培训计划的天数会达到1600天。我们的经验表明，全面制订的计划，其设计和实施费用大约每日2000美元（包括研讨会、现场工作和培训），约等于320万美元。

余下的800名领导者可以通过线上学习和为期一天的"速成班"参与培训计划。假设每个人的培训天数为两天，每天每人的费用为500美元（受科技的影响以及内部引导师的原因，这个费用也可能更低），总共需要80万美元。

组织内其他的9000名员工（在领导力方面）通过主管对他们进行在岗培训，强化机制以及观察组织内的领导来感受"什么是好的领导者"，就切实地参与了进来。这点其实也可以通过科技来实现，相关技术一旦发展起来，边际成本会接近于0，我们将在第6章对此进行详细讨论。

因此，占组织人数10%的高层领导者的培训成本大约是400万美元，约为普通培训预算的一半。另一半会被用于对内部员工进行技术、能力方面的培训。有意思的是，我们发现，组织通常会为领导力发展做学习和培训方面的预算——钱已就位。因此，对组织而言，最紧要的是怎样更加有效地使用这笔预算，而不是为领导力发展干预计划的培训项目拨出新的资金。

小结

    是否所有组织在组织发展方面的努力都必须包括领导力发展？当然不一定，但如果组织的目标是提高整个组织的领导力效能，答案就是肯定的。

    为了在适当层次上改变领导力行为，并让组织中的每个人都明白伟大的领导力是什么样的，组织必须吸引足够数量的优秀领导者和影响者。理想情况下，应从高管团队开始。他们必须有此意愿，并通过自身来体现和解释什么是伟大的领导力。组织历程由广度、深度和速度三要素构成，整个组织都应参与其中。如果没有组织历程，领导力发展干预计划就会变得断续松散，无法持续地对整个组织产生影响。我们还看到，必要技能更新之间的"循环周期"日渐缩短。在领导力发展干预计划上做出努力的组织，往往倾向于为所有人，在任何时间段的持续发展方面进行考虑。

第5章

设计计划方案，促进行为改变：核心原则3

菲利波·罗西（Filippo Rossi）

朱莉娅·斯珀林（Julia Sperling）

迈克·卡森（Mike Carson）

神经科学与现代成人学习的重要性_116

大脑准备好去学习_120

成人学习的七个原则_121

提高个人学习效率和工作绩效_135

发展领导力的意义_136

现在，我们将视线从规模化的领导力发展所涉及的是"什么"和"谁"的问题上转移到"如何做"的问题上。在这一章中，我们将讨论在个人学习上"如何做"的问题，而在下一章中，我们将讨论在组织层面"如何做"的问题。

从个人层面上讲，组织应如何考虑制订一个使学习转化最大化的领导力发展干预计划呢？又怎么能够确保领导力发展干预计划对参与者行之有效，能够提高他们的日常工作能力呢？对此我们有很多来自领导层的建议。近几十年来，人们越来越渴望获得与大脑机能方面有关的发现，尤其是在神经科学的进展方面。这一领域以前所未有的方式汇聚了信息学、物理学、工程学、生物学、心理学和医药学方面的科学家，他们为了一个共同的目的走到了一起。

知识的指数级增长，最显著的驱动力就是脑成像技术的使用，如脑功能磁共振成像。自20世纪80年代的始创期开始，以磁共振成像为内容的科技出版物在数量上飞速增长，2013年同行评审的该类出版物为 2.86万种，而1983年只有200种。[1]在临床中能够轻易获得所需的成像设备让研究者得以间接地获得大脑活动的测量指标。在试验过程中得到的数据会重新链接回受试者的并发行为。

因此，在过去20年中，我们在了解大脑和成人发展方面取得了重大突破。例如，我们已经知道，神经可塑性（大脑在一生中通过建立新的神经连接和功能进行自身重组的能力）不再仅仅局限于童年时期，实际上，它会持续人的一生。对于转化学习干预（transfer learning interventions）对工作的影响力以及其对领导力发展的意义，我们也因此有了更多的了解。

成人学习作为一种理论和实践并不新鲜，其正式术语是"安德拉格学"（中文译为"成人教育学"），在1833年，由亚历山大·凯普（Alexander Kapp）提出。在20世纪60年代末期至70年代，马尔科姆·诺尔斯（Malcolm Knowles）在这一领域做出了突出贡献。与之不同的是，现在我们更强调现代成人学习原则，这些原则根植于对大脑和成人学习方法更深层次的理解之中，由此产生的具体方式可以将成人学习方法融入领导力发展。

在本章中，我们会回顾运用成人学习原则的重要性，以及大脑学习意愿背后的神经科学理念，讨论现代成人学习的七个原则，并将其用于领导力发展方法，以便将学习转化率最大化，同时讨论提高组织总体性的个人学习效率和工作绩效的其他方法。最后，我们会回顾领导力发展干预计划的意义。

核心原则3：基于神经科学的成人学习理念设计计划方案，实现行为改变最大化

运用神经科学相关的最新原理，明确地致力于帮助个人"更好地完成日常工作"，制订干预计划，将所教和所学的价值及其对组织的影响最大化。

神经科学与现代成人学习的重要性

以神经科学为基础的新见解非常深刻，很有价值，但其传播方式以及非专业解释导致人们在理解大脑如何工作方面出现了许多错误认识。这些错误认识同样进入了企业里，对行为改变的设计和应用以及终身学习产生了影响，同时也影响了管理层对大脑机能的思考方式。

例如以下认知：惯用左脑的人善于进行逻辑思维，惯用右脑的人则比较情绪化；无论何时，我们对大脑的使用量最多只占其容量的10%；我们用自己喜欢的方式进行学习时（如音频或视频），用脑的效果会大大改善；童年时有几个关键期，关键期过后，未来学习无望。

最近的一项调查显示，即使是在教师的思想中，也存在类似上述的荒诞说法。[2]英国及荷兰有超过90%的教师信奉单一学习风格偏好的假说，50%的教师相信大脑使用率仅为10%的假说。这些假说很多都是错误的——我们把其中的一些称为"神经迷思"，除此之外还有很多类似的错误。[3]

为了避免这些神经迷思，应用以神经科学为基础的现代成人学习原则至关重要，因为它对于成人是否能够成功改变行为有着实质性的影响。例如，研究表明，参与过课堂演讲活动的人中，只有10%的参与者在3个月之后还能回忆其演讲的少许内容，而通过动作学习（如讲述、表演和亲身实践）的参与者，能够回忆起来的内容达到了65%。[4]与之类似的例子是在20世纪90年代盛行一时的70∶20∶10的"拇指原则"（rule of thumb），这一原则要求领导层汇报他们所认为的最佳学习方式，结果显示，领导者认为学习的最佳方式约70%是参加在岗培训，20%是指导与辅导，10%是课堂及在线培训。[5]

我们所做的关于领导力发展的最新研究支持了这一观点。我们发现，在领导力干预方面取得成功的组织积极鼓励个人对新行为进行实践的可能性是其他组织的6.1倍，这些新行为能帮助参与者成为更好的领导者。另一个成功的关键因素与成人学习有关。一个成功的组织，更可能将成人学习与能够使参与者得到拓展的项目联系在一起（不管是个人层面还是团队层面），并要求他们在一段时间内将所学用于新的环境。相比不成功的领导力发展干预计划，成功的计划有4.6倍的可能性会以此种模式为特点。在领导力发展方面取得成功的组织还会经常在活动中加入其他内容，包括在研讨会之间穿插个人实地实践（3.6倍），将优势设为基础（3.4倍），教练辅导（3.2倍）以及解决心态问题（2.9倍）。

全球培训市场的估计价值为3500亿美元，如果将学习干预建立在不正确且永远不会更新的假设之上，组织是根本负担不起的。如果90%的员工在3个月后忘记了他们在培训中所学的内容，这个培训就根本不能被称为一种选择。推动领导力发展和整个组织的发展，关键是要消除神经迷思。然而，我们发现，很多组织在学习和领导力发展方面采用的都是过时的方法。某项研究表明，在世界500强企业中，有55%的企业通过课堂演讲的方式为员工开展学习培训，25%的企业通过教导和辅导的方式开展学习培训，而20%的企业通过在岗培训的方式为员工开展学习培训（图5.1）。[6]

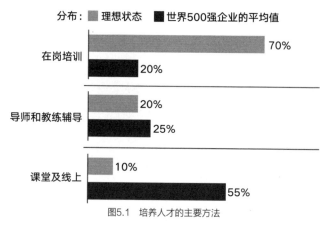

图5.1　培养人才的主要方法

在实践中，我们发现事实确实如此。通常，员工会分配到学习和培训方面的预算，并从预先定义好的"课程目录"中，或从他们想要进行的课程菜单中进行挑选。这些课程并不是为员工量身定制的，而且也没能直接帮助员工解决他们需要执行的日常任务。在本章中，稍后我们会看到，自主学习可以提高学习转化率，但学习内容必须框定在核心原则1中所列出的关键转变的范围之内。

有时我们还会看到，组织会耗费绝大部分领导力发展方面的预算，将选定出来的顶级人才送往国外参与管理项目。这样做往往会使参与者所学到的知识与回到工作岗位之后的应用相脱节。

人们很自然地会提出以下问题：如果事实如此清楚，组织为什么不用更加全面的方法来培训领导者呢？我们认为，主要原因有三：

第一，有些组织可能没有完全掌握最先进的成人学习原则，也不清楚如何能够明确地以学习转化最大化为目的制订干预计划。

第二，有些组织可能认识到了这一点，但低估了不同方法所带来的不同影响力的重要性。

第三，有些组织的确在寻求最佳的实践方法，但未能找到能够实现这些方法的适当提供者（以及足够的费用）。

我们发现，目前市场上的很多领导力发展公司，完全不愿意通过适当的方式为组织量身定制计划方案。举几个例子，领导力发展干预计划必须根据目前组织所面临的特定挑战（核心原则1）来制订。方案具有可调控性，以便能够以适当的速度触及组织内适当数量的关键人数（核心原则2）。方案还需准时交付，采用"全人方法"解决参与者潜在的心态问题来面对真正的业务挑战。然而，我们经常看到的课程都是通用的、标准化的，针对某个人或某群人制订的计划都是一次性的，提供的课程"以不变应万变"（突出自己，而很少考虑需要学习些什么，当前背景如何），只关注功能性技能，"与工作相脱节"，只以案例研究和课堂演讲为基础。

以下列综合文献为基础，我们将介绍最新的大脑学习神经科学观点。想要跨越流行的神经迷思以及近几十年来聚集起来的庞大知识库之间的障碍绝非易事，因为知识储备在迅速加大，但我们仍然相信，神经科学的关键概念会为当今的组织提供有用的焦点。

大脑准备好去学习

在将核心原则投入实践之前，我们有必要简单讨论一下大脑学习意愿背后的神经科学，例如我们称为"童年的关键期"（the critical window of childhood）的神经迷思。大多数人都听说过关键期这种观点，这种观点认为，绝大多数大脑发展是在婴幼儿时期的头几年，且过了这个阶段，人类大脑的发展轨迹就会或多或少地被固定。这一错误观点是对观察现象的歪曲，观察表明，对于如视觉或听觉等主要感官以及主要的语言习惯而言，在关键期内缺乏适当数量的感官输入会阻止这些感官或能力的发展。[7]

这一观点将观察结果扩展到了人类发展的所有领域，甚至会导致赫克曼模型[8]（Heckman model）（又称样本选择偏差模型，该模型描述的是在教育/学习方面投入的每1美元所带来的假设收益）显示的结果变成：超过3岁，人们所有学习的效果都会呈指数级衰减。

然而，除了上述例子，在一生中，基于适当的刺激，大脑确实能通过形成新的连接而对其自身进行重组，这种现象被称为神经可塑性。神经通路能够改变，这背后的科学依据并不是什么新鲜事物[首个依据由卡尔·拉什利（Karl Lashley）在20世纪20年代提出]，但直到20世纪70年代，才得到神经科学家的广泛接受。今天，再没有人对神经可塑性提出异议，因为有越来越多的证据表明，大脑中有很多区域，到成人期仍然保持"可塑性"。[9]

但很显然，大脑并不能自动形成这些通路——成人在获得新技能并因此表现出（领导力发展）新行为时，需要适当的刺激物和关注。在下一节中，我们会讨论组织如何安排学习干预的问题。

成人学习的七个原则

当成人被当作成人来对待时，他们的学习效果最好，这一点似乎不言而喻，但问题是，该怎样做到这一点呢？同样，可以肯定地说，单一课堂学习的年代在很久以前就结束了，是什么取代了这种学习方式呢？现代的实地实践方法和研讨会方法都很不错，但好的学习方法并不仅有这些，想要通过学习来推动变革所需要的是更加"整体"的方法。

组织必须考虑成人的大脑学习范围，我们将这一要务总结为成人学习的七个原则。领导力发展必须：

- 将参与者拖离舒适地带。

- 运用自主学习和自我发现的方法。

- 在岗学习，通过重复和练习形成新技能。

- 提供积极的框架，将积极情绪与学习连接起来。

- 确保干预以优势为基础。

- 解决潜在的心态问题（全人方法）。

- 利用反思和教练辅导来保证反馈循环。

下面我们将回顾每一个原则及其背后潜在的神经科学理念。

离开舒适地带

成人在非舒适地带里学习效果最好，我们将其称为学习地带（图5.2）。这是因为，进行不同的活动（学习新的语言、一种乐器、一项新的体育运动）或改变习惯性活动能够使人们建立新的神经通路，从而获得发展。[10] 我们的舒适地带、学习地带和恐惧地带代表的是日益增加的焦虑。例如，罗伯特·耶基斯（Robert Yerkes）和约翰·道德森

（John Dodson）都表明，当人的焦虑水平不高不低，即处于中间水平时，学习表现是最理想的。[11]为此，我们倡导将参与者从舒适地带拖离出来的方法，让他们既处于压力之下，又不在恐惧之中。

图5.2　学习地带

　　在实践中，要做到这一点，确实具有挑战性，而这种挑战性所需要的恰恰是参与者所不具备的技能，但参与者在获得足够支持的情况下，能够成长起来，最终获此技能。理想状态下，这些任务必须根据个人情况进行量身定制（如通过个人培训计划），以便满足他们个人的发展需要。这些任务可以以研讨会为背景（如促进个人反思、在小组环境中解决问题、在整个小组面前进行演示），也可以以日常工作为背景（如在经理的支持下首次完成某项任务）。

自主学习

　　第二个重要的原则是参与者指导他们自主学习/自我发现。成人都是独立自主的，能够进行自我指导，也就是说，他们在生活上有很大程度的自治权，有自己的规则、信仰和价值观，允许他们进行自主学习会提高其学习动力。

另外，拥有更多的选择权和自治权可以使学习者自行选择何时、何地，以及如何进行学习（比老师为他们选择的更加合适）。因此，对于个人来说，从"推"转变为"拉"的学习方式可以提高整体的学习效率。

另一种常见的神经迷思，是认为人要么是以分析为主的类型（左脑型），要么是以创造性为主的类型（右脑型）。然而，这种非此即彼的二分法是错误的。大脑的两部分是连在一起的，它们共同进行广泛交流，而非独立运作。在很多业务中，这种假二分法的简单概念会导致一种错误认知，即每个人都有严格偏好的学习风格和学习渠道。最新的研究结果断然否定了这一观点。例如，学习可以有多种形式，相比单一的感官模式（如单一听觉），视听结合的刺激总是会带来更好的结果。尽管自主学习能够促进个体学习者的学习，但领导力发展干预计划还是应该调动人的所有感官。[12]

在实践中，组织可以允许参与者设定自己的学习目标，将探索元素（如允许参与者发现、反思，确定他们的优势和发展领域）和自我引导元素（如没有列入结构性研讨会的线上学习模块）融入学习过程中。组织可以在"选择性加入"（opt-in）的基础上制订整体计划（计划不强制，但要求参与者登记），有些计划元素如培训等，参与者也可以自行选择是否参加（由此要求参与者自己设定自己的培训时间）。

在渴求自主权与灵活性的同时，成人还希望了解干预计划能够带来的益处和价值。因此，组织还需确保能够清晰地表明计划的价值和其与工作之间的联系（参见后面五个成人学习原则）。

如前所述，自主学习不能超越组织整体优先事项的范围。战略管理必须围绕某个中心进行，如此才能确保学习与关键性转变联系在一起。而这些关键性转变，关乎组织最重要的事情（参见核心原则1中所列内容）。

当有专业方面的需求，并且课程符合个人日程安排时，参与者就有了通过自主选择吸收知识的责任。因此（在计划范围内），在参与者的学习、传达方式、任务安排、阅读或作业等方面，我们尽可能地保持计划的灵活性，但会确保对进程（如课程的完成率）和知识吸收（如通过反馈或全方位审查）等方面进行追踪。组织让参与者对自己的学习负责，这一点非常重要。

在岗学习和重复

当成人在工作中运用并发展自己的技能来学习时，他们的学习效果是最好的，这是因为这时大脑可以形成并强化新的神经通路。对某项技能进行常规练习会使该项技能延伸到相关的功能区域网络中。比如，小提琴演奏者的手部表征或伦敦出租车司机的大脑区域（海马体）的尺寸大小都是与记忆有关的。[13]换句话说，一起工作的神经元会连接在一起。[14]反之亦然。大脑有不断进行的"修剪过程"（pruning process），只有那些被频繁激活的神经联系和神经通路才能被保持下来，我们都很熟悉因为长时间不用而导致某个技能消失的感觉（如语言或演奏乐器的能力）。

因此，在领导力发展的各类方法中，我们通常会将专门安排的系统化实地工作考虑进去，让其在新技能的工作应用上与更加正式的学习课程（如研讨会或在线模块）交替进行。可以以日常工作为背景，或通过超越日常任务的"突破项目"来实现技能在工作中的应用，比如以更广泛的转变为背景的特定举措。

我们坚信，学习就是工作，工作就是学习。虽然学习研讨会有很高的互动性和参与性（而且是艰苦的工作），但参与者还是希望能将学到的和已实践的东西运用到日常工作中，这样不仅能够提高学习效率，而且能产生对组织的影响——后者是一切学习干预的最终目标。

积极的环境

研究表明，在所有的智力活动中，情绪和认知的联系密不可分。[15]尽管情绪和执行功能在大脑中有特定的模块，但它们之间存在高度的互动，并会相互影响。因此，我们在谈到学习的时候，不能不考虑情绪背景。

早在认知神经学科出现之前，柏拉图就针对学习和情感之间的联系提出了如下假说："所有的学习都受情绪影响。"最近，神经科学表明，能够激活杏仁核引起情绪的事件或事物（愉快的或不愉快的）与随后的回忆高度相关。[16]至于学习环境，大量研究表明，正面情绪可以增进学习，而负面情绪（如惧怕犯错误）与学习相矛盾，在最坏的情况下，负面情绪甚至会降低学习效率。[17]

另外，对人和动物进行的研究表明，积极的事件和奖励能够使头脑中释放一种名为多巴胺的物质，这种物质能够极大地帮助大脑形成记忆[18]，让我们想更多地经历这些事件。[19]因此，将学习本身置于愉快和有益的环境中，并设立明确的奖励里程碑，总的来说会增加学习欲望，推动今后的学习。

创建积极的背景还能够让参与者愿意承担更大的风险，正如我们在第一个成人学习原则（将参与者拖离舒适地带）中所讨论的那样，它会让参与者走出舒适地带，进入学习地带。我们发现，在冒这样的风险的时候，参与者需要感受来自别人的鼓励和支持，因此，创建一个安全的环境，以便参与者能够离开舒适地带的做法与初衷是矛盾的。我们发现，不仅在学习情境中是这样，在实践中，那些高效率团队的情况也是如此。我们通常会在研讨会上做"巅峰表现"的练习，以便能够准确描述高绩效团队的特征——这里出现的一个关键要素是那些经历"巅峰表现"练习的团队成员感受到了鼓舞和支持，这使得他们愿意承担更大的风险，突破业绩极限。

在领导力发展实践中，这就意味着要创建一个安全的学习空间，而在这个空间中，参与者甘愿承担风险，讨论潜在的问题。为此，在学习阶段开始前确定某些基本规则很有帮助，例如保密、不判决、支持其他参与者等。另外，毫无疑问，有趣轻松的学习干预计划更加有益，重要的是确保引导师、培训和组织之间的良好配合。

基于优势发展（但不忽略发展区域）

在发展领导力效能时，人们必定会关注自己的优势，而非弱势。威斯康星大学对两支保龄球队所做的研究，证明了关注优势的重要性。在这项研究中，其中一支队伍在进行训练时，观看了其成功表现的视频，而另一支队伍看到的只是其错误表现的视频，前者的进步是后者的两倍。[20]为什么以优势为基础的培训更加有效？主要原因有以下四点。

第一，在同等能量下，相比修正某个发展领域，以优势为基础获得的益处更大。换句话说，在同样的能量单位下，优势的提升要高于发展领域的改进。我们一生中会通过参与活动不断地开发新的神经通路，我们的优势在有最多突触连接的大脑区域中进行发展。这就意味着，优势所在的地方必定会有很多的突触连接。随着突触的发展及增强，大脑在激活那些特定神经元时，就不像形成新的神经元一样需要那么多的能量了，这就是为什么人们总说，他们的优势是天生的。[21]因此，我们对学习和培训的关注点应建立在现有的优势基础上（假设这些优势与组织所要求的领导力行为相一致）。

第二，成人倾向于强调事物的消极方面，而非积极方面[我们称之为"风险规避"（risk aversion）]。在某些案例中，这一比例可高达3~5倍，[22]因此我们需要通过强调优势（如"你善于理解别人"）来抵消消极信息带来的过度影响（如"你不善于倾听"）。例如在反馈期，这一点意味着领导者强调员工优势的倍数应为强调其需要进行培训的方面的3~5倍，否则，员工记住的就只有他们需要培训的方面了。

第三，关注优势通常会带来积极体验，取得巨大成功的人体内的多巴胺会得以释放，确保人们持续学习的动力。另外，研究表明，胜利为进一步的胜利提供了动力。[23]例如，在进行10千米赛跑训练时，在增强耐力的同时经历一些小的成功（如4千米、6千米和8千米）会让人产生动力，让身体在肉体上和精神上都准备好迎接更大的挑战。尽管这里存在过度自信和过度爱好冒险的风险，但在学习环境中，这些可能影响不大。

领导力发展干预计划应当以优势为基础的最后一个原因与神经科学并不相关，但在整个组织背景下却至关重要。我们知道，"刺猬型"领导者（spiky leaders，在某些需要特定能力的领域表现出色，在需要其他能力的领域表现平平甚至缺乏其他能力）在公司整体业绩方面的重要性远大于那些"多面手"（拥有多种能力，在需要这些能力的领域表现平平，但不缺乏任何一种能力）。在排名位于第一四分位的组织中，"刺猬型"领导者的数量是位于第二四分位组织的2倍。[24]另一项针对29个国家的34个组织内的2万名员工所做的研究表明，经理更多地强调优势的公司的业绩要比其他公司好21%~36%。[25]

我们的转型变革方法与上述观点相呼应，我们发现，同时关注优势和弱势的组织，比只关注优势或只关注弱势的组织更加成功。[26]在学习背景下，干预计划应明确描绘出个人优势，并确保以此为关注点。同样，在某些领域达不到最低标准的情况下，确保人们不会忽略对这一领域进行改进也是非常重要的。

潜在的心态

成人学习的第六个主要原则解决的是潜在心态的问题，这些心态能够使预期行为得以实现。在领导力发展中，我们将与该原则有关的方法称为"全人方法"。如第1章中所介绍的那样，由于行为受到思想的驱使，因此也会受到潜在价值和信仰的驱使。理解某人的潜在信念是消除学习方面和行为改变上的很多障碍的前提条件。这是全人方法的关键，建立在成人发展的心理学派基础上（如罗伯特·基根和莉萨·拉斯科·雷希在其著作《变化的免疫力》中的描述）。[27]

传统的自身技能提升方法始终将关注点放在领导者应当知道的事情（例如，与工作相关的框架和专业技能）以及领导者应该做的事情（关注那些确定的、能进行学习和实践的实际行为）上。

另外，全人方法关注谁应当成为领导者。这一方法注重的是身份和真实性，注重有意识的自我发展，以培养领导者的性格。领导力发展的典型模式就是"是+知+为"。包括发现是什么挡住了行为改变的去路（如潜在的心态和根本视角），以便帮助领导者永久性地优化他们在工作中的表现。无论是研究还是实践，都清楚地表明，"全人计划"的参与者更有可能经历相关和持久的个人转变，发展真实有效的领导力。

反馈（和反思）

最后，任何成功的领导力发展干预计划都必须包括让参与者进行充分衡量与反馈循环的机制，以强化他们的学习过程。我们区分了两种反馈类型。

来自周围环境的外部反馈非常重要，原因有三：

第一，外部反馈为大脑指明了方向，令其熟悉所关注的方面。另外，反馈能够帮助提升参与者的意识水平，帮助他们认识到自己还能够做更多不同以往的事情。

第二，反馈可以作为动力的来源。抱着成长心态的人，会积极地看待挑战，将现在的状态和想要达到的状态之间的差距作为对自身的鞭策。（反之亦然，抱着"固定"心态的人，会将反馈视为威胁，让自己丧失动力。因此，学习干预必须能够营造良好的发展环境，并强调拥有发展心态的重要性。）

第三，反馈让引导师和计划的设计者能够看到参与者正处于学习进程的哪个阶段，然后他们就能够增加或降低学习的复杂性，确保参与者处于既不特别舒服，又不特别恐惧的学习地带。

内部反馈与元认知（meta-cognition）和"对思考的思考"（thinking about thinking）过程有关，包括我们如何对思考过程与发展进行反思。

有研究表明，经常进行反思的人，其前额皮层的灰色区域（大脑中的这一区域与人类的演变性发展有关）较大。这一点表明，反省对于学习进程大有裨益。[28]在学习背景下，在反思环境中，经常自问以下问题，对学习进程助益良多，包括：

- 我是否意识到了自己的优势和需要发展的区域？
- 我是否将关注点放在了优势和需要发展的区域的正确组合上？
- 我在学习过程中什么地方做得比较好？什么地方需要改进？
- 我是否应用了所学到的知识？如果不是，我应该怎么做？

为此，我们通常会建议在领导力发展工作中加入培训（由教师、经理/导师或至少由项目组的同龄群体来进行）。另外，我们在计划中专门安排了供参与者反思的时间，并利用学习日志来捕捉参与者的想法和反思。

案例研究：从正念和神秘主义到盈亏底线

背景及挑战

2012年，麦肯锡开始了与一家大型制药公司的合作（该公司经营范围遍及25个国家，拥有超过2万名员工，营业额高达20亿美元）。该公司所面临的挑战是让领导力成为全体员工的志向，而不仅仅是某些人的职责。现有的发展计划是以指导为主的，而不是转化型的，实现后者必须给予员工空间、自治权，培养其在工作中成长的心态，从而更好地为患者服务。

方法

领导力发展干预计划部分关注的是个人转变，解决能够带来变化的内在心态和身体状态的问题。公司与变革领导者共同合作，清除阻挡变革的障碍，用客户的话说，该计划"非常成功，以至于在计划结束后，我们又开展了许多次类似的计划"。在3年多的时间内，该计划的参与者从每次25人发展到每次50人。另外，该计划现在完全由客户通过其内部团队运行。在每一个阶段，计划中的工作都会更加深入，以便参与者能够"掌握内在的工作诀窍，更好地武装自己"，更高效地应对外部工作。从实质上讲，这是一场影响有形业务成果的精神旅行。

该计划的核心是个人转化。通过个人转化，客户可以建立一种体现"同理心"和"活力"的品牌价值的文化。在此产生的个人转化与组织转变紧密相关。

例如，领导者获得信心，发展强有力的领导力，摆脱愤怒情绪的控制；有更深的使命感，在同理心和相互信任的基础上与人沟通，克服对失败、平庸、失去形象的恐惧，以必胜的心态投入工作，从"只重视逻辑"或"数据驱使"发展为将逻辑与直觉相结合，以便取得突破性成果。

在顶级的四个领导力层面中，该计划逐渐发展成为众多领导力发展干预计划的王牌。该计划的唯一目的是使组织中有前途的领导者发挥他们的全部潜能，并将之用于组织运营，产生业务方面的影响力。该计划遵循"领导自我—领导他人—领导业务"的思想体系，并从多个学派[东方的精神传统和神秘主义、改变的免疫力、正念、身心学、非暴力沟通、U型理论①、社会大剧院（Social Presencing Theatre）、完形（Gestalt）等]中汲取灵感和实践方法，以便在整个组织中创立强有力的领导力系统。

即使是在正式完成了该计划之后，通过强有力的校友计划，领导者也会得到有力支持。该计划能够帮助他们在自我成长和自我转化的道路上继续前进。

---

① U型理论也叫微笑理论，由奥托·夏莫（Otto Scharmer）提出，是学习型组织的学习理论。从未来中学习，是U型理论的基础。（编者注）

影响力

该计划取得的三项成果如下：首先，在个人层面，组织内的领导者能够克服心态和身体方面的局限性，提高工作效率，如在一个快乐的空间里追求卓越，远离压力或恐惧，更好地做出决定，表达自我，保持自信，鼓舞人心，促进人才发展等；其次，在团队层面，该计划带来了跨越许多界限的深度合作；最后，在组织层面，该计划创造了更深的连接和同理心（更加以患者为中心）的文化，在3年内，这种文化使公司业绩增加了1.25亿美元。

这一计划的成功促使企业高管开展了为期12个月的培训，带来了高管团队的"协同与共鸣"（alignment and resonance），这有助于实现其企业使命，即"为所有人提供负担得起的药物"。

该计划继而发展出一个整体议程，包括高管团队、跨业务单元和功能单元，以及更广泛的组织。不同的干预措施解决不同团队或组织的问题，其目的就是释放隐藏于组织潜能中的个人潜能。

正如该组织的首席人力资源官所看到的那样，"这些年我还从未见过与组织愿景联系如此紧密的领导力议程，即用个人转化来确保对业务的影响。这4年当中取得的成果大家有目共睹"。

反思

领导力发展干预计划之所以很成功，是因为它涉及的是"全人问题"。虽然很多计划都关注个人技能（领导者应该知道什么以及做些什么），但这类计划同时还触及领导者应该是怎样一个人的问题。在这类计划中，除了学习诸如授权、解决问题、管理变革等业务技能，领导者还提高了自我觉察力，探讨了如何发挥优势的问题，通过与同事进行更深入、更果断的交流培养同理心。另外，这类计划包括结构清晰的突破项目，使得参与者能够在业务挑战的背景下成长与发展。在衡量真正的业务成果的同时，领导力发展干预计划真正的关注点应放在参与者如何获得这些成果方面。这类计划明确地将关注点放在个人成长上，同时确保了发展起来的技能和素质是参与者面对特定场景所需要的。

提高个人学习效率和工作绩效

通常，凡是对学习有好处的东西，对提高员工绩效也有好处。例如，将员工拖到学习地带可能会让员工在较短时间内创造更好的绩效成果；赋予员工（界限范围之内的）自治权并创造积极的场景，可能会提高其动力和工作质量。将员工的优势与当前任务相匹配，无疑有利于实现预期的计划结果。

同样，也有一些利于学习和日常工作表现的其他要素，我们并未归入"成人学习原则"之列，但组织如果能对它们予以考虑的话，也会从中受益。在这些要素中，我们着重强调以下五个：

单一任务。大脑并不善于同时处理多个任务。人们对大脑进行扫描发现，人无论做什么事情，总体而言，整个大脑都处于活跃状态。因此，去除多个任务对于我们学习新知识和高效完成任务而言至关重要。

成长心态与先入为主型威胁。一个人的心态对其学习能力和表现会产生非常明显的影响。例如，亚裔美籍女学生的"亚洲传统能力"被提醒时，在随后的数学考试中的表现大大优于那些被刻板地提醒"数学对女孩来说很难"的对照组。另外，培养一种成长的心态，即对自身、对学习保持积极的态度，都会增强一个人克服挑战和学习的能力。[29]

消除偏见。所有人都有偏见，有些偏见会降低决策的有效性，如"确认偏误"①或"可得性偏差"②。[30]组织可以通过个人层面的干预

---

① 确认偏误（confirmation bias），又称确认偏见、肯证偏误、验证性偏见，是个人无论合乎事实与否，偏好支持自己的成见、猜想的倾向。由此，人们会在脑中选择性地回忆、收集有利细节，忽略矛盾的资讯，并加以片面诠释。人们总是趋向于看见自己想看见的，相信自己愿意相信的。大脑会持续有选择地寻找证据来证明自己的观点是对的，同时对那些证明自己是错的证据，有选择地忽略和无视。

② 可得性偏差（availability bias），常见的认知偏差的一种，指人们往往根据认知上的易得性来判断事件的可能性，如投资者在决策过程中过于看重自己知道的或容易得到的信息，而忽视对其他信息的关注，从而造成判断的偏差。

措施（如反馈和反思）和组织层面的干预措施（如适应性决策过程）抵制这些偏见。

保持健康的生活方式。睡眠、锻炼和营养非常重要，对于本书的读者来说这并非什么新鲜说法，现在的新问题是，随着更加先进的功能性磁共振成像技术的出现，我们如何测量身体健康对执行认知任务和学习新内容的影响力级别。组织再也不能只将身体健康视为"可有可无"的东西了，而应该提供相关的计划和政策，确保员工的福利。以上这些元素并不全面，比如其并未涵盖基于积极心理学或灵性的干预措施，却提供了维持健康生活方式的关键资料，包括压力管理，同时保证了员工有足够的业余（恢复）时间。

冥想与正念。神经科学表明，冥想和正念与业绩、学习和总体幸福感方面的提升密切相关。因此，大量组织都通过结构清晰的计划以及设立冥想室等给员工提供从正念和冥想方面受益的机会。[31]

附录3对于包括以上要素的内容进行了更加详尽的解释，包括每一要素背后的神经科学知识。

发展领导力的意义

在制订并实施领导力发展干预计划、关注其如何影响个人行为时，组织会从全力关注学习转化最大化中受益。这意味着，要在实践中运用我们这一章列出的成人学习七个原则。这七个原则也可以概括为：让参与者尽其所能；涵盖自我引导元素；确保积极的环境；基于优势的个人发展；工作中的学习和重复练习；解决心态的问题；反馈和反思。我们在本章前几部分已经讨论过一些上述原则的实际意义，在本书的第二部分（实践方法）中，我们会介绍如何制订领导力发展干预计划，以及如何在实践中融入成人学习原则。

在有效应用成人学习原则方面，科技起到了重要作用。有些App带有相关的自定进度模块库，有助于我们实现自主学习。可穿戴技术可用于提供即时反馈，比如关于多少人在讲话（用于当穿戴者意欲在小组中或多或少地发言时），再比如语调和情感（用于当穿戴者试图结束讲话或改变谈判风格时）。推送信息和每日提醒，可以实现"刻意练习"及其在工作中的应用和重复训练。游戏化（Gamification）和社交学习网络能够提供更加积极的学习场景。比如，某个应用程序在参与者完成某个模块之后（以此来提高完成模块的动力），以及参与者在工作中相互"签到"并讨论学习计划时（以此来增加从虚拟到现实网络转变的动力）给出相应分数，参与者可以用这些分数解锁新的学习模块或其他专题。在完成课程之后获得"奖章"是提高学习效率的又一途径，也可以将某些技能得到发展的消息传播到范围更广的学习小组（或整个组织）中作为激励。在解决心态问题、尚未发现的偏见，以及模拟新行为在工作中的应用方面，虚拟现实突破了界限。虚拟现实早已用于军队和飞行员培训领域（通常情况下，真实的训练存在危险时，用虚拟现实进行练习是很有意义的）。现在，虚拟现实已经拓展到了领导力发展领域。例如，斯坦福大学的虚拟人类互动实验室（Virtual Human Interaction Lab）用虚拟现实模拟社交之前，让参与者通过换位思考来体验别人的生活，以此来帮助参与者建立同理心。[32]

在成人学习的七个原则中，我们要强调其在工作中的应用和心态转变的重要性。如果我们回忆一下领导力的定义就会发现，领导力是关于行为的，这些行为受正确技能和正确心态的支持。这两点值得进行详细研究，因为它们对个人行为转变至关重要，而着重于课堂学习的领导力发展干预计划中往往缺乏这两点。

在计划实行期间，将这些技能应用到项目工作中非常重要，这样会将工作中的学习、反馈、反思、课堂教学和阅读进行最佳组合。

然而，这样做也存在风险。首先是怎样将所学与工作联系到一起，风险在于两者之间会"分离"并维持这种状态，因此在安排计划课程时，组织会面临非常微妙的平衡问题。一方面，线下计划（很多这种计划都在大学的环境中开展）确实很有价值，能够给参与者置身事外的时间，逃避每日工作的需求。另一方面，即使是在非常基础的培训课程之后，成人也通常只能记住课堂授课里10%的内容，而通过在实践中学习，他们的掌握程度能达到2/3。此外，处于飞速发展状态下的领导者，不管多有才华，在将线下经验转变为在工作中的行为时，都会感觉吃力。

这一问题的解决方案听起来很简单，就是将领导力发展与能够产生业务影响和提高学习效率的真实工作项目联系在一起。然而，创造那些既能满足组织的优先需求，比如加快新产品发布，扭转销售区域，协商外部伙伴关系，或发展新的数字市场策略等，又能为参与者提供个人发展机会的工作，并不是一件容易的事。

例如，一家医疗器械公司在平衡方面做得很差，其中的一个员工，也是领导力发展干预计划的参与者，在几个月内，长时间致力于"现实"工作：他创造出了一种设备，能够在紧急医疗事件中帮助老年人。当他向董事会提交自己的评估时，被告知有个专职团队恰恰也在做这项工作，董事们永远不会考虑做领导力发展干预计划副产品的方案。这条消息让这位敬业的员工失去了工作动力，他很快就离开了这家公司。

与之相反，一家大型国际工程和建筑公司确立了一项为期多年的领导力发展干预计划，该计划不仅能提升300位中层领导者的个人发展，还能够确保项目按时、按预算交付。每一位参与者选择一个独立项目，比如事业部的某位领导者带领其团队致力于从一个主要客户那里挖掘新的订单，以及订立跨集团多个事业部的新合同。

这些项目与个人行为的特定转变相关联，如克服与高级客户打交道时的拘束感，或为下属提供更好的培训。到该计划结束时，事业部的领导正在进行三个新商机的后期谈判，包括两条集团的业务线。反馈表明，他现在的行为更像是一个集团代表，而不是自己所属事业部狭隘利益的守护者。

另外，发展更加有效的领导力，需要个人行为的转变。然而，尽管大多数组织都认识到这意味着潜在心态的调整，但他们通常不愿意提及领导者会这样做的根本原因。这么做会让参与者、计划教员、导师和老板觉得不舒服，但如果不舒服的程度不深，他们的行为就不会发生转变。就像一位教练将运动员的肌肉酸痛视为训练的正常反应一样，那些自我拓展的领导者，在奋力冲向业绩新水平时，同样应该感觉到某种不适。

通常情况下，能够识别出某些"冰山表层之下"的感觉、假设及信念，是行为改变的前提，这在培训计划中却经常被避之不谈。例如，加强委派和授权的良好习惯，从理论上来讲很完美，但如果计划参与者非常明显地表现出"控制"心态时（我不能失去对业务的掌控；我个人担责；只有我能做出决定），就不太可能成功运用这些习惯。有些性格（如外向或内向）可能很难转变，但人们可以改变对世界和自身价值的看法。

在此重申，心态的发现、考验和转变都需要时间。我们在前一章中提到，81%的计划持续的时间为3个月或更短，只有10%的计划持续的时间超过了6个月。在维持已经转变过来的心态和行为方面，这是个巨大的障碍。

促进因素通常也会有提升的空间，例如身体健康，尤其是睡眠、锻炼和营养的作用，这不用详细说明大家也知道。组织能够做很多的事情来鼓励员工做出健康的选择，比如可以通过给员工提供足够的学习时间来抵御睡眠的不足，避免他们熬夜；可以在训练课程中加入睡眠管理、锻炼和营养方面的建议（有趣的是，在我们所做的调查中，有70%的领导者都说，组织应当教授睡眠管理的相关内容）。在较近一期《麦肯锡季刊》关于睡眠的文章中，我们给出了许多实用建议。[33]组织可以在差旅政策、工作守则（比如要求每周7天、每天24小时都要随时做好回复邮件的准备，还是设立回复电子邮件的"停顿期"）、强制休假、弹性工时、在办公室里设置"午睡房"、健身房打折或创立线上健身房、为骑车或跑步上班的员工提供淋浴、提高（食堂、午餐券兑换和自动售卖机的）食物质量等方面做出调整。

值得一提的是，在采纳健康选择方面最大的差距，往往是对该做什么知之甚少，而想做出改变的愿望很大。大量研究表明，即使面临生死问题，个体也不会改变他们的生活方式（如放弃吸烟，开始健康饮食和锻炼等）。在这些情况下，通常需要发现和改变根深蒂固的习惯，在6~9个月的时间内对新行为进行练习，使其能够持久转变。[34]有效计划的核心就是实现这方面的转变。

案例研究：通过定制的数字学习平台促进领导力发展干预计划

背景及挑战

在化学和农业综合领域中处于领先地位的一个组织，年收入超过100亿美元，其总部位于欧洲，在全球有2.5万多名员工。

其所面临的挑战是：需要对整个组织的领导者进行培训，以便实现业务的快速增长；需要未来的业务能在杰出技术和个人技能之间更好地保持平衡，让领导者成为自我驱动的敏捷学习者，能够在整个组织中通过跨职能合作开展工作。该组织与麦肯锡合作的目的是：培训100位具有极大潜力的未来领导者，使他们能够更快做好准备以担任关键的高层岗位。

方法

麦肯锡设计了为期14个月的"发展提速计划"（Accelerated Development Programme，ADP），通过一整套的培训措施，确保组织内拥有持续性的行为转变和业务影响。

研讨会学习：持续多日的体验式研讨会，以及自己调控速度的数字课程。

将所学应用于现场工作：参与者将从研讨会中学到的东西运用到日常工作的练习中；能够让参与者磨炼新技能的业务挑战；为参与者提供结构清晰的辅导计划，使参与者能够练习培训更多低级岗位的同事。

反馈、反思和教练辅导：360度全方位的领导力评估，领导力辅导课程，业务辅导，虚拟的同伴互助，以及个人发展计划课程。

所有课程的学习体验都被表述为8个阶段：认识自我、领导者的心态和视角、了解组织、建设性挑战和持续提升、做一个敏捷的领导者、增强个人修复力、赋能他人、培养领导者。在整个历程中，不同的学习干预过程会交错进行，确保为参与者提供密集而又难忘的全面体验。

量身定制的数字平台强化了参与者的学习历程。除了为参与者提供一站式服务，涵盖了计划所有要素的时间顺序视图，该平台还能够让参与者与同伴分享他们感兴趣的内容。而对计划的负责人来说，他们可以通过这一平台与参与者进行沟通，让他们一直参与其中。

影响

现在是该计划实施的第一年，到目前为止从参与者那里收到的都是积极反馈，包括：

- 97%的参与者为在计划中所花时间的价值打分。
- 95%的参与者为将所学用于实践的能力打分。
- 98%的参与者为向同伴和同事进行的建议打分。

我们在全球范围内收到的打分中，尤其是有关将所学用于实践的能力程度方面的打分，该计划的打分是最高的。同样积极的反馈来自客户赞助方和学习与组织发展部："在过去的15年中，我在这一领域与无数的销售公司进行过合作，我坚信，今天的麦肯锡拥有市场上最先进的产品之一，为全球的组织提供了有可能是最完整的领导力发展服务。"

反思

数字化工具可以让组织将用户参与和新领导力技能的应用带入下一个层级。"领导力加速计划"的集成平台大大提高了参与者的参与度，因为他们能很快成为线上全球社群的一部分，可以访问计划内容，接收计划沟通，与其他高层领导者和参与者进行互动。

除此之外，平台提供了非常清楚的全套计划要素概览，及时提醒参与者即将到来的重大事件，确保参与者能够从繁忙的日常工作安排中分出时间，在结构清晰的研讨会之间完成计划内容。对于领导者来说，经常会发生的情况是，现实业务超出了研讨会里研讨的范围，导致参与度下降。然而，参与者80%的学习都发生在工作中，电子平台有助于确保参与者应用他们所学到的知识，接受来自不同源头的反馈，反映他们的进展情况——最终推动可持续性的行为转变。

小结

在这一章中，我们解释了规模化领导力的第三个核心原则，包括领导力发展干预计划"如何"与个人学习效果产生关联的问题。本章重点说明人类的大脑直至成年都能保持着可塑性，讨论了成人学习的七个原则，我们在领导力发展中经常使用这些原则，以使个人行为发生转变。

我们还讨论了这样的实际情况，就是很多成人学习原则并不是什么新鲜事物，但相当多的组织都没有对其进行应用，至少是没有通过整体方式对其进行应用。人们自然而然会提出这样一个问题：如果组织很清楚这种情况，为什么组织不用一种更加全面的方法来培养领导者呢？其原因有三：没有意识到这些原则；不明白这些原则的重要性；虽然明白，却没有找到能够实行这些原则的合适供应商。

在下一章中，我们会讨论第四个核心原则，介绍通过整合与衡量来实现、支持和强化领导力发展干预计划的系统。这一原则还涉及在组织层面"如何"规模化领导力的问题。

第6章

整合与衡量：核心原则4

阿恩·加斯特（Arne Gast）

法里顿·多蒂瓦拉（Faridun Dotiwala）

杰玛·达奎利亚（Gemma D'Auria）

为什么说系统整合很重要_146

通过影响力模型整合行为改变_148

发展领导力的意义_163

在上一章中我们看到，人类的大脑直至成年都保持着可塑性，同时回顾了现代成人的学习原则。我们讨论了将学习方法应用到领导力发展干预计划中的重要性，以便使行为转变能够持久。然而，正式的培训、能力建设只是整个系统变革努力的一部分。实现全组织的行为转变，需要做的事情还很多。

在本章中，我们将讨论在更加广泛的组织系统中将影响力模型融入预期行为转变有何重要性。这里不仅包含能力建立，还包括角色示范、培养理解力和认知，以及协调人力资源和人事系统；除此之外，还包括衡量并根据需要调整进度。最后，我们说明了领导力发展的意义，以及在实践中对此应如何看待的问题。

核心原则4：在更广泛的组织内整合领导力发展干预计划，并衡量其影响

组织必须确保有更广泛的生态系统，能直接支持并促进领导力发展干预计划需要提升的行为、技能和心态的转变。

为什么说系统整合很重要

我们在为本书所做的研究中考虑了关于"组织能否领导"的问题，对此我们斩钉截铁地回答"是"，参见第3章。同样，人们也可能会问，组织是否有能够自我维持、自我延续的与众不同的文化（背景）。很多研究者发现，这个答案也是"是"。就领导力发展来说，更重要的是，就像研究所表明的那样，人们能够适应环境，他们的行为与生存的背景至少部分相关。[1]因此，改变背景或系统，可以改变人们的行为。

因此，如果把领导力发展干预计划视作单独的项目计划，根本不会成功转变领导者和更广范围内组织的行为，并维持这种改变。要创造大规模的持久影响力，组织必须调整其正式与非正式机制，让领导力发展干预计划得以实施。其中可以包括"硬"元素，如经过修订的绩效管理制度、绩效评估、补偿金、内部调动和继任规划；也可以包括"软"元素，如反馈、非财物奖励（如称赞及表扬），以及员工互动和调整工作的整体方法。

　　与许多其他的核心原则一样，整合和衡量的重要性在其缺失时显得尤为明显。领导者所面临的最令人沮丧的情况，就是通过计划学习了新的知识并实现了自我成长之后，回到僵化的组织当中，那里不仅会无视他们为改变所做的努力，还会积极地反对他们。这一反抗可呈现多种形式：对于新的与以往不同的行为，上级不予支持；人力系统对于新的领导力行为不予奖励（甚至处罚），如授权、实验、革新，阻止某些行为实现的流程和权力门槛（如以客户为中心，以及决策的速度）。这种情况下所需要的，是将领导力发展干预计划置于组织系统当中。

　　我们最近所做的关于领导力发展的调查确定了我们需要采取的举措，因为在我们的十大主要举措中，有三个都与将领导力发展干预计划置于更广的组织范围内有关。我们发现，与那些不成功的组织相比，领导力发展干预计划取得成功的组织在制订计划之前，有5.9倍的可能性会在发展领导力技能时回顾现有的正式与非正式机制。

　　对于组织来说，采用正式的人力资源系统来加强领导力模式、预期行动（如招聘、绩效评估、薪酬设计、继任计划等）是非常重要的（5.6倍）。从我们的经验来看，对人力资源的结果进行调整非常重要。在领导力发展干预计划取得成功的组织中，有75%的组织采用了

147

相应的HR体系，而在不成功的组织中，这个比例只有13%。

在领导力发展干预计划的背景下，组织应当确保由顶尖团队亲身示范预期行为（如组织内顶尖团队担任教员、项目支持者、导师或教练的概率是普通组织的4.9倍）。除了十大主要举措之外的其他重要举措，包括通过三个维度对投资回报率进行测算，其测算的严格程度与其他计划或方案相同，同时确保明确制定计划目标、衡量指标、追踪机制和管理，并实施到位（3.3倍）。这三个维度是：参与者评估、行为改变以及业绩（3.6倍）。

除此之外，关注更广泛的组织背景，意味着预期领导力行为不仅要得到接受过正式培训的领导者的拥护，也需要得到组织中其他人员的拥护。

所有的领导力发展，都必须带来整个组织的行为改变。另一个核心原则解释了其中的原因以及应如何达到这一点，还解释了这些改变如何成为组织生活的一部分，以及做事的新方法。

通过影响力模型整合行为改变

将预期领导力行为整合到或融入更广泛的组织系统中，对于领导力发展干预计划的成功至关重要。我们认为，改变一个人行为的最好方法就是使用所谓的"影响力模型"，健全的心理学和多年的实践已对这一模型进行了证明（图6.1）。

不论是在研究中还是在实践中，我们都发现，当关注以下四个改变心态和行为的主要元素时，组织变革最容易取得成功：

● 培养理解力和认知。

● 通过正式机制强化。

- 培养人才和技能。

- 角色示范。

在任何转变或改变中（领导力发展是最好的一个例子），这四个元素都必须全部存在。[2]

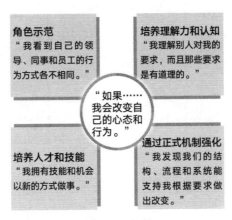

图6.1 影响力模型

我们对130多种资料进行了广泛审查，影响力模型正是在此基础上建立的，它经历了时间的考验。10多年来，这一模型一直是组织变革的主要推动因素，在实践中影响了成千上万的客户。我们知道，这一模型确实有用。我们在2010年所做的研究揭示了那些有效利用影响力模型的不同元素的公司和尚未利用影响力模型不同元素的公司在行为改变成功率方面的差异程度（图6.2），结果显然非常重要。[3]

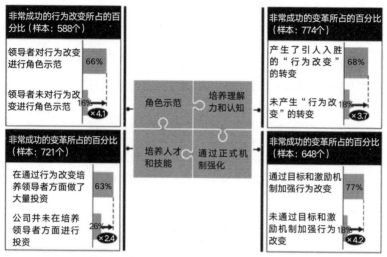

图6.2 使用影响力模型计算转变率

　　影响力模型是一种跨文化现象。研究表明，影响力的核心无关地理或国家，影响力的基本原则包括互惠原则、稀有性、权威性、一致性、投其所好，以及共识，在所有的文化中似乎都存在。因此，影响力模型的原则在很大程度上可以在所有的文化中推广。尽管如此，文化方面的不同却会影响这一模型元素的有效应用。研究表明，文化差异会影响某些特定影响策略的相对有效性和应用。例如，与个人主义文化（如美国）相比，团体行为会对处于集体主义文化/社群文化（如波兰）中的人的行为产生更大的影响，这一发现对角色示范很有启示意义。相反，个人的行为一致性在个人主义文化中更加重要，这一发现对于培养理解力和认知很有意义。[4]

　　采用影响力模型的益处之一（以及它所暗示的领导力发展或任何变化的系统性质）是防止孤立或忽视行为改变。它意味着全面的变革努力，能够转变组织的整体文化，确保整个组织都投入预期的变革努力中，而不仅仅是从领导者中挑选出来的那10%。下面我们会具体介绍图6.2中四个部分的每一个，指出它们为什么很重要，以及其对于领导力发展的意义所在。

培养理解力和认知

首先是关于组织对理解力和认知的培养，这一点非常重要，因为人类在信仰和行为上总是力求一致。1957年，斯坦福大学的社会心理学家利昂·费斯汀格（Leon Festinger）发表了他的认知失调理论（cognitive dissonance）：当人们发现自己的信仰与行为不一致时，会陷入一种很痛苦的精神状态中。费斯汀格注意到，他的实验对象强烈需要通过改变自己的行为或信仰来消除认知失调。[5]

对于组织而言，这一发现的意义在于，如果人们相信组织的整体目标，就会为了达到这一目标而非常愉快地改变自己的行为。确实，如果他们不这么做的话，就会体验到认知失调的痛苦。但是，为了让改变变得舒适并让自身充满热情地实施改变，人们必须理解在组织戏剧性的命运变革中，他们的行动能起到什么作用，并坚信对他们而言，作为其中的一分子很有价值。

尽管如此，仅仅告诉员工得用不同的方式做事是不够的。任何领导主要变革计划的人都必须花时间充分考虑值得这样做的"故事"，并向所有参与变革的人进行解释，这样，他们的贡献对其个人来说才有意义。人类天生就会对故事做出反应，因为故事能激活大脑并使之处于兴奋状态。[6]

在讲述这一故事时，重要的是考虑它的架构和呈现形式。研究表明，信息的架构会影响其说服力，同样一条信息，措辞不同，我们的反应也会不同。[7]还有一点也很重要，就是在员工当中接触不同的信息来源。我们发现，人们会因为不同的事物受到激励，受诸如社会、公司、客户、团队和本人等意义来源刺激的比例大致相等，因此，变革故事应涉及这五种意义来源中的每一种。另外，研究还表明，传达明确的目标，尤其是共同目标，会成为一种强大的动力，能有效提高业绩。[8]

除了故事的内容，故事的呈现形式也很重要。我们经常会发现，领导层把绝大多数时间都花在了讲话上，而没有花在如何确保与组织中的人员建立正确的情感联系上，以便他们能够真正接受变革。然而，研究表明，通过视觉和声音传达信息的方式比内容本身（语言的）对听众的影响力更大，超过50%的影响力来自演讲者的身体语言和视觉资料，40%左右来自听觉资料，只有不到10%来自内容本身。[9]

具体到领导力发展干预计划，我们发现，其中一些起到了培养理解力和认知的作用：

● 培养和传播这样一种信息，即我们本身和手下的员工一样强大，如果能在他们的发展方面进行投资的话，我们的收获也会翻几番。

● 公开承诺发展内部人才。

● 改进志愿培训和发展计划。

● 创建并发布每一职能的标准职业发展档案（如培训、轮岗、所需技能、升职时间）。

角色示范

影响力模型的第二部分是关于组织内的领导者和关键影响者角色示范或表现预期行为的问题，即"言行合一"。人类会无意识地模仿周围人的行为和情感。研究表明，我们倾向于无意识地呈现与我们互动的伙伴的行为、表情、说话方式等，[10]就连情绪也会相互传染。[11]

领导者对组织内部不同员工的影响力是不一样的，角色示范对于高管人员来说相当重要。[12]然而，在行为方面，人们总以"重要的他人"（他们看到的那些处于有影响力位置上的人）为榜样。在一个组织内，职能或层级不同的人，会选择不同的榜样，可能是创始合伙人或工会代表，抑或是收入最高的销售代表。除此之外，我们还倾向于有意识地调整自己的行为和思维方式，使其与他人保持一致，以便能够和睦相处。[13]组织内成员的行为不仅会受到榜样的深刻影响，同时也会受到人们所认同的团组的影响。因此，若想在整个组织内始终如一地进行行为改变，只确保高层人员适应了新的工作方法是不够的，每一层级的榜样和主要影响者都必须"言行合一"。

在处理日常任务时，榜样采用的方式不尽相同，但影响他们行为的潜在价值观必须保持一致。在鼓励低层级的人员做出创业决策的公司里，某位中层经理可能会尝试对初级员工进行指导，让他们知道应当如何发现有前途的新的经营项目，而另一位中层经理可能会让员工自行决定。尽管如此，上述每位经理都必须按照创业原则行事，虽然某位要求提交冗长的商业案例来证明组织中每50美元的支出都合理的老板并不会认同他们的做法。但试图改变价值观体系的组织，绝不能容忍在榜样的行为中出现这样幅度的变化。在这种情况下，如果创业决策是一种新的价值，那么上述两位中层经理可能会采取大致相同的行动，以鼓励下属做出大胆的决定。

典型的干预是让高管团队（如200名高管团队成员）在变革方向和其所承担的变革责任上保持一致。通常，他们的职责包括：采取象征性行动，向组织的其他成员传达强有力的、积极的信息。象征性行动指的是能让整个组织注意到的、能够代表新的领导力模型和文化的行动。如定期到处走走，问问员工是怎么做事的；每月和一线员工共同工作一次，或定期与员工聚餐。其他干预还包括找寻主要影响者并赋予他们权力，以便他们能够成为变革方面的领袖；领导者通过寻求反馈并付诸行动来体现其开明，同时鼓励其直接下属也这样做。

关于领导力发展干预计划，我们见过不计其数的高管，他们支持的某项计划针对除了自己的所有人。他们相信，自己的下属有很多东西要学，而自己却不需要这么做。超过1/4的组织都觉得领导力发展干预计划并不适用于组织的所有层级。根据我们的观察，下面这些干预措施，在实践中确实起到了作用。

第一，把顶尖团队作为领导力发展干预计划的第一组对象，让他们将自己的经验分享给组织的其他成员。

第二，让组织中的领导者成为计划的教员、项目支持者和顾问。

第三，让领导者为每一位直接下属制订学习计划，鼓励他们与其下属分享此计划。

如核心原则2相关内容所述，我们利用人才管理系统，对谁是组织不同阶层内的真正顶级人才进行更加准确的评估。人才管理系统还可用于识别"影响者"，他们不一定是顶级人才，但在赢得顶级人才的支持方面非常重要，且自身应当成为变革的推动者和榜样。

培养人才和技能

影响力模型的第三部分是能力建立和领导力发展，这两点是本书的重点。正如我们在前几章中所看到的，将计划与背景联系在一起，吸引关键数量的领导者，在制订和实施领导力发展干预计划时使用最先进的成人学习原则，这些都非常重要。

然而，除了吸引领导者参与计划，确保每一个期待有不同表现的人都能得到适当的工具和技能也是非常重要的。很多变革计划都会犯这样的错误：一方面告诫员工以不同的方式行事，另一方面却没有教给他们如何根据个人的情况调整一般性状态的指示。领导者要告诉销售团队"以客户为中心"是一回事，而对每一个销售代表在这方面进行培训，并提供给他们适当的软件和客户信息则是另一回事。组织可能会催促他们的雇员"以客户为中心"，甚至做到言行合一，但如果这家组织过去很少关注客户，其销售人员对于如何解读这一原则就会觉得很茫然，或者并不清楚这样做会取得怎样的成功。我们发现，在切实向所有员工传达新的领导力行为方面，以下几项干预措施在实践中确有作用：

第一，为每一位员工制订个人发展计划，由其直属经理敦促实施。

第二，确保领导者就预期行为向员工提供反馈和培训，且应从领导者一路向下传达到第一线。

第三，为所有员工提供学习机会，支持预期行为转变。最节约成本的方法是向所有员工提供电子学习模块。

第四，领导者向其直接下属教授新的行为、技能和心态，让他们照此行事，通过这种方式将学习干预计划传达至第一线。这样做有一个额外的好处，就是从事教学的人会进一步吸收所学到的知识。组织行为心理学家克里斯·阿吉里斯（Chris Argyris）表明，如果一个人不断地向其他人描述自己是如何将所学应用到自己所处的环境中的，他就会更彻底地吸收信息，部分原因是人类在学习和教学时所用的大脑区域是不同的。

通过正式机制进行强化

这一部分与角色示范可能是影响力模型中最重要的，采用这一举措的组织成功发展领导力的概率是其他组织的4.2倍。通过正式机制强化行为改变的重要性建立在B.F.斯金纳（B.F. Skinner）的工作基础上，他在20世纪20年代和30年代末用老鼠做的实验很知名。他发现，通过适当的刺激，即迷宫中心位置的玉米以及每当老鼠转错方向时用电击的方法对其进行惩罚，他可以激励老鼠完成穿越迷宫的枯燥任务。

那些对"是什么对组织中的员工进行激励"这一问题感兴趣的心理学家，对斯金纳的条件反射和正向强化理论进行了研究。组织设计师基本上同意，报告结构、管理和操作流程，以及衡量流程（设定目标，衡量业绩，给予财物和非财物奖励）都应该与所要求的行为相一致。组织在新行为方面的目标如果得不到强化，员工就不太可能始终如一地采用新行为。例如，如果敦促经理们花更多的时间培训初级员工，但培训本身不计入经理们的业绩中，他们就不太可能在这方面花费时间和精力。尽管将量化的关键绩效指标纳入培训可能会不太严谨（比如所教授的课程数量），却可以对员工的行为进行360度无死角的衡量，并以组织试图促进的行为为基础，制定奖惩措施。

斯金纳的某些追随者认为，"正向强化环"具有永久效果：一旦建立，就可以不用去管它了。然而随着时间的推移，斯金纳用于实验的老鼠们对玉米失去了兴趣，对电击也变得不重视。从我们的经验来看，与之相类似的现象通常会对组织保持较高业绩形成障碍：最初强化或训练新行为的结构和流程并不能保证持久性。这种结构和流程需要得到某些变化的支持，这些变化可以使改变心态的其他三部分更加完美。[14]其他研究也表明，学习和行为改变通常都是通过直接关联

（巴甫洛夫的狗）[15]以及替代性强化（观察他人承受其行为的后果）发生的。[16]

尽管如此，研究（以及我们的经验）还表明，组织经常会强化错误的事情而忽略正确的事情。[17]组织通常会过于重视物质奖励，而实际上，员工对于物质的和非物质的奖励都很看重。根据需求理论（Theory of Needs），员工同样很重视成就（意味着清晰的目标和对进展的反馈都是激励因素）、权力（意味着晋升是激励因素），以及隶属关系（意味着共享互认和团队奖励是激励因素）。[18]实际上，有研究表明，对于具有内在动机的人来说，物质奖励甚至会损害其动力。[19]

除此之外，组织中有很多其他的结构元素也会对组织整体的行为造成影响。例如，工作的特性以及工作本身的设计方法（职责、决策权、团队支持等）都会对员工的动力产生影响。[20]同样，组织的结构也会影响员工的行为。例如，机械组织模式（高度集中化、形式化、层次化）导致的员工行为和心态与有机式/敏捷式组织模型（高度分散、透明、信息流动自由的自主单位）完全不同。[21]

为使行为改变更加牢固，组织采用的主要干预措施需确保员工的角色和职责（包括义务）清晰明确，能够提醒/强化标准和流程，能够使员工将预期行为改变融入个人业绩管理系统（确保物质激励和非物质激励的适当组合）中，能够使关键绩效指标逐级递进，并将其构建到关键的业务流程中。

当周围的人力资源系统在面对领导者预期的行为改变方面处于静止状态时，领导力发展干预计划就会停滞不前。尽管参与者对自己和他人的认识日益加深，并且学习了新的技能，但经常会与失调的激励系统发生冲突，这让他们感到无比沮丧。就像一位领导者所说的那样，"他们（主管领导）希望我能够进行跨团队合作，但我的奖金是以我所在业务单元的底线为基础的"——这种观点非常普遍。其结果就是，参与者又采用了旧有的行为形式，而组织也因此不能维持领导力发展干预计划所带来的影响。在实践中，我们发现以下主要举措确有作用：

第一，将领导力模型融入所有层级的个人业绩管理中。这需要将预期行为细化为对员工的明确期望（如在业绩等级表中）。除此之外，应对关键绩效指标进行升级，以反映组织的预期改变（如在面向更多的创新型领导者时，组织需要承担更多的风险，可能还需要从新的来源获取更多收入）。组织还需确保新的业绩管理指标与奖励和认同/晋升以及结果管理相关联。

第二，将领导力模型融入员工的价值主张以及随之而来的招聘流程。

第三，在帮助员工理解对自己的期望时，确保使用强有力的业绩对话流程，同时给他们以正确的反馈，帮助他们发展。

第四，根据预期行为，对流程与授权进行调整（例如，如果组织希望员工拥有更多权利，可取的做法就是赋予他们更多的决策权）。

第五，组织高层的继任计划。

衡量影响

在衡量领导力发展干预计划的影响力方面，组织之间各有不同。一方面，有些组织根本不进行衡量。比如，一家跨国公司的首席学习官告诉我们，他所在的组织并未对培训的投资回报率进行衡量，因为它原本是组织不可分割的一部分——同样，你通常也不会去衡量财务专家的投资回报率。尽管如此，我们还是发现，为了比较不同的方法和促进干预，衡量计划的影响力总的来说很有帮助。其中包括对成果和产出的正式衡量，这一点超出了以影响力模型为基础的干预措施的四个部分，可以正确定位领导力发展干预计划的影响力，并将其适当地融入更广泛的系统中。与上面所讨论的个人业绩管理截然不同的是，它关注的是计划的整体。我们发现，组织在对领导力发展投资价值进行量化的重要性方面常采取敷衍态度。随着时间的推移，当组织渐渐无法追踪和衡量领导力表现（以及领导者的个人表现）方面的变化时，不认真对待及改进计划的可能性会大大增加。此外，不进行衡量不仅会降低培训效果，还很难使其成为其他领导力发展干预计划的商业案例。

对领导力发展的评估，通常始于和终于参与者的反馈。这样做的风险在于，教员学着钻空子，发布的教学大纲会试图取悦参与者而不是给他们提供挑战。我们最近所做的研究表明，只有约1/4的组织（27%）对参与者的学习进行了衡量，超1/3的组织（37%）对参与者行为的改变进行了衡量，不到一半的组织（44%）切实对领导力发展的某个关键指标以及对整个组织的影响进行了追踪（如通过财务关键绩效指标或组织健康），还有约1/4的组织（26%）都说自己根本没有对领导力发展的回报进行衡量。[22]尽管如此，目标是可以设定的，成就也是可以监控的。就像任何绩效考核计划一样，评估一旦完成，领导者就能在很长一段时间内从成功和失败中进行学习，且进行必要的调整。

我们通常会对四个要素进行衡量，这一点与唐纳德·柯克帕特里克（Donald Kirkpatrick）设计的模型类似，但我们会按照客户的需求量身定制，并使用诸如组织健康指数之类的工具。[23]这四个要素是：

- 参与者的反应。
- 学习程度。
- 行为改变。

● 组织的成果。

我们通常不会对学习干预计划的投资回报进行衡量，因为想准确地分离培训所带来的影响是一项具有挑战性的任务。尽管如此，我们都知道，领导力与业绩高度相关，在领导力方面排名前四的组织在息税折旧摊销前利润方面的业绩差不多高出其他组织2倍，[24]在重大转变时对领导者培训方面进行投资的组织，达到他们业绩目标的可能性是其他组织的2.4倍。[25]

观察参与者的反应。其中应当涵盖多种元素——课程内容、教员、场地、所花时间的价值、整体的净推荐值（net promoter score），以及公开评论。

评估学习程度。这项工作可以在培训开始前和结束后通过测试进行，也可以通过参与者的经理做出的反馈进行。

评估行为改变的程度。我们建议开发一种量身定制的360度反馈工具，将领导力模型纳入其中，并将此360度反馈工具融入组织的绩效管理框架中，以追踪领导力发展的影响力。领导者还可以用这一工具展现自己和组织对真正改变的承诺。我们认识的一位CEO完成了自己的360度反馈训练，并将结果以及个人对改进的承诺向公司内网上的所有人进行了公布（不管是好的方面还是不好的方面）。

衡量组织整体的成果。这一点可以通过许多方式进行。从个人层面上讲，一个人可以监控参与者和非参与者的表现，比如在收入同比增长率方面。另一种方式是在进行了培训之后对参与者的职业发展进行监控，比如在计划结束1~2年后，对被任命为更高职务的一定比例的人群进行监控，以及对参与者和非参与者的损耗率进行监控。例如，通过对一家全球性银行最近的人员晋升情况进行分析，高级经理表明，参与了领导力发展干预计划的候选人，比那些没有参与此计划的候选人要更成功。

对于计划参与者所执行的那些项目的影响力，我们也进行了衡量。比如，计划的关注点为创立新产品策略的技能时，零售业的衡量指标就包括成本节约、新开张的商店数量或新产品的销售量。项目评估委员会（通常由高层领导者组成）通常都对项目质量有很好的了解，能够很好地评估计划的参与者是否完成了某个项目，而这个项目在参与者没有参与学习干预计划的情况下，是不可预期的。

最后，衡量整个组织的健康状况也很关键。从组织层面上来讲，这一点会表明组织的整体健康、领导力业绩、领导实践，以及领导力行为报告中提到的特定行为方面的变化。有些组织还会将与健康有关的指标纳入管理会计系统中，而其他组织，则会通过每天询问员工一个跟健康有关的问题，来对健康进行"实时"监控。

例如，美国运通公司（American Express）通过对参与者团队在进行培训前和培训后的平均生产率进行比较，而将某些领导力发展干预计划的成功进行量化，从而形成对效率提高方面的简单衡量。与之相类似，我们最近所了解的一家非营利机构，试图通过对接受了培训的团队与未接受培训的团队进行比较来确认领导力发展干预计划所带来的收入增长。[26]

与组织文化的关联

经常有人会问我们这样一个问题：领导力模型和组织文化是一回事吗？答案是否定的。1950~1967年，时任麦肯锡总经理的马文·鲍尔将文化定义为"我们做事的方式"，我们认为这一定义既实际又简单。[27]因此，组织文化包括了领导力行为的全部内容，但不仅限于此。

例如，公司文化中包括关于工作时的着装规定、会议礼仪和社交活动方式。在领导力模型中，这类元素中的很多并不正式（或者根本就没有正式化），但对组织运营很重要。在对文化进行衡量时，我们通常会使用组织健康指数，因为这一指数具有量化和可操作的特征，并且直接与业绩相关联，尤其是组织健康指数的基础管理实务很好地代表了人们在组织中的行事方式。

尽管如此，将影响力模型的所有元素都包括在内的领导力发展干预计划却可以造成文化的转变。在不同的情况下所表现出的行为方面，大规模的领导力发展可以改变对员工的预期。通过影响力模型，新的领导力行为成为组织的通常做法——改变"人们的行事方式"。因此，在领导力发展方面做得比较好的组织可以将潜在的文化转变为与领导力模型相一致的领导力文化和特定的领导力行为。

对组织而言，其意义有两点：其一是领导力发展干预计划应当完全按照组织可能会开展的其他文化干预计划或员工干预计划进行调整；其二是组织应当考虑领导力发展的理想状态，即创立以领导力为导向的文化。这不仅意味着调整潜在的正式和非正式机制，即输入推动力，还意味着转变所有层级的所有员工的基本工作方式。

因此，其最终结果就是组织转型和文化转型。这并不是说组织要停止系统嵌入——确保影响力模型四大组成元素中的每一个都继续齐头并进非常重要，但它确实意味着与维持变化（并使之永久存在）的相关努力有所减少。新招聘的员工很快就会沉浸在组织文化当中，并很快地使自己的行为与之相适应（如果他们觉得在文化方面无法适应，则会选择离开）。如此，领导力文化将逐渐变得能够自我维持，而不再依赖特定的人或自上而下的干预，所有员工都会将其纳入日常的工作方式中。

发展领导力的意义

人的行为受到广泛背景的深刻影响，为了维持行为改变，就需要转换背景。在制订领导力发展干预计划时，实际的能力建立部分只占要求的25%。除此之外，确保领导进行角色示范和在整个组织内培养信念和理解，以及调整组织流程和结构，也是至关重要的。

在实现系统嵌入时，科技发挥着重要的作用。最近我们在影响力模型中嵌入了"数字变量"，它允许更大的规模、速度和影响力。在其他杠杆中，科技实现了更迅速的反馈循环（个人可以实时观察他们的行动所带来的影响力）、更具个性（例如，在信息和内容方面，可以为个人带来更大的意义）、更短的连接（如员工和经理之间，可以提高透明度），以及社群建设（如通过同事的经验分享成立社群）。这些杠杆可用于影响力模型的四个元素。

除此之外，衡量也很关键。设定目标意味着组织必须"把硬性数据放在软性物质上"。组织不仅需要将学习目标与参与者的反馈联系起来，还需要与特定的行为转变和总体的业绩改进联系起来。要想做到这一点，需要以现状为底线，定期进行"脉冲检查"，以便衡量组织在长时间内的改进情况。

最后，组织还需将领导力发展干预计划作为文化干预计划进行考虑。不能通过单一的计划来实行领导力，而应该将其纳入更广泛的组织文化和背景中。

案例研究：整体系统变革的力量

背景与挑战

2011年12月，一家电子消费产品公司陷入了危机。从2000年开始，该公司的收入降低了1/3，利润降至原来的7%，股价下跌了60%。在长达10年的时间里，公司的股票价格指数表现一直不佳，公司陷入一大堆麻烦事中：照明部门在LED技术方面已处于先锋地位，为此从舒适的寡头垄断区域转移到了竞争激烈的半导体领域；医疗事业部出现了业务模式方面的混乱，由于医院已经摆脱了资本密集型投资，因此该公司不得不转而提供服务；而消费者生活方式部门（电视/音响）也面临来自亚洲的大规模激烈竞争。公司的领导层意识到，组织必须进行自我改造，不仅是在策略、流程和组织结构方面，还包括文化方面。

方法

麦肯锡所做的第一步是衡量该公司的高管团队对于领导力三个基本方面的态度，即一致性（关于引导组织走向何方以及如何达到目标的问题，团队是否能达成共识）、执行力（团队设计是否有效，团队

164

是否有能推动更好业绩的高质量互动），以及革新力（团队是否能维持自身的精力，是否具备适应变化的能力）。2011年5月，该公司在这三个方面取得的分数，位于麦肯锡所见过的最差的公司之列；但到了为其制订的领导力发展干预计划结束的时候，它却位居榜首。

该公司决定对变革所需的领导力创建方面进行投资，并建立一种新的领导实践，以反馈和"勇敢对话"这两个主要特征为关注点。为此，公司内部出现了一些新型语言，比如学习与保护状态的回避性的话题、热点话题等。这种语言本身成为一种催化剂，能够帮助团队脱离之前遇到的困境，同时能够帮助人们解决面对变革固有的恐惧。计划以三种行为为基础，这三种行为都是用来塑造文化和明确价值观的，也是当时该公司所特有的，即"齐心协力力求卓越""求胜心切""做绩效的主人"，它们共同铸成了一系列"从……到……"的转变：

● "齐心协力力求卓越"意味着从重关系轻结果、避免冲突、保护功能性利益转变为将紧张作为学习和更新的源泉、加深信任和推动集体业绩。

● "求胜心切"意味着从避免风险、重观念轻行动、骄傲自满转变为以胜利为荣、履行承诺、用激情带动卓越，不断提高标准。

● "做绩效的主人"意味着从放弃责任、为不履行责任找借口或指责他人转变为对自己无法完全控制的责任负责。

在更广泛的公司背景下，新任CEO主持召开了有300位高层领导者参加的会议，基于他与全球数百位客户、投资者和员工进行交谈所得到的启示，提出了进行变革的理由："我们的第一个集体性的勇敢对话，解决的是曾经避而不谈的问题。我们创建以事实为基础的变革案例和引人入胜的故事的过程虽然艰辛，却充满活力，从这里我们可以清楚地看到别人对我们的要求。这就是'变革历程'的起点，即'加速'！

我们明确地将这一历程定位为'马拉松'，而不是'短跑冲刺'。"

2012年，该公司召开了第二次领导会议。在此次会议上，公司选用了不同的框架，以便将变革与核心价值观联系在一起。20世纪30年代，公司的创始人在录像中提到了创业与创新的价值，公司所有的部门展示了他们在这些价值观下是如何生活的，并展现了最新的发明和客户影响——公司处于最佳状态。这是很多高层领导者从参与到奉献的转折点。从此时开始，很多领导者挺身而出，成为"加速"历程的一分子。

公司面临的新挑战是怎样让组织的其他人员也达到这个水平的？为达到这一点，该公司将文化作为支撑变革的五个支柱之一，并确保其处于中心靠前的地位，随后选用一种整体方法，不仅着重于能力建立，还重在创建适当的外部环境，以便实现预期的行为转变：

● 1200名高层领导者参与了结构清晰的领导力发展历程，关注接受新行为所需的心态和技能。"领导力加速计划"创建了一个空间，在这一空间中，自然的、跨职能的团队通过具有促进作用的研讨会，在受限的心态问题上提升了个人意识和集体意识，进行了明确的学习实践，并在接受了工作培训之后，将这种实践融入真实的生活中。

● 预期行为不仅仅会在研讨会中被讨论，还会被积极地融入组织中。领导者所受的培训包括理解榜样的重要性以及他们能采取的象征着改变的具体行动，这有助于确保新行为一点点渗透到组织中。

● 组织的领导者编写一个引人入胜的变革故事，并对其进行广泛传播，使其渗透到整个组织当中。每一位领导者都会采用这一故事的DNA，对其进行量身改造，当成自己的东西，促进本部门的发展。

● 激励系统发生了彻底的改变，与员工恪守三种预期行为的程度直接相关。

影响

　　"领导力加速计划"的领导力历程是一种真正的解放，因为这一计划提供了一个空间，可以解决人们阻碍变革的深度恐惧。人们发现了辅导的共同语言，自由地体验了冲突是如何成为学习和新思想的场所而非个人判断的场所的。严格来说，这种体验就是，经过长时间反复强调，员工对公司的信仰和价值观发生了转变。这同样也是文化变革的实质，即真正的变革并非发生在行为层面上，它纯粹是基本信仰和价值观的产物。只有通过有意识的创造经验，才能实现上述改变，并随着时间的推移改变上述信念。其影响力可以通过两种方法进行衡量：首先是股价，看其是否能使前几年出现的衰退得以逆转（2009年股价最低，为1.0元，2012年为1.2元，2014年涨到1.8元）；其次是组织接受新文化的程度以及团队接受新文化的效果。尽管在计划开始之前，该公司高管团队的得分位于全球最低列（49~58分），但仅仅用了3年的时间，他们就一跃成为我们数据库中得分最高的团队之一（87~93分）。

反思

　　尽管该计划的整体性本身就是其成功的一个因素，但这里还需要强调另外三个因素。第一因素，在变革方面所做的努力，是以绩效变革为基础的。虽然研讨会通常会与真实的业务相脱节，但"领导力加速计划"着重于领导者所面临的特定业务挑战，并将此作为个人改造工作的基础。除此之外，由"领导力加速计划"的内部主持人和教员组成的整体网络都接受了培训，因此，在参与者旧有的习惯复苏时,他们能够在参与者的日常工作中为其提供持续性的（有时很严厉）反馈。

第二因素是参与该计划的领导者能够意识到,业务转变同样意味着个人转变。领导力发展的文化历程能够让人们真正地乐于改变,帮助他们消除恐惧。计划开始时,这项在文化方面所进行的前期投资会为转变打下基础。除此之外,领导者还意识到了进入未知世界的重要性,避免了"因计划致死"（death by planning）。领导者接受的培训包括:切实改变自己和团队、试验,以及坚持学习。

第三因素是对如"领导力加速计划"的领导力发展干预计划和更广泛的文化变革进行的管理,其严格程度应与其他和业务相关的计划或方案相同。这些计划或方案可以从多个层面进行衡量,包括组织层面、团队层面和个人层面。例如,有些部门为所有团队创造了每季度一次的、固定的360度反馈环,以评估他们在融入新文化和行为转变方面是否取得进展。其他行为方面的评估绝不会100%客观,实际上,它们所引发的适当的反馈讨论能够确保领导者对计划或方案更加重视。

小结

我们在第2章中表明，领导力发展并不存在"灵丹妙药"，组织需要围绕以下四个核心原则来做正确的事情：

- 聚焦带动不成比例价值的关键转变。
- 在组织内发动足够多的关键影响者参与，以达到变革的临界点。
- 基于神经科学的成人学习理念设计计划方案，实现行为改变最大化。
- 在更广泛的组织内整合领导力发展干预计划，并衡量其影响。

以上四个核心原则可以通过可持续性的方式将新行为融入整个组织当中（对于规模化领导力钻石模型的回顾，图2.3），它们是领导力发展综合系统的一部分。我们的研究和经验都表明，为了提高整个组织的领导力效能，上述四个核心原则缺一不可。即使其中有三个都遵守了，只有一个未遵守，领导力发展的影响力也会大打折扣。除此之外，我们再次强调，这四个原则是动态的，而非静态的。组织一旦将这四个原则全部落实到位，就要重新审视第一个核心原则。背景（环境）转变了之后，需要对行为、技能和心态的转变再次进行发展，如此循环往复。

将领导力发展干预计划付诸实践的方法有很多（如通过设定研讨

会的天数、所用的精确学习模块、对辅导员的部署，明确研讨会是现场还是远程的等），预算通常会限制解决方案的空间。尽管如此，对计划来说重要的是将四个原则都包括在内。这样做可以大大增加计划成功的概率，并维持所产生的变革。本书的下一部分，我们会说明将这四个原则付诸实践的典型方法。

02 我们在实践中的做法

第7章

领导力发展的成功路径图

弗洛里安·波尔纳（Florian Pollner）

约翰妮·拉沃伊（Johanne Lavoie）

尼克·范·达姆（Nick Van Dam）

发展领导力的四个阶段_173

评估_175

设计和推广_180

实施_189

果效_194

提高领导力效能的其他考虑因素_199

在前面的章节中，我们介绍了关于领导力发展成功的最新研究。我们基于一定规模总结出了领导力的四个核心原则：聚焦带动不成比例价值的关键转变；在组织内发动足够多的关键影响者参与，以达到变革的临界点；基于神经科学的成人学习理念设计计划方案，实现行为改变最大化；在更广泛的组织内整合领导力发展干预计划，并衡量其影响。如果组织能够确保遵循这四个原则，就很有可能确保实现发展领导力的干预计划，并维持预期的目标。然而，我们也发现，组织采取行动的数量与成功实施干预计划密切相关，这一点显而易见，领导力发展干预计划的严谨性和深入性至关重要。例如，当讨论为实现学习转化所做的设计时，我们可以只进行实地考察阶段、研讨会阶段或辅导阶段；然而，为了真正确保成功，我们的设计要更进一步，包括一对一指导、同伴辅导、同伴学习小组，并利用技术设置及时进行提醒。为了达到一定的规模，我们可以把计划的参与者增至领导者的前200名，或者我们也可以进一步邀请那些在组织中排名不一定靠前的变革型领导者和有影响力的人，再利用技术将项目向下扩展到所有员工（包括一线员工），并将这种干预措施融入所有新员工的入职培训计划中。本章概述了实践中我们在整个过程中每一阶段经常采用的方法。第8章到第12章借助延伸的虚构案例研究为每个阶段提供了更多细节，给这种方法赋予了生命力。

发展领导力的四个阶段

现在我们更详细地讨论这个方法，从四个阶段概述一下最典型的方法：

- 评估

- 设计和推广
- 实施
- 果效

每个阶段之后都有几个产出或结果，这些产出有多种形式，例如与首席执行官和顶尖团队达成的书面协议或与首席人力资源官确定的项目。我们也给出了指示性工作计划来展示计划在不同时间段可能呈现的情况。针对每个阶段，根据我们的四个核心原则，从"什么""谁"和"如何"（个人和集体）等角度去思考可能会有所帮助。图7.1概述了四个不同阶段以及每个阶段的关键要素。

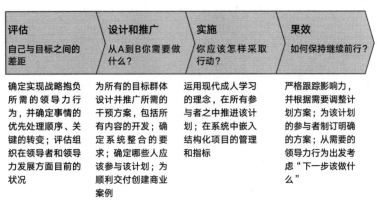

评估	设计和推广	实施	果效
自己与目标之间的差距	从A到B你需要做什么？	你应该怎样采取行动？	如何保持继续前行？
确定实现战略抱负所需的领导力行为，并确定事情的优先处理顺序、关键的转变；评估组织在领导者和领导力发展方面目前的状况	为所有的目标群体设计并推广所需的干预方案，包括所有内容的开发；确定系统整合的要求；确定哪些人应该参与该计划；为顺利交付创建商业案例	运用现代成人学习的理念，在所有参与者之中推进该计划；在系统中嵌入结构化项目的管理和指标	严格跟踪影响力，并根据需要调整计划方案；为该计划的参与者制订明确的方案；从需要的领导力行为出发考虑"下一步该做什么"

图7.1 发展领导力的四个阶段

值得指出的是，虽然我们在发展领导力时通常（但不是盲目地）遵循4D原则，但其实发展领导力的方式有很多。这四个阶段本身并不重要，有时也可以是五个阶段，有时是三个阶段，有时两个阶段之间会有重叠，最重要的是在干预过程中采取的行动，而且我们总是会根据手头的具体情况调整我们的计划。例如，不同组织的领导力发展需求可能会存在很大的差异，现有的领导力发展干预计划在适当位置的成熟度也迥然不同。此外，技术是贯穿始终的主题，因为它不断地从广度、深度、速度和实施效率等方面拓展领导力发展可能的边界。最后，值得注意的是，各个阶段在初始执行的时候是线性的，但是必须随着计划的发展迭代审查方式。

评估

这一阶段的第一步是确定想要达到的领导力水平，并评估到达那里的差距。这一步通常会产生四个主要成果：与战略紧密相连且与高管团队的愿景一致的领导力模型；因领导力发展干预计划而产生3~5个自"始"至"终"的关键转变（包括行为、技能、心态的转变等）；组织中各个层面领导力差距量化；对当前领导力发展干预计划的评估，以及了解如何将这些计划嵌入（或不嵌入）更广泛的系统中。

领导力模型

组织可以采取的最重要步骤之一是让领导力发展与其战略保持一致。领导力（或能力）模型是实现这个目标的一种方法。领导力模型是对组织想要从领导者和员工那里得到什么的一种可操作的描述。归根结底，它是一个组织的战略以及优先事务的推动器，因此应该由执行团队来驱动。组织可以分别拥有能力模型和价值观体系（例如麦肯锡），也可以将价值观和能力整合，集成基于价值观的能力模型。

战略和环境可以通过领导力模型转化为所需的领导力素质和能力，但是没有一个模型适用于所有组织，因为每个组织都是不同的。我们这个领导力模型的发展过程发生在组织层面。例如，如果一个组织的战略是通过多方面的创业活动在海外事务中创造价值的，那么其领导力模型应该包括具有国际化和企业家气质的行为要素，并鼓励和提高这些品质。对该模型的输入可以是组织的战略或其他优先事项、客户数据、核心小组、员工调查，以及对影响绩效的重要行为所做的最新研究成果，例如我们在第3章中介绍的领导力阶梯。因为组织的战略和环境不断变化，所以领导力模型通常每3~5年要被审查一次（可能会更新）。

将领导力模型与驱动组织战略绩效的因素关联起来是十分重要的，这样一来，运营以及战略优先事项和领导力模型主题，以及员工每天应该做的事情之间就有了紧密的关联，正如畅销书作家汤姆·彼得斯（Tom Peters）所言：

"你就是自己的日程表……如果某件事需要优先处理，那么你就必须让它在你的时间分配上明显地、夸张地、毫不含糊地、准确地反映出来。日历从不说谎。"

这种模式通常是经过组织内的辛勤工作、大量评估，以及周密的讨论而形成的，因此我们必须尊重它。所有领导力模型，无论是明示的还是暗示的，都具有一套适合领导者的，并且在整个组织中被理解（或应该被理解）的行为。它们通常有3~6个总体主题，每个主题可分为2~4种具体行为。随后，这些行为可以被分解为"绩效等级表"（例如，编号为1~5的等级表）以便合并到绩效管理中。具体的主题和行为可以根据组织级别（例如，经理、总经理、执行者）和/或职业路径（例如，专家和全才）进一步确定。有些组织在所有级别/职业路径中都采用同样的主题和行为，只改变绩效等级表；有些组织采用同样的主题，但改变行为；而另一些组织则同时改变主题和行为（本质上是根据组织级别/职业道路创建了不同的领导力模型）。无论组织做何选择，关键的是模型在整个组织中要易于记忆、表述清晰且易于理解。图7.2展示了一个领导力模型的样例。

客户第一	创新	灵活的领导者	建立信任	一个公司
我们全身心地为客户提供热情服务	我捕捉到了新思路并将它落实到了市场	我是个灵活的领导者，我生活在一个不断变化的世界里	想什么就说什么，言必行，行必果	我们合作实现中东电信公司的愿景

	客户第一	创新	灵活的领导者	建立信任	一个公司
行为	※倾听客户，搜集数据以便更好地理解他们的需求并提供相应服务 ※始终将日常工作的优先顺序与实现这些工作对客户的影响最大化相关联 ※能够第一时间发现并纠正错误，并且业务超出客户的预期	※追踪同行及全球行业内的最新动向，将最好的想法推向市场 ※在遵守程序的同时不断采取行动简化并改进它 ※冒一些可预测的风险，并从错误中学习	※有"我能行"的态度、价值观以及行动力，从不停止学习 ※做的决定要清晰，并且像主人翁一样承担结果而不推卸责任 ※放权给他人并为他人赋能	※按照承诺去落实，并且有始有终 ※鼓励双向交流和畅所欲言 ※评价、晋升、奖励透明化且以良好的表现为唯一根据 ※行为正直，不借工作之便为自己、家人、朋友牟取不正当利益	※积极回应中东电信公司的优先事务 ※不闭门造车——和中东电信公司的全体合作 ※关心他人，促进他人成长，并为他人提供结构化的反馈

图7.2　领导力模型样例：中东电信公司

确定关键的转变

一旦组织建立了领导力模型，就应该对关键转变进行优先排序了，因为这些关键转变将在接下来的一年或一年半时间里产生最大的影响。正如核心原则1所述的那样，组织在一段时间内应该将其关注点集中在3~5个关键转变上。研究和我们的经验都表明，这样做的组织成功实现领导力发展的机会将明显提高。在图7.2的例子中，第一波干预只集中于3个关键转变，这3个转变会在接下来的12个月里完成，然后组织才能进入下一波行为转变。

另外，任何行为的实现都是靠正确的技能加上正确的心态作为保证的，因此，组织应该确定自"始"至"终"的转变，这不仅仅包括行为上的转变，还包括技能和心态上的转变。假设一个组织想要以客户为中心，首先，该组织应该了解其销售代表们当前的行为状况以及其期望销售代表们达到的行为状况。例如，组织可能发现销售代表们目前不会做交叉产品销售，他们常常将一个方法应用于所有的情况，而组织希望其销售代表们能做出准确的客户分析，进行细化销售和交叉销售。

仅调整关键绩效指标，然后告诉销售代表们，他们需要更加以客户为中心并不会实现有效的、持久的转变。为了实现有效且持久的转变，让这些人理解自己所需的技能并转变心态是很重要的。员工调查、经理调查、焦点小组和深度结构化访谈等方法能够帮助实现这一目标。例如，组织可能会发现，销售代表们有一种隐含的心态，即"我的工作就是给客户提供他们想要的东西""问问题对别人和我来说都是负担"。心态转变可以使销售代表们改变原有的隐藏心态，而转变后的想法，即"我的工作是帮助客户了解他们真正需要什么""客户并不知道他们不知道，而我可以帮助他们"。同样，组织可能会发现销售代表们所缺少的就是进行恰当的客户细分的能力（或软件、数据等），以及交叉销售所需的知识。

量化领导力的差距

与此同时，还有一个元素需要分析。此时，组织对其目前领导者的数量、领导力优势和差距进行量化，并根据领导力模型进行评估，以确定所需的领导者数量和类型。这不仅仅是计算管理人员或权威人员人数的问题，一个组织中有很多有影响力的领导者，他们引领组织运行的基调和节奏。当然，不是每个人都是领导者，但每个人都能在适当的情况下成为领导者。当发现领导力不足时，组织需要从知识和实践的角度清楚地了解根本原因（比如发展过快、招聘不足、遗留问题、领导力发展干预计划不充分等）。我们经常使用高级分析来开发战略性的劳动力发展模型，该模型通常着眼于未来的3~5年，能够在考虑具体环境的基础上对组织的领导力需求进行预测，并将这些需求（通过战略和领导力发展之间的联系）置于预期计划成果的核心位置（比如关键市场的快速增长、改善公民体验、留住人才）上。

评估当前的领导力发展干预计划及其嵌入

最后，在制订领导力发展干预计划之前，最重要的是要了解目前正式和非正式的领导力发展机制。我们使用一个技术辅助的评价方式，叫作"学习效果和效率评估"（Learning Efficiency and Effectiveness Diagnostic，LEED），来评价领导力发展干预计划。该评价方式涵盖学习效率（直接支出、时间投入、实际运用、学习方法和基础设施）和学习效果（商业目标相关性、个人相关性、学习路径和环境、计划落实和影响力跟踪）。学习效果和效率评估有助于组织的领导者从多个角度看清组织目前的学习状态和发展状态，具体方法是利用不同的工具，如数据收集模板、认知调查和结构化访谈，让组织有一个详细而深入的调查，从而明白当前的优势以及可能存在的机会在哪里。例如，在一家大型制药客户的案例中（图7.3），学习效果和效率评估成功帮助该客户在学习和发展的直接支出上节省了13%的成本。此外，学习效率模块的数据提供了结构化差距分析，以衡量培训的影响，最终实现学习策略的修订，来弥补这些差距。

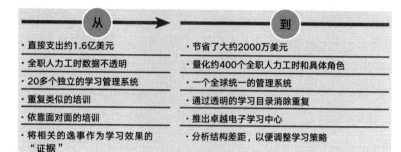

从	到
· 直接支出约1.6亿美元	· 节省了大约2000万美元
· 全职人力工时数据不透明	· 量化约400个全职人力工时和具体角色
· 20多个独立的学习管理系统	· 一个全球统一的管理系统
· 重复类似的培训	· 通过透明的学习目录消除重复
· 依靠面对面的培训	· 推出卓越电子学习中心
· 将相关的逸事作为学习效果的"证据"	· 分析结构差距,以便调整学习策略

图7.3 一个制药客户的学习与发展回顾

此外,组织应该审查当前整合及测量机制的一致性和有效性,例如人才管理系统和顶尖团队的角色分配模型。如果当前的情况与目标存在领导力差距或预计会存在领导力差距,当前采取的领导力措施和相关机制可能是背后的根本原因。

这一阶段不能零碎或孤立地进行。为了更好地发挥作用,最高管理层必须对预测的领导力需求、业务的价值和所需的努力做出完全的承诺(优先考虑)。高层的这种意图必须传播到整个组织,以确保其领导策略和领导力模型渗透到组织的各个层面。这个阶段通常需要4~8周,具体时间取决于起点。

设计和推广

这是领导力发展干预计划的方案设计阶段,是计划内所有项目内容的开发以及启动准备阶段。在这个阶段,我们将领导力模型、战略要务、优先转变、领导力相关数据,以及当前的领导力发展机制结合起来制订计划。这个阶段通常会产生四个主要结果:

- 设计领导力发展的过程,包括所有内容的开发。
- 确定目标参与者(什么人参与、人数多少、参与时间)和第一批人员的选择。

●整合机制的设计（转变的全过程、代表性行为、系统改变）。

●已创建的商业案例（包括目标影响、成本、工作计划、所需资源及其治理）。

设计领导力发展的过程，包括所有内容的开发

在这一阶段，组织与我们合作，以确保领导力发展干预计划覆盖整个组织。我们在更大的领导力发展战略背景下设计课程（例如，从所有适用的人才库中选择一批学员）并开发课程内容。

接下来，组织评估一整套领导力发展干预计划措施，并决定哪些最有助于实现期望的业务目标（例如，研讨会、实地考察、辅导、指导、嘉宾演讲、循环）。这样能确保企业/"终端用户"参与到内容开发过程中，确保内容的相关性和公正性（如果是医疗保健组织，那么此时就应该解决患者的需求）。

计划的实施方式也很重要。组织的规模有大有小，人员分布情况也各不相同。把一个国际航运组织或者大型制造商供应链上的大量高层人员聚集在一个地方，成本可能会高得让人望而却步，因此组织应该根据自身所处的具体环境（培养内容和落实情况）以及对业务需求有充分把握的项目来选择正确的干预措施。我们为了实现最大限度的学习转化和行为转变，通常会采取一套全面的干预措施，包括实地调查（以"突破性项目"的形式进行）、研讨会和辅导（以团体、个人和/或同伴辅导的形式开展），如图7.4所示。我们还考虑在手头项目的基础上再增加有意义的开始、灵感和网络活动、标杆旅行（例如到做法最佳的组织里学习）、专家演讲、指导

和结业活动。

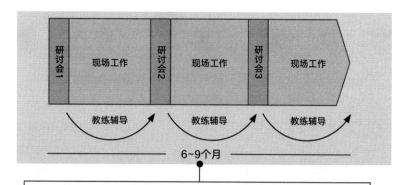

图7.4 实地考察、研讨会和教练辅导

　　领导力发展干预计划的内容（以"评估"阶段为指引）以事实研究为基础，同时兼顾隐藏心态和所需技能的转变，集中探讨对绩效有重要影响的关键性领导力行为。为了在实践中获得最佳效果，这项研究也将目光投向了组织之外，包括与领导力相关（例如技术、宏观经济等）的最新趋势。发展计划应该根据每个组织的分组进行调整（例如根据级别调整），而且，对组织中的较低级别应该适当放宽要求，例如减少研讨会时间、降低对项目突破性的要求、适当缩短项目时间、请同伴而不是高管来当教练。

　　至关重要的是，在这个阶段，我们设计了干预措施和项目的组合，以最大限度实现学习转化，确保参与者把他们学到的新知识应用到工作中去。需要重申的是，任何领导力发展干预计划的目标都是通过提高个人的工作绩效来实现组织整体绩效的提高。充分利用我们对成年人学习规律的了解，尊重环境、深度和速度的重要影响，因为这些是发展新技能所必需的（缺乏任一方面都会导致计划失败，正如我们在前面章节中所看到的）。

确定目标参与者

为了每个成员的利益，组织要确定详细且客观的选择标准，并从更多的人员中确定参与培训项目的人（而不仅仅是根据顶尖团队的评估或判断）。最重要的是要在整个组织中吸引有关键影响力的人参与进来。由于角色、与其他人之间的信任关系或性格的作用，有关键影响力的人能够影响组织中其他人的行为和思想。这些人包括首席执行官、顶尖团队成员、顶级人才、有影响力的人和关键角色（比如分支机构经理和工厂经理），当然这些人在组织中不一定有高等级的职位。在每个团队中，组织都需要对个人进行评估，并根据具体的团队和他们当前的环境来制定领导力发展内容。最后，组织要确保每个人都受到激发并做好了学习的准备（例如，通过选择性加入和管理来支持）。人员分析技术效率高且效果好，在识别组织内的顶级人才方面发挥着重要作用。

整合与衡量的设计

除了能力培养计划，组织还应该开发三种主要机制。第一是促进理解及增强信念。我们与首席执行官和顶尖团队合作，一起计划转变的全过程，突出转变的原因，描绘未来的愿景，并描述将来它们对个人、团队、客户、组织，以及社会的意义（正如第6章概述的"五个意义来源"）。很关键的一点是，这个转变过程在向更大范围扩展之前，各执行者都已根据他们自身特定的环境对其进行了调整。此外，组织可以共享客户或组织健康指数的调查结果，以突出转变的重要性。

第二是顶尖团队的榜样示范作用。首先，最重要的是让顶尖团队在实现目标的过程中能在方向和自身的角色上保持一致，比如在现有的高管会议期间或在指定的异地会议期间。我们经常鼓励高管做出承诺，并将他们所做的承诺分享给更广大的管理团队，并要他们深入理解这样的信念——"要让事情发生改变，我自己必须先改变"。此外，我们与团队合作列出一份有代表性的行动清单，并根据影响力的大小来决定事项启动的先后顺序，能够正确处理这一点的领导者才能真正帮助领导力发展干预计划向前推进。经验和研究都表明，"行动胜于空谈"这句老话是正确的，且在全世界都是一样的。我们还经常通过有技术支持的社会网络分析来确定和动员"有影响力的人"，并为他们赋能，使他们成为变革的推动者来引领改变。

第三是在更大的组织系统中进行强化。在这部分，我们通常先将领导力模型细化为绩效等级表，通过采取行动并描述，得分低于预期（比如，五种行为中只有一种合格）、达到预期（比如，五种行为中有三种合格）和超过预期（比如，五种行为全合格）分别意味着什么。行为描述是客观且可观察的，这一点很重要，因为这样会使评估尽可能公平地接近绩效等级表。例如，"以客户为中心"的描述很难客观地被评估，因为它更多地与领导者自身的独特品质有关，而不是与领导者所做的事情有关。这个描述可以修改为，如"定期征求客户反馈"和"与团队合作，确保客户的需求及时得到满足，并与预期的质量相符合"——如果一个组织说自己"以客户为中心"确实是这个意思的话，那就应该将这些行为包括在里面。图7.5是一个以"客户至上"为宗旨的领导力模型的绩效等级表的例子，其中包括三种具体的行为，每种行为都有底层的描述。

除了绩效等级，我们还要保证人员明确的角色和职责，并根据需要修改组织结构、过程和系统。这还包括根据要求，从参与计划的员工开始修改关键绩效指标。

签署商业案例

这一阶段的最后一部分是创建并签署商业案例。不论是从短期还是长期来说，商业案例绝不仅仅是一个流程问题，它是实现领导力发展干预计划的关键手段。商业案例至少应该包括四个主要元素：目标影响、工作计划、预算，以及组织落实计划的要求。

顾客至上
我们热情地为顾客服务，包括内部服务和外部服务

员工	团队领导到主管	总经理和副总裁
倾听顾客的意见，并收集相关数据了解和满足他们的需求		
·积极询问并听取顾客的反馈 ·从现有的顾客数据中收集、理解并提炼出自己的见解 ·与顾客保持良好的沟通	·支持并使用系统、工具和程序，以提高数据的可获得性，从而更好地理解顾客 ·与重要的顾客保持私人联系	·对顾客有广泛、超前且全面的理解，并且把这种理解转化为策略和计划
以对顾客产生最大影响为原则来确定日常工作的优先顺序		
·能够在对顾客产生最大影响的前提下安排自己日常工作的优先顺序 ·能够清楚地阐述自己的日常工作与公司的愿景和价值观之间的联系 ·能利用从数据中得出的关于顾客的真知灼见指导日常决定	·在保证对顾客产生最大影响的基础上不断做决策并实施决策 ·为团队赋能，以实现"顾客第一"的态度和行动	·在保证对顾客产生最大影响的基础上作为强有力的榜样有意识地示范那些优先决策
第一时间纠正失误，要比顾客期待的还要好		
·在第一时间完成分配的任务 ·不断努力超越客户的期望 ·与客户确定时间安排，确保信守承诺，并在需要时主动与客户协商时间安排	·认可并表扬那些经常超出客户期望的员工 ·不断地努力，使自己的员工更容易在第一时间做出正确的事情，按时完成工作并超出客户的期望	·不表现出得过且过的态度，永远把客户放在第一位，并超越他们的期望

图7.5 以"顾客第一"为宗旨的领导力模型的绩效等级图

商业案例的第一个关键元素是目标影响。就所实现的关键转变和领导者的转变而言，其影响应该在第一阶段就已经讨论过了。然而，商业案例让目标更加具体化了——涵盖了一套全面的措施，并确保这些措施都是可衡量的、有时间期限的，并与组织绩效挂钩。我们在第6章讨论了四个测量对象（参与者的反应、学习程度、行为改变和组织成果）。在商业案例中，我们通常主要关注行为转变的量化（例如，做一个全方位的评估去发现需要改进的地方）和组织的成果（例如，组织健康指数显示组织的领导力提高了，辅助成果也增加了，突破性项目有了业务影响力，客户满意度也提高了，来自新产品的收入增加了，成本降低了）。

商业案例的第二个关键元素是工作计划，包括关键性的里程碑事件。评估阶段以及设计开发阶段的关键是进行访谈和组织重点讨论组（潜在的组织健康指数）、组织顶级领导团队研讨会、为计划的参与者设计并推出全方位的反馈调查（围绕领导力模型和能力等级表）、制订计划内容和嵌入机制并选择计划的参与者。计划落实过程中的关键包括整个计划的启动（会因规模而异）、不同类型团队的开始（表明内容准备就绪）、后续团队的开始和结束、管理委员会会议，以及关键的沟通项目。发展阶段的关键性里程碑事件目前没有详细规定，只是规定了计划评估和评估的日期，并决定了下一步的步骤。

商业案例的第三个关键元素是预算。预算的组成部分包括每个团队的参与人数、每段进程的深度（例如，每个分队的研讨会天数和指导天数）、教员成本与指导成本（内部还是外部）、技术成本（软件和硬件）、场地成本（如果不在现场）、差旅费、参加者和教员的餐饮和住宿费、材料和内容成本，以及项目办公地成本。各组织应建立一种动态模式，为计划的不同内容提供灵活的场地。计划预算决定了计划最终包含的内容以及计划的运行方式，所以应该尽早确定。考虑领导力发展所期望达到的影响以及为实现此期望需要什么样的干预措施和预算对组织来说非常重要，正如我们在核心原则3中所概述的那样，课堂学习的时代已经过去了，因为它效率低且成本高。有创造力，会做恰当的调整并且有实用主义精神，组织就可以以具有竞争力的成本设计出全面而有影响力的计划内容。例如，内部和外部员工结合起来、招聘领导者和校友作为导师和教练、建立同侪学习小组并且善于利用技术。

最后一个关键元素是组织落实计划的要求（所需的组织结构）。组织结构不仅要负责在接下来的两三年中推行最初的方案，还要确保新的领导行动和领导思维在未来得到保持与发展。虽然并不是所有的组织结构都采用领导力学院的形式，但这一形式是通常情况下大部分组织结构会采用的。领导力学院有一系列相关的问题和可供挑选的选项设计，这些都将决定正确的决策能否成形。

从目标和目的的角度来讲，领导力学院的范围是什么？它管理哪些项目，谁有资格来管理？它应该如何与组织中的其他部门联系？这三个问题定义了领导力学院的角色和影响范围，其影响可以从高层领导到顶级人才，再到整个组织。

就项目内容和落实方式而言，如果领导力学院像我们想的那样，是持续领导力发展干预计划的一部分，那么什么是领导力学院必须发展的能力，以及这些能力在组织中的哪些部门发展呢？这的确是重要的学习内容。从提高领导力的方面来说，这也是领导力发展干预计划的直接结果，但从更广泛的角度来看，领导力学院还要负责硬技能培养和在岗培训，以及其他一些软技能的培训，比如谈判和沟通技能等。另一个问题是学院如何为不同的参与者群体制定个性化的学习内容，以及个性化的教学和学习方法。

就基础设施和人员而言，学院应该是实体的还是虚拟的？它与组织的文化和品牌有什么关系？需要哪些信息技术？这些信息技术应该应用在什么地方，如何运行？是在内部运行还是在外部运行？需要多少人手？事实上，学院既可以在内部运行也可以在外部运行，只要对活动有足够的控制、检测和管理，就可以进行外包。

在管理方面，学院在整体结构中的位置如何，怎样做出决策，以及如何支付费用？对于大型组织来说，这些问题可能会很棘手，因为当地或区域机构可能希望控制其学习内容和预算。

这个阶段不仅复杂而且要求严苛，通常需要6~12周，具体时间取决于课程内容和小组人数。商业案例最终将领导力发展干预计划和授权联系在一起，要求最高团队保持一致并签字。此外，在这个阶段开始启动"速赢"是很重要的，最典型的形式是组织内的沟通，以及顶尖团队的代表性行动。同样重要的是，建立一个缓冲机制，以确保计划启动所需的资源和师资。

最佳实践：企业学院

我们最近参观了一系列全球一流的企业学院。其中发现，企业学院通常享有中央驱动课程和顶级人才的唯一所有权，并且学院奉行托管文化。有时候，学院还开展职能和技术项目。学院课程的内容必须与组织的战略重点完全一致，并与领导力模型挂钩。学院拥有高素质的员工，通过有影响力的现场会议、移动技术和在岗培训来完成授课。学院被并入重点的人力资源职能中，但同时保持足够的独立性，对新想法保持开放态度，挑战传统思维。学院的影响力由三个主要委员会（包括整个课程、商业项目和个人学习）密切监测并分析，以进一步提高学习效率和工作绩效。

实施

在这个阶段，组织开始实施计划。这是最关键的时期，参与者要经历领导力发展之旅，我们开始看到计划对个人发展的影响、对领导力的提高、对突破性项目产生的影响。这一阶段通常有三个主要产出：参考现代成人学习原则（实地、研讨会和辅导），在所有年龄组开设课程；推行嵌入机制（沟通、角色示范、将领导力模型嵌入人才培养的整个过程）；在多个层面上对规划进行管理和评估。

实施核心计划案

计划的实际实施通常以"一波、一波"的方式进行，涵盖四个主要群体，从顶尖团队开始。从顶尖团队开始是至关重要的，这不仅是为了确保高管做表率，带头践行理想的行为，也因为组织的复杂性和全球的复杂性不断加深，这要求组织中的每个人持续成长并适应，包括高层领导。通常情况下，N–1的高管人数为8~15人，因此顶尖团队可以组成一个队。

另外，这一阶段重要的是要迅速吸引组织的下一层级（通常是N–2和部分N–3），因为这些领导者通常扮演着弥合高管的指令和日常执行之间差距的重要角色。有些组织将这种级别的所有员工都定义为"顶级人才"，而在其他组织（特别是大型组织）里，筛选过程开始得更早。在1万人以上的组织中，这些团队通常达到75~150人（取决于跨度和层次，以及组织对顶级人才的定义），等于平时4~8个团队的人数。接下来是最高变革领袖和有影响力的关键人物，根据组织规模的不同，这群人通常在20~100人。最后，组织将该计划实施的项目推广给后续人群，有时候还涉及研究生课程培训。在某些情况下，组织甚至会为所有新员工提供入职培训。假设1万人以上的组织中拥有顶级人才的比例为10%，也就是大约1000人，相当于40个组团。如上所述，针对组织中层级较低的顶级人才的项目通常比较轻松，研讨会时间较短，工作日程也没那么紧张。

通常情况下，首次展示会以团队为单位开始，展示接下来的行程。每个团队通常要经历6~9个月的行程（较老的团队可能长达12个月，而年轻的团队只需2~3个月）。这一波波计划虽然都处于稳定状态，但通常是交错的，一旦拥有了实施计划的能力，组织就可以依次开展计划中的许多项目。对大规模转型而言，成立一个完整的组织需要2~3年的时间，而对较小规模的领导力发展干预计划而言，则需要不到1年的时间。

组织应该使用恰当的技术来为参与者提供混合式学习方式（线上学习和线下学习），包括将学习内容游戏化并每日"激发"参与者（例如，用手机设置提醒）。在这里，内容是"即时"和"按需"为参与者提供的，技术也有助于推动计划规模化落实。此外，应用"开放架构"的方法也很重要。该方法能够根据需要，利用组织内部和外部教员、教练、协调员和专家等广大关系网，使计划的实施灵活且充满活力。为了实现计划的大规模推动，我们采取定期"教员培训"的方法，并配合有组织的教员培养方案，以保证组织有可持续的教员后备力量（图7.6）。

这一阶段的内容与参与者的个人需求完全匹配，并使参与者能够掌控自身的发展进度。这主要通过让参与者自主选择想要主修的模块以及主修时间或独立承担组织的项目计划来实现。这一阶段既关注参与者的心态也关注行为，旨在揭示参与者潜在的心态和可能妨碍学习的态度或观点，并帮助他们永久改变他们在工作中的行为方式。这个过程也被看作帮助参与者建立"内在掌控"的基础。

将嵌入机制落实到位

在培训课程继续进行的同时，很重要的一点是，要将其置于组织的更大范围的核心位置，并辅以沟通、顶尖团队示范，将其整合到人才管理系统中。沟通的启动应该从对转变的描述开始。对转变的描述可以通过各种渠道传播，并通过传统的、"病毒"式的交流（公司员工大会、内部博客和上传的资料、庆祝成功/指出"它发挥作用的点"、一对一的会议等）保持活力。领导力模型也应该传达给所有的员工，而技术往往在嵌入项目计划和加深其在整个组织中的影响方面扮演着重要角色。

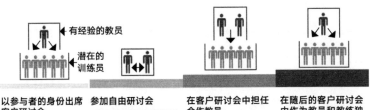

图7.6　培养引导师与培训训练员的方法

191

我们了解到，有个组织采用一种让人难忘的印刷设计将其领导力模型印制了出来，并在所有员工的桌子上留了一份副本，结果取得了异常好的效果。同时，这个组织的首席执行官还发布了一个博客，并更改了企业的标志。这传递出了一个强烈的信号——"事情会有所改变"。庆祝成功，认可并奖励那些表现出领导力行为的员工也是很有效的。

除了首先向高层推广的领导力发展培训课程，最高团队和变革推动者的角色示范和代表性行动也应该继续展示。此外，顶尖团队在领导力发展干预计划的作用下表现出模范行为，例如担任教员、项目支持者、导师或教练，这使我们看到了领导力发展干预计划的巨大影响力。

在设计阶段，领导力模型被转换成更详细的绩效等级表，对每种行为都有可观察的、客观的描述。在实施阶段，模型被输入人才管理系统。当实施领导力发展干预计划时，以下四个人才培养措施尤其重要：

将人才战略与业务需求联系起来：这是应该在评估阶段完成的，人力资源部门应该继续将领导力模型和领导力要求整合到人力资源战略规划中去。

招聘和入职：领导力模型（和特定行为）应该嵌入招聘中，从而影响组织寻找人才、评估人才的方法，并且影响组织在招聘过程中寻找特定的技能和能力。

认可并奖励绩效：领导力模型应嵌入绩效管理以及个人的关键绩效指标中，这样展现出领导力行为的员工才能真正得到财务和非财务奖励。

继任计划：领导力模型在管理所有员工总体表现的基础上，也应该对本组织未来领导者的要求有一个"正确方向"的指引。

落实计划的管理工作

在这个阶段，项目委员会（通常涵盖整个项目、商业业务和个人学习）正式启动，以明确且独立的任务确保领导力发展干预计划不同项目的成功实施。每个委员会有一个正式的会议安排：其他人和委员会可以就某个特定团体或阶段，在项目开端、中间或结束时开会，而委员会内部可以更频繁地持续举行会议。委员会根据四个不同的测量级别跟踪影响力——常见的跟踪手段如图7.7所示。

	描述	典型方法
组织影响力	· 基于培训的效果，相对于产生的成本，组织的回报（比如财务、客户、健康方面的回报）	· 因培训计划或项目产生的财务指标（比如收入、节省的成本） · 非财务指标（如客户满意度、流程改进、组织健康） · 实行计划/计划完成
行为改变	· 员工的行为改变以及在职申请学习的情况	· 直接经理反馈/面谈 · 360度的全方位评估 · 在职观察 · 绩效考核
学习	· 培训前后衡量知识水平	· 参与者自我评估 · 培训前后的书面测试 · 直接经理反馈/面谈 · 在职观察 · 角色扮演
反映	· 参与者对培训/学习经历的反馈	· 参与者的反馈表 · 参与行动计划

图7.7 跟踪影响力的典型方法

上述衡量方法具有双重目的，它不仅可以衡量干预计划的影响，还可以提供丰富的基线，培训课程的设计和确定都要围绕这个基线进行。对于个人，我们根据领导力模型进行个人评估，并创建行为基线。然后，根据个人学习目标制定课程。这可以让我们更好地将发展目标与工作学习和小组项目联系起来，关注参与者的优势（同时确保跨开发区的最小基线），并且更容易找到带领参与者走出他们舒适区的领域。

这与设计阶段和落实阶段有很大的不同，落实阶段通常有更多的时间限制，可以由一个相对较小的团队来执行。不过，通常落实到每个团队需要6~9个月，而且要经过多次波折才能使计划覆盖整个组织，这可能需要1~3年。在这个阶段我们也开始看到真正的影响，不过影响在前6个月的时候很小。

果效

这是最后一个阶段，其特点是开放式、进行中的。它与落实阶段并行，并具有一个理想的最终状态，能够真正地（并持续地）转变组织文化，不断地提高组织的绩效表现。它通常会产生四个主要结果：持续的影响监测和系统嵌入的关键转变；为学员制订明确的计划（每年更新，保留政策等）；在考量环境的基础上重新评估组织对领导力的要求，决定下一个领导力发展重点；建立一种自我学习和适应的文化。

持续监控进度并根据需要调整

一旦第一个培训课程启动，随着学员、教师和管理者的反馈不断增多，对课程进行不断调整非常有必要。这包括"微"调整，例如在特定研讨会期间或培训课程进行期间对其时间和模块进行调整。还有一些较大的调整，比如对促进计划成功的关键因素进行调整，甚至对整个计划蓝图或计划事项的优先级进行调整。

在某一特定团队完成学习或培训课程结束时，后退一步，全面回顾计划产生的影响，并做出相应的补充性调整也非常重要。组织必须以和对待其他计划（与绩效更相关的）相同的严格程度来衡量投资回报率。

为项目学员制订明确的计划

项目的结业学员在组织中扮演着极其重要的角色。首先，他们凭自己的努力可能成为当前或未来的领导者，那么为了帮助每个项目的结业学员找到最佳的工作机会并实现他们的愿望，个性化的职业道路探讨就显得至关重要了。组织也应该鼓励员工实践新的行为，这将帮助他们成为更好的领导者——这一点极其重要，尤其是当理想的领导力行为实现了对以前工作方式的重大突破时（例如从等级制领导到包含性领导）更是如此。毫无疑问，为了尽可能地减少顶级人才的不必要损耗，绩效管理应该将领导力模型的元素包括在内，并以此为基础择优录取顶级人才。人才分析还可以帮忙留住顶级人才，因为它可以明确指出并帮助解决对组织中的人才来说真正重要的问题。正如我们在第6章中所看到的，组织经常采取一些错误的激励措施，却习惯性地忽视一些非财务的却很关键的激励措施。

从绩效和发展的角度来看，比较建议的做法是为项目学员提供额外的能力提升的机会，以确保他们的能力得到更新和进一步提高。可以采取一年一度的网络活动形式（这也有助于在组织的不同部门之间建立桥梁），以结对或小组的形式（我们称之为"迷你委员会"，它不消耗组织额外的成本）继续开展同伴指导、资深同事辅导，以及包含在计划内的每年一次、为期一天的内容"推动者"活动。这些干预措施建立在在职辅导以及来自团队、同伴和导师的反馈上。正如我们在第4章中所讲的一样，那些真正掌握了培养员工这门艺术的组织都把他们的主要精力放在植入一种不断成长并及时反馈的文化上。

此外，领先的人才组织经常会邀请已结业的项目学员参与未来的领导力发展工作。例如，让后续队列参与到同一项目中或参与到低一层次的项目中。已经结业的学员可以担任演讲嘉宾、导师/教练，在某些情况下，还可以担任研讨会期间的讲师。这样做可以达到双重目的——既能提高结业学员的学习效率，又可以向组织传递出有意义且有代表性的信号，即表明领导者认真对待了这个计划。研究表明，就提高学习能力而言，人类3个月后对新内容的回忆率大约是：通过听学到的内容只能回忆起10%，通过看学到的内容可以回忆起32%，通过做学到的内容能回忆起65%，而通过教学到的内容100%都能回忆起来。[1]

根据环境重新评估领导力要求

在第1章中，我们将领导力定义为在特定背景（环境）中协同组织，促进执行，并确保组织及个人革新的一系列行为。这些行为的实现靠相关的技能和心态来保证。因此，有效的领导力需要一致性、执行力以及革新力。其中前两个要素在有确定的业绩目标（和领导力模型）的情况下能够在思想上实现，更新往往更具挑战性，因为它需要对目标进行重新定义，有了目标，行为、技能和心态才会跟上来。许多研究和组织健康指数都表明，比竞争对手学得快是一个关键且很有竞争力的优势。组织健康指数中的"创新与学习"与整体状况之间的关系中有一个R^2，总分为0.86，这表明"创新与学习"和组织健康之间有很强的相关性。事实上，几乎没有在"创新与学习"方面排名第四或第三的机构的组织能在健康状况排名中排在第一四分位的，只有16%的组织在"创新与学习"方面排在第二四分位，其组织健康进了第一四分位，而84%的组织健康排在第一四分位的组织在"创新与学习"方面的排名都在前面。

同样的道理也适用于领导力发展：组织需要不断调整他们的领导力发展干预计划，努力了解最新的主流趋势，并确保自己的员工展现出执行策略所需的行为。

我们经常遇到的一个问题是："我应该多久调整一次我在领导力发展方面所做的努力？"理想状态下，领导力发展是，或者应该是与环境和组织目标相联系的。理论上，如果环境改变，或者当环境改变的时候，领导力发展也应该随之改变。环境是最重要的，环境的任何变化都提醒我们应该去回顾那些对绩效有重大影响的具体领导力行为以及我们为发展领导力所做的努力。

战略对组织环境的影响最大，因为组织会对环境做出回应或试图塑造其运作的环境。战略思维来源于军事、政治、进化，乃至宗教模式。[2]虽然战略与不断变化的外部环境有着必要的联系，但它所依赖的往往是组织内部的，而不是外部的观点。麦肯锡最近的研究表明，这种内部观点必须与经验主义对公司地位和前景的外部观点一起进行权衡。[3]在实际操作中，组织往往每3~5年就会改变或完善其策略（想想"5年计划"），政府、公众以及商业组织都是如此。战略的改变通常会引起领导力发展的三种变化：

对现有计划的项目进行调整和补充以保持相关性。比如，启动一个以新兴技术为支撑的项目，或者挖掘已有技术的新用法，也可以是受到新的研究或新思想学派的影响（20世纪90年代的情绪智力以及21

世纪的神经心理学都属于这种情况）。

每3~5年进行一次更广泛的审查，以确保领导力发展干预计划符合战略目标。这种审查可大可小，具体取决于战略和组织的变化大小。战略需要是战略分析的结果，也是和其他学科对比分析的结果。[4]

彻底的反思。一些组织进行自我改造，有时是为了生存，有时是为了在行业中位居前列，这两种情况在科技行业都很常见。这些大规模的变化甚至伴随新的商业模式的产生，甚至组织结构也需要新的领导力模型，因此需要领导力发展干预计划。有时以行业经验形式表现出来的领导知识在这个行业根本不存在，因为科技行业本身是一个新兴行业（这在20世纪90年代的网络公司和21世纪初期新的零售业中很常见）。领导力必须是一个集体的企业领导者之间相互学习的过程。

其他一些没有时间限制的变化也会对领导力发展提出新的要求。下面是一些相关性比较大的变化：

公司结构的变化，例如合并、收购或拆分的情况。

技术革命，例如在个人电脑、互联网，或者像今天数据分析和数字化等大转变来临的时候。

人口结构的变化，例如正在世界上许多地方进行的，由婴儿潮时期出生的人大量退休而引起的退休浪潮。

简而言之，组织应该不断地调整其领导力发展工作，使其随着环境的变化而不断改变。随着外部环境变得越来越不稳定，这一点也显得越来越重要。能够将持续地发现和发展成功所需能力的能力制度化的组织常常被称为"学习型组织"。学习型组织的概念是在克里斯·阿吉里斯和彼得·圣吉（Peter Senge）等人的开创性工作的基础上提出的。比如，圣吉将学习型组织定义为一个人们不断拓展能力以创造他们真正想要的结果的地方，在这里，全新的、广阔的思维模式得到培养；在这里，集体的抱负得到释放；在这里，人们不断学习如何合作学习。[5]

基根和莱希创造了"专注于发展的组织"（Deliberately Developmental Organizations，DDOs）这个术语，他们每天都在努力培养每一个人。在这里，学习成了组织活动、例行公事和日常对话不可分割的一部分。[6]遵守我们的四个原则并有效落实的话将促进类似的组织学习并提高组织健康水平。而我们的这四个原则是一个循环的过程，需要一个连续的评审过程。我们将在第8~12章中通过虚构故事阐述其在实践中的应用。

提高领导力效能的其他考虑因素

当然，领导力发展干预计划不是唯一能为企业带来变革的方法。有四个交叉的注意事项在领导力发展过程的各个阶段都必须考虑：

第一，领导力发展只是提高领导力效能的一种方式，不应该在"真空"中进行，必须从一开始就得到全面对待。例如，在领导力发展干预计划开始的时候只考虑招聘合适的人是不明智的，实际上，全面招聘新人才是更有效的方法。前两个阶段"评估"和"设计和推广"在这个过程中是至关重要的，首先必须表明自上而下的意图，其次必须开放自下而上的想法。这本书的重点是领导力发展，我们还提供在常见问题中提高领导力效能的其他方法，其实你经常同时做着这些事情。

第二，一个贯穿始终的主题是团队效率。个别领导力的有效性不一定会促进表现优异的团队产生，但是表现优异的团队是组织领导力有效性的先决条件。因此，提高团队的有效性对于保持团队一致性、执行力以及将新的领导力行为融入团队规范中都有巨大的价值。根据我们的经验，组织通常还需要确定10~20个关键团队作为领导力发展干预计划的一部分，通常覆盖所有N-1级别团队以及其他关键团队。每个团队的时间通常至少为1天，但根据不同情况，时间也可以延长，具体取决于团队工作当前的有效性和重要性。有其他的项目可以本着自愿、选择性加入的原则提供给该组织的其他团队（前10~20名之外的队伍）。此外，领导力发展干预计划的个体学员应该与他们的大团队一起学习新知识。

第三，领导力的过渡期是具有重大利害价值的关键时期。根据我们的经验，过渡阶段的要求是，领导者进行半天的单独会面，领导者和他的团队进行1~2天的会面。要包括的常见模块是发现具有较大影响力的机遇、制定战略、评估组织动态并协调关键利益相关者、建立团队、发展在新岗位上取得成功所需要的关键技能。

第四，我们已经强调过环境的重要性了，然而，除了组织和战略环境（这规定了领导力模型和优先领域），调整领导力发展干预计划，使其适应组织的内部环境也一样至关重要。这涉及几个方面，例如组织层面（高层与较前线），可用的领导力发展预算和参与者人数对计划的蓝图具有重要影响。然而，关键的成功要素是遵守四个核心原则。我们发现只要这样做了，即使参与者很少，预算很有限，也是同样有效的。组织的另一个考虑是参与者的人口概况和文化水平，这两者对教学内容和教学风格有一定影响。年龄对教学方法有特别的影响，例如千禧一代与他们的前辈们在如何看待学习以及喜欢采取哪种学习方法方面有很大的不同。

小结

　　领导力发展干预计划的成功率低得令人沮丧，高达50%~90%的领导力发展都没有达到或没能维持预期的效果。我们确定了四个在任何时候都正确的核心原则，遵守这四点会让你走得很远。但是，我们也知道没有绝对有效的"灵丹妙药"，发展领导力必须把很多事情都做好才行。不过，乐观的是，我们调查的组织中有一部分总是能通过综合的方法以及最佳的实践达到并维持他们的领导力发展目标。

　　正如我们在第2章中所看到的，规模化的领导力发展需要四个关键领域的系统性方法。此外，组织必须确保行动的深入——采取24个关键举措，成功的概率才会上升到30%以上，要想计划成功的概率达到80%，必须采取40多个关键举措。好消息是，将50个举措全部覆盖的组织几乎将成功率提升到了100%。

　　这50个举措并不是一个可供选择的菜单，而是一个路线图的细节和规则。失败的情况也很多，因为对组织来说，尽可能少地履行这50个举措（通常是因为组织在时间、金钱和人力方面有限制）比把所有事情全部做完更有吸引力。在实践中，实施一项全面变革的计划是特别难的。组织行为具有熵倾向，就是当事情可以采取很多形式的时候往往更容易分崩离析，而当事情可以采取的形式比较少时反而更容易团结一致。宏大、有效且持续的领导力发展真正需要的是资源、时间和努力，因此组织必须确保贡献正确的资源，建立正确的组织结构，以维持并实施领导力发展干预计划。在本章中，我们概述了我们使用的典型方法和每个阶段的关键输出。图7.8对每个阶段的关键输出做了总结。值得注意的是，初始阶段的实施是线性的，但随着计划的不断推进，我们必须以换代的方式进行评审。在下一章中，我们将更加详细地讲解我们的方法在实践中的应用。我们会通过一个虚构的故事来讲解，首先介绍故事和主要人物，然后在接下来的章节中，每章分别讲一个维度。我们在接下来的5章中简明扼要地讲述了这个故事，关注领导力发展之旅的关键要素以及每个阶段的关键产出。另外，我们也试图说明领导者在变革过程中面临的一些个人挑战，以及为了使领导力发展干预计划取得成功而经常在幕后发生的混乱的本质。

◀── 4~8 周 ──▶	◀── 6~16 周 ──▶	◀── 12~18 个月 ──▶	◀── 继续进行 ──▶
评估 自己与目标之间的差距	**设计和推广** 从A到B你需要做什么？	**实施** 你应该怎样采取行动？	**果效** 如何保持继续前行？
❏ 领导力模型与战略紧密相关，并与高管团队的目标一致 ❏ 领导力发展干预计划将带来3~5个关键转变（行为转变、技能转变、心态转变等） ❏ 在组织的每个层级都有可以量化的领导力缺口 ❏ 评估当前的领导力发展干预计划和系统嵌入机制的质量	❏ 设计团体的领导力发展之旅，包括发展的所有内容 ❏ 定义目标参与者（什么人、多少人、什么时候），并选择好第一队列 ❏ 设计强化机制（变革的故事、象征性行为、系统变革） ❏ 签署的商业案例（包括目标影响力、工作计划、预算，以及实施计划对组织的要求）	❏ 利用现代成人学习的理念（实地考察、参加研讨会、接受培训），在所有的组别中实施课程 ❏ 实施系统嵌入（沟通、榜样示范、强化机制，包括将领导力模型嵌入所有人才培养过程） ❏ 在多个层面管理和衡量该计划	❏ 监测持续的影响力，并强化关键行为的改变 ❏ 为结业的学员制订明确的计划（每年更新，处理自留责任保险单等事宜） ❏ 定期重新评估特定情境下组织的领导力要求并决定领导力发展下一步的重点领域

图7.8　每个阶段的重要成果小结

第8章

遇见卡罗琳·伦道夫

安德鲁·圣乔治（Andrew St George）

克劳迪奥·费泽（Claudio Feser）

迈克尔·伦尼（Michael Rennie）

尼古莱·陈·尼尔森（Nicolai Chen Nielsen）

从温哥华到上海_204

变化的时代呼唤变化的组织_206

领导力该如何发展_208

新经典服饰的领导团队_209

卡罗琳让公司转起来了_211

从温哥华到上海

卡罗琳·伦道夫是新经典服饰公司魅力十足的首席执行官，在加拿大出生并长大。她清新、干净的风格和天生的实用主义作风可以说直接来自落基山山脉和她的家乡温哥华。她毕业后的第一份工作来自她大学时期建立的关系网，在慕尼黑的大众市场零售商梵慕（Femme）担任采购助理。她喜欢这份工作并如饥似渴地学习。她拥有敏锐的直觉，并且是一个很独立的人。她发现梵慕的公司环境对她帮助很大，在这里，大家专注努力地工作和真诚的友情把她从自我封闭的壳里解放了出来。公司强大的文化和明确的领导风格与卡罗琳对待工作和生活有条不紊、镇定自如的作风非常契合。公司专注于低成本、最优化和减少浪费。卡罗琳最终晋升为采购部主任，监督重大战略性采购决策。卡罗琳觉得自己是在背负一个更大的使命——为社会大众提供买得起的衣服，她把这种使命感分享给了家人和员工。

12年前，她接到了新经典服饰公司首席执行官的电话，当时新经典是一家中型规模的服饰公司，总部位于上海。它专注于经典时尚，带有现代气息，这正是卡罗琳的风格。新经典在20个国家都有分公司，而且它还在积极地扩大经营。卡罗琳被聘为副首席运营官，因为在任的首席运营官已经50多岁了，公司需要新鲜血液。

卡罗琳成功度过了过渡期，成为新经典的副首席运营官。新经典的员工喜欢她、尊重她，因为她为人诚信，并且有很强的解决问题能力和动手能力。大家都知道她做决策很谨慎，行动上很果断。在新经典工作了4年之后，卡罗琳成了首席运营官。她非常适合这份工作，并且把公司打理得非常好。她面临的挑战和在梵慕一样，就是学会放手，学会放权。卡罗琳很在乎工作效果，但是她发现自己很难相信下属能像她一样把工作完成得那么好。卡罗琳与新经典的首席人力资源官梅根·亨特克利夫（Megan Huntcliff）合作，给新经典的领导团队帮了很大的忙。只要是她认为好的结果，她就会帮助团队克服一切障碍去实现。研究小组发现，尽管卡罗琳很少表现情感或强烈的反应，但是她会认真倾听一切，然后对员工的顾虑随时保持敏锐。她有点严肃，也很有魅力，她总是能用几个精确的问题直击员工面临的情况的要害。在担任首席运营官5年后，新经典服饰公司的董事会提拔卡罗琳为首席执行官。其他几位高管也在争夺这个职位，但卡罗琳处于最有优势的位置。她的评选结果说明了一切，她确实在公司的各个层面都受到尊重。她冷静地与官僚主义做斗争，似乎从未考虑过通过这些人的政治权力帮她赢得董事会的全力支持。在担任首席执行官的头3年里，卡罗琳充分利用了她所有的优点——效率高、重视结果，与员工保持联系并确保他们都在正确的道路上。由于她的认真负责，公司业务发展迅速，几乎每月都会进入一个新的市场。在卡罗琳庆祝她担任首席执行官的第4年，新经典在50个国家开展业务，收入达到60亿美元，拥有3万名员工，还设立了健康的损益表底线。卡罗琳带领公司将业务扩展到男装和童装系列，并推出了鞋类和配饰系列，仅仅几年，新经典就占领了服饰行业1/3的市场。

　　股东们对新经典的发展感到高兴。公司的股票价格自卡罗琳担任首席执行官以来，平均每年增长超过10%，而行业总体薪酬平均每年增长7%，股价上涨也影响了股东的预期，他们觉得增长还会持续，同时，结合自动化和效率的提高，利润率提升还有很大的空间。股票增长快带来的回报是：期望以及绩效要求提高到更高的水平。卡罗琳敏锐地意识到了股东预期的快速提升。

变化的时代呼唤变化的组织

新经典服饰公司之所以出名，是因为它能将经典的设计与最新的流行趋势相结合。然而，自从它长期以来惯用的首席设计师退休之后，新经典在跟上最新趋势上一直很吃力。公司的设计师很有能力，可以保证正常的产品线，但想要更新他们的视角并让他们保持对时尚的敏锐度，还需要一个推动力。为了解决这个问题，经过仔细搜寻，新经典找到了一家名为时尚达人（infinity fashionista）的小型时尚零售连锁店。通过收购和招聘，新经典还吸纳了一位新的顶级设计主管——费尔南多·维加（Fernando Vega），他是时尚达人的创始人。

时尚达人需要被整合到新经典中，费尔南多也需要适应新的团队管理方式，这是一个很大的挑战，占用了卡罗琳很多的时间。卡罗琳最初的计划是将筛选出来的时尚达人系列服装和配饰放到新经典的门店里，从长远来看，为了获取灵感，费尔南多和他手下的前卫设计师仍然需要一些经典的设计。虽然这个交易很有商业价值，但卡罗琳对于合并时尚达人的最佳方法还不太确定。

利用战略和业务发展部门（Strategy and Business Development）的主管爱丽丝·贝尔曼（Alice Berman）在并购方面的经验，卡罗琳在寻找如何在保持时尚达人优势的同时又能保证新经典拥有统一的企业文化、系统和流程的办法。卡罗琳知道，两个公司部分整合能够保证费尔南多对自己的产品设计保留更多的掌控权。费尔南多是一位年轻又有创造力的企业家，他曾使时尚达人在葡萄牙、西班牙和南美市场取得成功。他习惯自己做自己的事，所以卡罗琳要确保他在新经典担任的角色仍然赋予他足够的权力。卡罗琳甚至想让费尔南多知道他的潮流创意对新经典来说有多重要，新经典必须接触无限的时尚和越来越多的受众，才能在这个竞争激烈的行业中保持领先地位。

还有另外两个因素给卡罗琳面临的挑战加大了难度。第一，新经典面临中层管理人员和高层团队的退休潮，可能包括她的首席财务官彼得·科迪（Peter Cody）在内。虽然退休潮的来临可能是在未来的3~5年里，目前来看还不是很迫切的威胁，但是可以作为后续继任者的人明显寥寥无几。她不得不承认新经典的领导层队伍很弱。此外，大多数现任领导都在公司工作了20多年，他们的经验是一个关键的优势，但同时也让他们困在现有的做事方法中。

第二，杰米·温斯顿（Jamie Winston）是战略和业务发展部门的主管，他是个才华横溢但难相处的人。自从他怒气冲冲地离开以后，公司想要打入具有利润增长前景的新市场就变得异常困难。他怒气冲冲离开的那天，卡罗琳明白了一家大公司失去一位关键高管而又没有合适的继任者的后果是什么，这使得她在招聘时更加谨慎。她最近请了爱丽丝·贝尔曼来代替杰米，但她不确定任用爱丽丝是不是长久之计。爱丽丝很有天分，也有很丰富的经验。她很可爱，也很有求知欲，但是她能保证足够的执行力吗？跟杰米过度的自信相比，爱丽丝稳定的自信心似乎有点不足。

尽管杰米突然离职，但卡罗琳意识到领导力是一个组织整体的问题，不能随任何个人上升或下降。她自责于没有建立一个更健全的、在全公司范围内发展领导力的系统。她回忆自己当时被聘用的情形：新经典服饰公司有明确的领导力需求，其需要一位副首席运营官，于是她恰如其分地填补了这一空缺。雇用她的时候，新经典就在考虑未来，而如今，它的招聘流程已不再那么完善了。

与这一切交织而来的是她与日俱增的对新经典市场的不确定性的担忧。卡罗琳知道奢侈品和"可有可无"（nice-to-have）的名牌服装是在经济不确定的情况下消费者削减开支时首先会放弃的产品。新经典正处于生存的关键时期，需要进行阶段性变革以促进业务增长和保障公司的稳定。

领导力该如何发展

一个周五的早上，卡罗琳正在回顾她本周完成的事情：每周开一次高层领导会议已完成，在国际时尚协会做演讲已完成，与主要供应商的首席执行官会面已完成，检查仓库质量监控已完成。卡罗琳喜欢在一周结束后核对本周完成的事情，她在制订计划和执行方面一丝不苟，而且绝对会保证在周五下午没有遗留未完成的工作。

然而，工作清单还有最后一项：制订5年计划的草案。这项工作还正在进行中。卡罗琳基本上沿袭了前任首席执行官的做法，不过她重新调整了策略，只是还没来得及修改。现在，新经典正在对整个业务进行全面的战略评估，以便制订一个更大胆、更积极的5年计划。这是卡罗琳的主意，顶尖团队也都认为这是非常必要的，但现在去落实并完成它是卡罗琳的责任。卡罗琳打算在2个月后要召开的董事会上提出这个新战略，在此之前，执行委员会有确定过新出现的坚实战略，但卡罗琳不确定这是否足够好。所有的目光都集中在她身上，看她担任新经典首席执行官以来的第一次真正改革。

卡罗琳觉得还是缺少些什么，她一边在手机上浏览不同的新闻文章，一边在脑海里反复思考这个策略，突然，一篇名为《领导力已死，领导力万岁！》的文章引起了她的注意。她浏览了一下这篇文章，文章断言：“我们今天所知道的领导力已经死了。超过1/3的企业表示，它们缺乏执行战略的领导力；50%的企业认为，它们解决这一问题的举措并不成功。"

卡罗琳的兴趣被激起来了，这篇文章直接对她说："要弥补这个差距，必须改变领导力发展形式。"公司需要更全面、以事实为基础且严格的方法来确保业务结果。一种新的领导力发展形式正在兴起，能完全接受它的先锋企业将会把它们的竞争对手甩在后面。这篇文章提倡以绩效为导向的领导方式，还提倡按照定义的四个阶段进行领导力发展。该方法强调针对组织具体情况量身定制设计和执行的重要意义。

"就这样！"卡罗琳想，"我们需要把我们的领导力提升到一个新的水平。"回想起来，正是这一刻她决定对新经典的领导层进行改造。不一定是在人员方面改造，虽然她不排除在需要的时候会在这方面做出改变，但更重要的是新经典如何更全面地概化领导力。卡罗琳希望提高组织的领导力效能，并建立一个强大的接班团队。她知道这需要一种全新的方法。

新经典服饰的领导团队

卡罗琳花了一些时间研究新经典高层领导团队的同事们，分析他们的风格和在高层领导团队中的角色。

梅根·亨特克利夫——首席人力资源官。梅根比卡罗琳领导团队中的任何人都了解新经典的业务和文化，所以说到领导一项新的领导力发展干预计划，梅根是自然而然的人选，只要卡罗琳把权力下放给她。

爱丽丝·贝尔曼——战略和业务发展部门主管。由于爱丽丝在曼哈顿的一家多品牌零售公司有出色的业绩记录，所以她为管理团队带来了一个外部视角。她有很好的人际关系，但同时她又是一个讨好型人格的人，这使她难以实现她重塑新经典经营策略的远大抱负。

彼得·科迪——首席财务官。彼得以数字为导向的风格、对工作的专注和爱尔兰式的幽默和卡罗琳很搭，尽管有时他会利用幽默来掩盖冷漠。他这样做既能和人保持一定的距离，同时看上去又很温暖。领导力发展对彼得来说是一个棘手的话题，因为他已经66岁了，即将退休。不过，他还没有表现出培养接班人的意愿，因为他"热爱自己的工作"，他觉得自己还能在岗位上待好几年。

布鲁斯·西青（Bruce Xiqing）——首席运营官。布鲁斯今年48岁，是顶级领导团队最年轻的成员。他在上海出生并长大，对当地市场非常了解。他接替卡罗琳成为首席运营官，将新经典运营管理得非常好。布鲁斯非常注重实际操作，他更关注最终结果而不是过程。卡罗琳意识到布鲁斯的行事方法有点单一，就像她曾经一样，她觉得自己可以指导布鲁斯成为一个更全面的领导者。

韦恩·米勒（Wayne Miller）——首席销售和营销官。韦恩出生在加利福尼亚，从年轻的销售助理开始做起，在新经典贡献了自己的整个职业生涯。他过去20年的大部分时间都是在路上度过的。随着新经典的发展，他的行程也越来越繁忙，从美国到中国，到整个亚洲，现在遍及全球其他地方。米勒的优势在于他的奉献精神，但他对自己和下属的要求太高了。梅根无意中听到一位销售副总裁说："我觉得韦恩可以永远不回家，但我还是喜欢时不时回家看看家人。"

费尔南多·维加——设计总监兼时尚达人前首席执行官。费尔南多促成了新经典对时尚达人的收购。作为被新经典收购的"一分子"，他从沿海的葡萄牙搬到了中国。他努力对这次转型保持开放的态度，但他不确定公司整合是否奏效。他知道时尚达人的优势在于设计，他担心新经典更严格的流程和系统会限制他，损害他设计的创造力和质量。

卡罗琳让公司转起来了

卡罗琳知道，彻底改善领导力的发展状况是一个艰巨的任务。她决定任用梅根，她的首席人力资源官。她信任梅根，但她仍在犹豫。她希望至少在最初的6个月里参与公司的领导力发展干预计划，以确保文章中的倡议整合进战略规划中去。

卡罗琳把这篇文章通过邮件发给了梅根，请她来办公室讨论这件事。她也把这篇文章发给了她的老朋友，也是她的导师——汉斯·拉格尔（Hans Lager）。汉斯提供的建议很有用，他认为新经典在战略和执行方面是很有优势的，但是对人员方面的关注不够，特别是领导力发展方面。他提醒卡罗琳，领导力效能虽然是推动绩效的关键因素，但并不能解决公司所有的问题。他建议卡罗琳向梅根明确地说明她期望通过领导力发展干预计划达到什么效果，以及她想通过其他举措解决什么问题。

汉斯认为文章中提到的结构化的、以成功为导向的方法论肯定有效，但他提醒卡罗琳要时刻把全局放在心里。她需要确认计划是为新经典量身定制的——不管它是需要4个步骤还是20个步骤。重要的是，它必须符合公司的战略、文化和心态。

他提醒卡罗琳要让整个团队都参与进来，而且要牢记在心：我们的目标是培养伟大的领导者。她必须信任她的团队来处理整个计划，而不是试图独自完成。记住，他们已经是大型跨国公司的高管了。彼得经验丰富，知道财务上的底线；布鲁斯即将担任首席运营官；韦恩是一位很有能力的销售经理；爱丽丝胆子有点小，但可以多给她点时间。如果卡罗琳不能授权给这些人，那她就是在滋生错误的心态，或者说雇用了错的人。大家都知道梅根有多能干，如果卡罗琳不能让整个高层管理团队都参与到这个计划中来，那它注定会失败。

在接下来的一个小时里，卡罗琳和汉斯制订了一个可能的计划，并安排了下个月的一次跟进电话。汉斯强调了谨慎计划的重要性："在你和你的团队成员就目标达成一致意见之前，尽量不要在计划的项目设计上超前太多。这是最关键的第一步，却被很多组织忽略。行动之前先计划一下……"

小结

　　领导力发展可以采取多种形式，其实方法论的严谨性比具体的方法或步骤更重要。此外，关键的是，领导力发展干预计划必须根据组织具体情况制订，并且从一开始就要明确地制定好成功的标准。该计划必须从高层开始，得到首席执行官或组织中最高领导的支持，以及更广泛的高管领导团队的支持。此外，首席执行官和更广泛的领导团队必须愿意面对个人领导的挑战，并成长为领导者。从计划构思的那一刻起，行走访谈和榜样示范就应该开始了。下一步的工作重点是确定实现战略目标所需的领导力行为，确保高管团队的步调一致；确定关键转变的优先顺序，并评估组织目前在领导者和领导力发展方面的情况。

第9章

设定领导力的志向

安德鲁·圣乔治（Andrew St George）

克劳迪奥·费泽（Claudio Feser）

迈克尔·伦尼（Michael Rennie）

尼古莱·陈·尼尔森（Nicolai Chen Nielsen）

格雷戈筹备顶级领导团队研讨会_216

全面思考领导力_217

领导力缺口_226

设计自"始"至"终"的转变_229

领导力巅峰计划诞生_230

公司员工大会_231

周一一大早卡罗琳就去上班了，在与梅根会面之前，她认真思考了自己关于发展领导力的方法。她想到了汉斯的话："首先要非常明确地定义你对领导力发展干预计划的期望，使想达到的最终状态与前面保持一致。"卡罗琳并不完全确定经历了领导力发展干预计划后，公司最终的状态会是什么样子的，但她描绘了一个表现出色的并且又明确的继任者的领导团队。这似乎还不够，于是她想："这些难道不是所有组织都应该有的吗？"

　　突然，她想起了她最喜欢的一位教授在讨论她的人生抱负时常说的话，他会像念诵咒语一样重复"从更大处着眼"。她笑了，这正是她需要做的。

　　"领导力会成为新经典竞争优势的源泉吗？"她想，并记录下了一些问题，"我们如何才能培养出最优秀的领导者？在招聘的时候，卓越的领导力会成为吸引顶级人才的工具吗？如何才能让有效的领导力助我们势不可当？我们的公司会因领导力而闻名吗？新经典需要什么样的领导者？我们要不要定义一个'新经典适用'的领导力呢？"正当卡罗琳脑子里闪过许多念头时，梅根敲响了她的门。

　　"嗨，卡罗琳，准备好上午10点的会议了吗？"梅根问道，她看起来精力充沛。

　　"当然准备好了，"卡罗琳回答说，"请进。"卡罗琳开始分享她关于领导力对新经典的重要性的看法。她谈到了她理想中的公司潜在的最终状态——时刻保持最好的表现，同时成为一家以领导力为导向的公司，以拥有业界最优秀的领导者而出名。领导力将成为竞争优势的来源以及招聘时的一个标准。

　　这听起来很有说服力，但并不能让梅根信服。"我喜欢这种抱负，"梅根开始说道，"但我并不确定专注于单个领导者就是最好的选择。从我的经验来看，我们真的需要从组织的角度来看待领导力。我们的目标是提高新经典整体的领导力效能，我们也不应该为了领导而去追求领导力，我们需要的是把它与我们的业绩和战略更紧密地联系起来。"

"你说得对，"卡罗琳说，"我们需要确保我们的工作真的是为新经典量身定制的，并且我们整个组织都在追求这个目标。作为一个独立的领导者，我学习过很多有关领导力的课程，但我却很难把这些新知识带回新经典。"

讨论到公司的下一步，他们一致认为公司需要整个管理团队更多的投入——特别是爱丽丝的战略调整——来定义他们的领导力目标，并确定实现这些目标所需的关键举措。更具体地说，他们决定与高管团队一起举办一两次领导力发展规划研讨会。梅根在格雷戈·麦克斯韦尔（Greg Maxwell）的帮助下，自愿组织并开展这些研讨会。格雷戈·麦克斯韦尔是一位英国顾问，也是新经典曾经聘用过的领导力教练。

格雷戈筹备顶级领导团队研讨会

在研讨会开始的前三周，格雷戈与梅根密切合作并敲定了议程。格雷戈提到，要想研讨会成功，有三件事必须做到。首先，他对此类研讨会的指导原则是，高管们必须对自己的发言承担大部分（如果不是全部的话）的责任。他的工作是提供便利。他并不想成为提出领导力发展建议的人，因为这很有可能会剥夺高管们的主管权和使命感。他从一开始就督促梅根做最优秀的领导者。

其次，必须确立议程，以确保研讨会顺利进行。他知道，这件事安排起来并不容易。他打算与爱丽丝和布鲁斯合作，如此一来，议程就已经列出了他们想要提出的战略和运作的主题。

最后，他想要一整天都在房间里保持精力充沛，并以激昂的语调结束会议，这样在会议结束时团队就会充满活力，并致力于推动领导力发展干预计划的开展。为了确保讨论的恰当性，格雷戈建议梅根让新经典首先在整个组织中推行组织健康指数调查。这将为新经典的总体健康状况提供一幅基线图，并产生一份领导力行为报告，显示新经典的领导力效能，以及在其背景下最有效的具体领导力行为和实践。梅根知道这项活动很有价值，而且在她的预算之内，但她不确定在正式宣布其目标之前进行这样的调查会不会让新经典的员工感到焦虑。

她与卡罗琳谈了谈，她们认为是时候公布领导力发展倡议了。第二天，梅根从卡罗琳那里向全公司发出了一份简报，正式启动了组织健康指数调查。

格雷戈还建议，准备工作应该包括与最高层团队进行一对一的面谈，来评估他们对新经典的愿景、使命、战略和业绩目标的看法，以及相应的领导要求。格雷戈询问了他们的业绩目标与目前情况存在的差距，虽然领导们没有提及这一点，但他们得到了保证，新经典将继续关注绩效，包括在领导力发展的情况下。

格雷戈问他们要实现战略目标需要什么样的领导力行为，他们认为新经典的领导优势是什么以及发展需求是什么。每次访谈结束时，他都会组织简短的讨论，探讨过去哪些类型的变革在新经典取得了成功，以及是什么因素促使其取得了成功。

全面思考领导力

最后，工作期临近，公司的顶级团队聚集在莲花皇宫度假酒店。这是一家高档酒店，远离城市的喧嚣。在场的有八个人：卡罗琳、格雷戈以及其他六名成员。卡罗琳宣布会议开始："朋友们，今天我们齐聚一堂，为的是带领新经典更上一层楼。过去几周你们都和格雷戈讨论过了，我们很兴奋能以小组的形式继续这些讨论。到目前为止，新经典一直在很好的旅程中前进，我们有雄心勃勃的目标。我们即将敲定新的5年计划，我们的股东也希望我们能取得成功。虽然我们过去在领导力发展方面也做过很多努力，但我们从未全面考虑过有助于我们现在和未来执行战略所需的领导力。我的意思是，领导力不是我们成功所需要的唯一条件，但它是一个很关键的因素……我已经意识到，我们的领导力发展工作需要彻底改革。因此，从今天开始，让我们共同制定我们的领导抱负，确定我们需要采取的关键行动，以实现我们的目标。格雷戈会帮助我们开始的……"

格雷戈首先列出了议程。研讨会的内容将分为四个主要部分（图9.1）：

今天我们要做什么？

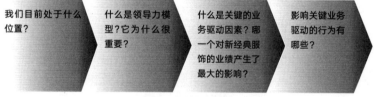

图9.1 研讨会的日程

格雷戈重述了他与每个人进行的一对一讨论："每个人都对新经典的愿景、使命、高层战略和业绩抱负保持一致，我们都对未来感到乐观。"这让卡罗琳很高兴，因为她花了很多时间与高管团队一起进行最近的战略研讨。格雷戈继续说："我们都清楚地认识到了新经典的优势和挑战。从历史角度来看，我们的成长非常迅速，很大程度上是因为我们注重结果导向的文化特性。正如你们中的一位所告诉我的，'新经典的人只是把事情做好'。你们多次提到的另一个优势是能力——在组织的各个层面执行并解决问题。我们有优秀的人才，我们高效地合作并做出快速、高质量的决策。此外，我们都注意到了我们强大的企业文化。

"这是好消息。另一方面，卡罗琳列举了新经典可以改进的两个方向。首先，我们中的一些人认为我们已经开始'谨慎行事'了。在过去，我们常常创造新的风格、产品和改进用户体验，现在我们通常选择保守或低风险的解决方案。其次，我们可以更加以客户为中心。我们非常内省，专注于执行，我们会尽可能地为客户提供服务。"

"他真的了解我们的业务。"韦恩想，顶级领导团队的其他几个成员也在想同样的事情。

格雷戈继续说："在领导力方面，我们认为顶级领导团队成员在一起工作得很好。顶级领导团队具有专业的知识，而且我们经常带着清晰的目标朝着同一个方向努力。"他向他的同事们保证，然后补充了一个重要的提醒："然而，我们都发现下一级的组织缺乏领导力、也没有领导力发展未来规划和继任计划。我们的员工执行力很强，但似乎很少有人特别有远见。我们希望看到更大胆、更鼓舞人心的领导。此外，我们需要更好的市场洞察力来预测最新的趋势，预测我们的客户想要什么，而不是永远走在客户后面。"

费尔南多第一次笑了，时尚即将成为潮流和中心。

领导力和健康

话题转移到组织健康指数的结果和领导评估上。格雷戈汇报，新经典有76%的员工接受了调查，这高出全球公司调查平均水平的60%左右，并收集了1000多条免费短信评论。格雷戈随后在一张幻灯片上向团队展示了组织健康指数的结果，新经典的总分为68分，在第二四分位，在领导力方面的结果也在第二四分位。

格雷戈给了顶级团队成员们几分钟的时间来消化这些内容。房间里很安静，显然，他们中的大多数人都期望新经典不仅在整体上名列前茅，而且在领导力方面也名列前茅。在汇报开始时格雷戈就强调了新经典的战略方向、协调、控制和能力都排在第一四分位。正如他们之前所指出的，新经典的执行力很强，员工在整体战略上也能保持一致。

但是，新经典在两个维度上排在第三四分位：外部取向、创新和学习。尽管团队知道这些都是挑战，但排名降到了第三四分位令每个人都感到很惊讶。

格雷戈将话题转到了管理层，他开始向大家展示领导力行为报告，这也是调查的一部分。他介绍了"情境型领导力阶梯"（图9.2），解释了不同的领导力行为是否有效取决于组织情境，他还提出了作为组织参考点的基准行为。稍做停顿后，他再次让卡罗琳的同事们消化新经典的报告结果。

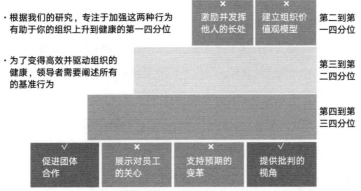

68 根据组织健康指数得分，你的组织在组织健康方面排在第二四分位

· 根据我们的研究，专注于加强这两种行为
有助于你的组织上升到健康的第一四分位

激励并发挥
他人的长处 ✕

建立组织价
值观模型 ✕

第二到第
一四分位

· 为了变得高效并驱动组织的
健康，领导者需要阐述所有
的基准行为

第三到第
二四分位

第四到第
三四分位

促进团体
合作 √

展示对员工
的关心 ✕

支持预期的
变革 ✕

提供批判的
视角 √

图9.2 新经典服饰的"情境型领导力阶梯"

"这是技术部分，"格雷戈解释道，"以下是得分的含义。根据
组织健康指数我们排在第二四分位。首先，我们需要确保实现领导层
的基本行为。目前，我们在四个维度中有两个维度的得分低于第二四
分位组织的期望值。其次，如果我们想让公司的健康状况跃到第一四
分位，我们需要改变我们的领导风格，更多地专注于发挥我们员工的
潜能，强调新经典的核心价值观，与此同时还要保证所有这些都不会
让我们在生产力和盈利能力上有任何损失。"

该团队针对研究结果进行了细致的讨论，包括可能导致低分的根
本原因。顶级领导团队成员意识到，或许过去他们过于关注执行和结
果，而没有让组织的其他成员充分参与到实现新经典更远大的愿景和
使命中来。

领导力模型和价值观

当顶级领导团队重新召集时，格雷戈引入了领导力模型的技术概念（表9.1）。他简要介绍了一下使用的术语："我们尝试做的事情有很多不同的、令人困惑的名称。我们正在确定领导主题、价值观或指导新经典工作的原则。组织通常会陈述其中的4~6条戒律。一些组织把它们的价值观和领导主题分开，而另一些则把这两者结合起来。"

表9.1 定义新经典的领导力模型

术语	我们所指的含义
远见	一个组织想要达到的目标。沟通企业的宗旨和价值——着眼于未来
使命	一个组织如何达到它想要达到的目标。使命决定了其业务的主要目标——专注于目前的领先地位
价值观、原则、领导力主题	重要且持久的信仰、原则或理想。可以筛选什么是可取的（什么是不可取的）。能对个人的态度和行为产生重大影响，并在所有情况下都有广泛的指导作用
能力、行为、心态、思维方式	某人的行为或表现方式，尤指对待他人时。当你看到别人没有这些行为的时候，你就知道自己"赢了"
绩效等级表、评估等级表、评估框架	概述预期的评估框架中不同绩效水平的行为（如1~5）。在组织中，不同级别的人的行为往往不同

格雷戈继续说："新经典的绩效管理系统中包含了一系列的价值观。然而，绩效评估是两面性的，要么遵守这些价值观，要么不遵守，它们并不能真正推动员工的行为。"这些顶级团队成员点了点头。"我们正试图做一些不同的事情。一个领导力模型展示了新经典对整个组织的领导者的期望（考虑到每个层级的每个人都可以成为领导者）。它侧重于能够产生最大影响的主题，并支持高层领导者实现

其战略和运营目标。它强化了从高层领导到一线领导的特定行为和思维方式（心态），并与核心人才晋升流程相结合。这是新经典的独特之处，而不仅仅是一份通用的品质清单。"

"我们建议的目标是将新经典的领导力模型与其愿景和使命联系起来（图9.3），并将其锚定在可观察的行为中。这些行为显示在一个绩效等级表上，我们可以将它视作评估每个员工的基础。"

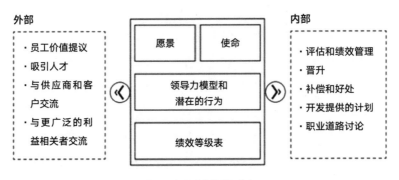

图9.3　新经典的愿景和使命

领导力行为可以真正改变新经典

在一顿简短的午餐后，团队讨论了每个人都想知道的问题：新经典的领导力模型应该是什么样的？顶级领导团队成员有很多想法，但卡罗琳希望他们把重点放在对企业真正重要的事情上。

格雷戈说："我们把这次会议称为'将领导抱负根植于业绩之中'，这意味着我们在这里发挥着领导作用。在我们找到实施该战略所需的领导层之前，让我们先回顾一下该战略的关键业务驱动因素。"

梅根和爱丽丝还有格雷戈一起努力，为这次会议做了准备。他们知道，当组织在"真空"中定义领导力模型时，他们会遇到一个陷阱——更多地关注个人的领导力，而不是整个组织的需求。

"让我们来看看什么适合我们的公司，"梅根说，"我们想具体谈谈新经典以及符合我们长期目标和计划的领导力行为。首先，感谢彼得提供的团队的背景数据，格雷戈将展示一棵'驱动树'，显示我们的收入和成本的子要素。格雷戈……"

"让我们先来追踪一下收入情况。"格雷戈说，"我们的收入等于门店的数量乘以每家门店的收入（由走进来的顾客数量构成），再乘以购买商品的人的比例，再乘以每位顾客的平均购买量。"

团队对每个要素进行了讨论，并进一步细化了"驱动树"的细节。在这棵树的右边，团队列出了使新经典在每个业务驱动中取得成功的具体行为。

这项工作的最后一步是将收入分析与新经典的未来战略结合起来。这个团队已经熟悉了5年计划——现在正在进行中。卡罗琳很高兴看到爱丽丝这次勇敢地站了出来，而不是退缩，她促成了对影响业务的一些具体行为的大讨论。然后爱丽丝将话语权交给了布鲁斯，他负责操作方面的工作。他们很快就清楚了，无机物增长（inorganic growth）将在实现营收目标方面发挥重要作用。此外，他们看到新经典不可避免地要完全迎接数字化。彼得解释说这将改善客户体验并降低成本。

"太好了，"卡罗琳说，她注意到她的助手麦（Mai）打开了门，示意她，"下午茶已经准备好了，我们休息一下，然后进行下一步。"卡罗琳想让每个团队成员都感到自己很特别，给他们时间来消化听到的内容。在新经典的日常中，时间和空间都很短缺，而下午茶则为他们既提供了时间又提供了空间，这样偶尔奢侈一下也可以。

格雷戈为最后3小时的会议做了开场发言，他说："现在我们掌握了创建领导力模型的信息，我们研究了四种信息来源：高管面试、组织健康指数、领导力行为报告、领导力模型基准和业务驱动力。问题在于我们能否将它们整合成人们能记住的一系列主题。"

团队成员就新经典的领导力模型展开了热烈的讨论。在不断演变出的每个共同主题中，团队定义了2~3种关键行为，使主题生动了起来。卡罗琳一直催促他们"往大处着眼"，她挑战道："这真的能让我们实现目标吗？"

在这一天快要结束的时候，顶级领导团队完成了新经典新的领导力模型草案的设计。草案包含了领导者和员工应该实践的五个主题：以结果为导向，激发自我和他人的潜能，把客户放在第一位，发展自下而上的创新力，做一个技术领导者。每个主题进一步分解为2~4种具体的行为，顶级领导团队还将应该首先关注的关键行为排在了优先位置。

梅根总结了当天的成果："今天的目标实现了，我们开发了一个适合我们发展目标的领导力模型，这个模型有五个很有意义的主题，总共有15种领导力行为。新的模型将与我们现有的所有价值观相结合。我们不可能同时做所有的事，所以我们决定突出强调'激发自我和他人的潜能'这个主题以及'发展自下而上的创新力'的主题，它们总共包括5种具体行为。"

爱丽丝补充说："还有另外一种方式——从战略角度看这个问题，即通过一致性、执行力和革新力这三个方面，这三个概念定义了良好的领导力。我们的五个领导主题将确保我们在协调和执行方面发挥优势，同时解决我们存在的差距。"

卡罗琳为会议做了总结："下一步是确定模式和行为，就具体的领导力要求和抱负达成一致，并讨论如何使该计划变得生动起来，包括顶级领导团队所需担任的角色。格雷戈和梅根，请着手处理这个问题，并与爱丽丝（负责战略协调）、彼得（负责预算）、布鲁斯（负责运营适应性）、费尔南多（负责产品问题）和韦恩（负责销售和客户影响）一起审阅。我们将在下次顶级领导团队会议上审批这些事项。"

领导力缺口

研讨会结束后，梅根花了两周时间，通过核心小组、与管理者的讨论，以及现有人才管理系统的数据完善了新经典的领导力模型，并发现了新经典的领导力缺口。在顶级领导团队再次开展研讨会的前一天，卡罗琳抽出了两个小时与梅根一起回顾更新后的领导力模型，并讨论了领导力差距。

"核心小组基本上证实了我们的假设，"梅根开始说道，"良好的绩效是我们的优势之一，但它仅限于此，它是一维的。这意味着我们的领导不能鼓舞人心，也不能激发别人的潜能。核心小组对我们提出的主题表示好感，他们没有在里面补充任何新功能，只是对行为做了稍微调整。

"我还分析了我们对领导力的要求。我与顶级领导团队和各部门主管一起对这些数据进行了简化，鉴于我们未来的增长计划，我们最终确定公司需要至少650名领导者，低至N-4级。这包括区域经理，但不包括商店或工厂经理，尽管布鲁斯想为他们设置一些东西。这张图（图9.4）总结了我们目前所知道的以及未来要发生的事情。"

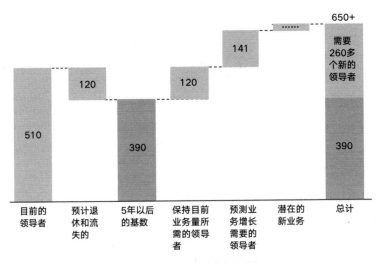

图9.4　新经典未来5年的领导需求

"这就是我们对未来5年领导力的总体要求吗？"卡罗琳问道。

"是的，"梅根说，"这是一个总体图表，但也有一个对应到每个组织级别的图表，我将其按照领导者的类型、职能和地理位置进行了分类。我们的目标是公司业绩每年增长7%左右，这意味着对领导者的需求每年增长5%左右，当然，这也取决于我们如何划分地区。

"当爱丽丝和我审查计划部分时，我们意识到我们并没有考虑到潜在的特殊领导需求，比如在收购或执行特殊项目上。布鲁斯警告说，这并不能解决运营方面的一些问题，如危机管理或零售、供应线或制造业的额外需求。韦恩想要一份关于额外销售增长和新销售管理技术培训的应急方案，还有彼得也想要一份详细的预算。考虑到这一点，我们预计公司在未来5年还需要增加260名领导，每年不少于50名。即使业务不增长，我们仍需要招入不到这个数字一半的领导者，大约每年25个。"

卡罗琳盯着图表，意识到战略的实施节奏和规模与内容和落实同等重要，领导力的发展必须与战略、生产力和业绩目标保持一致，那是很多业务的重要部分。她心里有一种不祥的感觉，她让这件事在自己的任期内出了差错。她让公司和顶级领导团队失望了吗？她知道，新经典如果无法补齐领导层人数，那么它的高层管理就很难做好。

她深吸了一口气："我们能满足这种需求吗？你有没有检查过我们的领导层和目前的领导力发展干预计划？"

"嗯，检查了。"梅根说，"我审查了我们目前的领导力发展干预计划的有效性和效率。我们在纯粹的领导力发展上花费了400万美元，这还不包括其他学习和发展项目。这个数字不仅低于行业基准，而且我们使用经费的方式也不对——13%用于旅行和住宿，40%用于第三方课程，我们可以把一些经费转移到内部。更重要的是，大多数培训是有现场教练的。我们可以使用更多线上导师指导的课程和更多的网络自学，在保持甚至提高质量的基础上节约成本。另外，我们对在岗培训的关注度是不够的。"

梅根继续说："我们对终端用户的调查提醒我们将领导力发展与我们的战略目标联系起来，格雷戈和爱丽丝同意我的看法。一位高管说：'培训在很大程度上是独立于整体业务目标而进行的。'这句话给我留下了深刻的印象，以至于到最后，我们没有衡量领导力发展干预计划的业务影响，反而主要是依靠参与者的反馈。"她叹了口气，又说，"我知道这是一大堆坏消息，但我们必须一起讨论，还要和顶级领导团队讨论。"

当思考如何在这么多层面上展开变革时，卡罗琳越来越清楚，如果失败了，她将面临多大的风险。

"梅根，"卡罗琳说，"试一试从高层设计入手，解决领导力差距。先跟格雷戈还有其他你需要协作的人碰头，然后把结果告诉我，我们再决定怎么做。我们几周后再开会吧——在董事会开会前我们还剩下一些时间，然后我们再向顶级领导团队汇报。与此同时，如果需要，我同意你与顶级领导团队的每个成员讨论制订高级设计的草案。"

设计自"始"至"终"的转变

那一周，梅根和格雷戈对选定的员工进行了一对一采访。他们关注的是顶级领导团队优先考虑的两个关键主题：激发自己和他人的潜能，发展自下而上的创新力。梅根知道，为了可持续地改变员工的行为，领导力发展干预计划也必须解决潜在的心态问题。

为了揭示员工的心态并确定特定的必要转变，梅根使用了深度结构化访谈（Deep Structure Interviews，DSIs），它探索了个人和组织行为的隐藏层面。这种反思的过程类似于自由对话，依赖于采访者和被采访者之间开放、信任的关系。这对于探索员工根深蒂固的心态、设想和基本价值观很有帮助。它可以帮助梅根发现员工更深层次的焦虑，以及群体或个人做出转变的心理障碍。

梅根和格雷戈进行了一系列富有成果的对话。当她深入了解新经典领导者们的心态时，她发现许多领导者都深信这个计划只有解决这些问题，才能使新的领导力模型获得成功。梅根为每个主题做了一个图表，展示了公司内主要的行为转变以及必要的心态改变。她准备了这份关于心态转变的摘要（图9.5），为卡罗琳和顶级领导团队提供参考。

从：只关注业绩	到：关注"全人发展"
· 如果我踏踏实实工作，我就会成功 · 我应该评估其他人的财务业绩，因为那才是真正重要的 · 员工的主要动力来自外在的经济奖励	· 为了发挥我的潜力，我需要开发我的技术能力，并突破自我 · 帮助别人充分发挥他们的潜力也会提升我们企业的业绩并获得好处 · 外在奖励和内在奖励结合起来会更加激励员工
从：有限的自上而下的创新	到：自下而上的创新
· 创新来自我们的设计团队，因而我不用负责任 · 决策是自上而下的，没人会听我的意见 · 我一直没有时间思考新的想法	· 每个人都是创新者，而我有责任和义务寻找更好的新方法为我们的客户服务 · 评价想法要看价值，而不是看是谁提出的，好的想法都会得到嘉奖 · 我们的团队经常开展创新思维的会议，激发新的想法

图9.5　需要转变的心态

领导力巅峰计划诞生

在董事会会议召开两周前的周一上午，梅根向卡罗琳提交了一份计划书，包括更新后的领导力模型、评估结果的综合版本、核心小组的产出、所需的自"始"至"终"的安排，以及一份高层的、全公司范围的行动计划。该计划包括一种以领导力模型为基础的混合学习方法。梅根希望在计划中加入在职项目工作，并在爱丽丝的敦促下，加入指导/辅导部分，将项目与业务结果绑定在一起。

卡罗琳非常喜欢这份计划书，但她还提出了另一个建议：让顶级领导团队成员监督自己的领导力发展情况。这只是卡罗琳在温哥华一周所做回应的一部分，但她希望根据核心小组的反馈来进行。

她已经意识到，如果这个领导力发展的挑战对她来说是个人问题，如果她的想法不正确，她犯了错误，那么它对顶级领导团队的其他成员来说也是个人问题，他们需要自己玩好这一局"游戏"。她还觉得，尽管她没有说出来，但顶级领导团队的所有成员都可以从领导力发展中获益，包括她自己。当顶级领导团队讨论这项计划的名称时，彼得建议使用"领导力绩效计划"，但是顶级领导团队意识到这是基于之前的思维方式起的名字，未能充分体现新领导层的抱负。他们最终将该计划命名为"领导力巅峰计划"（Leadership Peak Programme, LPP），这是新经典作为一个组织所建立的"领导力阶梯"的缩影。它也体现了一种实现个人潜力的隐喻，团队认为这一点需要优先考虑，因为它在战略上与激发他人的潜能这个大主题相一致。

梅根松了一口气。在整个团队的支持下，卡罗琳全身心专注于如何在距离现在只有两周的董事会上把这件事说清楚。此时距离卡罗琳第一次读到领导力发展的文章已经过去两个月了。

公司员工大会

在董事会下一次的季度会议上，卡罗琳介绍了5年战略、组织健康指数总体成果和领导力巅峰计划。董事会对这个5年计划表示赞许，但当他们看到组织健康指数的结果时，这个5年战略就从他们心里淡出了，这些结果引起了他们强烈的兴趣，但他们并不那么高兴。较低的四分位排名招来了大量的批评，卡罗琳承受了很大的压力才让董事们把注意力放在了领导力巅峰计划上。她解释了如何让新经典向前推进和向上发展，并纠正公司位于较低的四分位的方面。经过激烈的讨论，董事会批准了领导力巅峰计划的建议，并敦促卡罗琳迅速行动。

接下来的一周，执行团队在新经典餐厅举行的一次特别普通的公司员工大会上提出了5年计划，并且向组织其他成员和工厂、商店进行了直播。不同的执行官提出了他们关于树立领导力战略各个部分的建议。虽然内容很棒，但员工们觉得高管们的计划似乎还不够连贯和完备，他们中的许多人不明白自己要如何融入。

在会议结束时，梅根戏剧性地提出了领导力巅峰计划。她不愿分享太多，但是，她大胆地表示，这一举措将以某种方式影响到全公司各个层面的所有员工。听众对领导力巅峰计划持谨慎乐观的态度。新经典已经历了这么多的性能计划和革新，更不用说接管时尚达人了，虽然它的员工在某种程度上已经对此厌倦了。尽管如此，这看起来仍然令人兴奋，因为每个人都可以考虑该计划会对自己的职业生涯产生什么影响。现在每个人，从最高级别的管理人员到一线员工，都参与了进来，或者至少知道了这个新的计划。

那天晚上，卡罗琳开车回家时，回想着过去的几件事。她现在已经有了一个5年计划，领导力巅峰计划以及预算也获批准了，但她知道这仅仅是征途的开始，接下来的两个月是至关重要的。当卡罗琳把车开到车道上时，她做了这样的决定：密切关注梅根在接下来几周的进展——确保不出纰漏。

小结

　　在这个阶段，一个组织应该创建一个量身定制的领导力模型（或者更新现存的模型），应该优先考虑关键转变对领导力产生的影响并对其进行量化（图9.6）。此外，组织也应该审视当前的领导力发展干预计划，以及目前如何将领导力与更广泛的体系相结合。最后，重要的是要确保整个高管团队都参与进来，一开始就应当围绕领导力的发展展开优先事项选择。

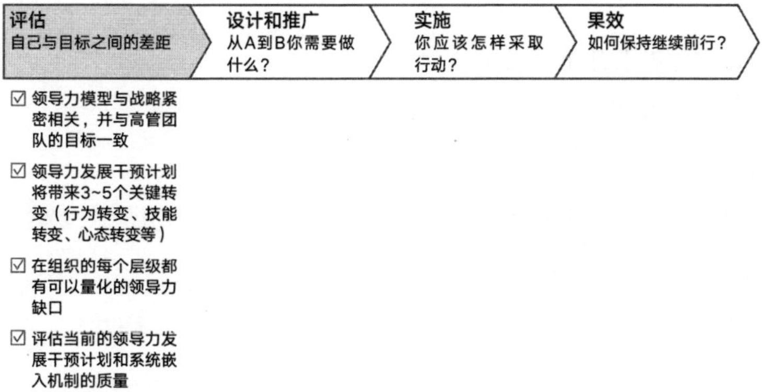

图9.6

　　这段组织发展的历程的下一个阶段着眼于为所有的目标群体确定所需的干预措施（能力建立的内容和系统嵌入），确定哪些人应该参与这个计划并创建商业案例用于交付。

第10章

设计路径图

安德鲁·圣乔治（Andrew St George）

克劳迪奥·费泽（Claudio Feser）

迈克尔·伦尼（Michael Rennie）

尼古莱·陈·尼尔森（Nicolai Chen Nielsen）

评审关键的设计选择_236

池塘里的涟漪_240

建造飞行中的飞机_242

飞跃计划的高水平蓝图_244

创建商业案例_249

组织不变，但人会变_250

董事会批准了领导力巅峰计划，令梅根备受鼓舞。现在，她需要利用她在评估新经典的领导力需求和领导力缺口中所学到的知识创建模块以实现必要的改变。她和格雷戈着手构思和设计新经典领导力发展的计划，必要时会召集顶级领导团队和他们的工作人员。考虑到知识性、实用性、财务和项目的必要性，格雷戈帮梅根找到了一种跨学科的方法。

他们集中在三个规划领域：第一，进行关键的设计选择，包括领导力巅峰计划的范围和授权；第二，他们应该首先启动哪些项目，何时启动；第三，他们从每个模块的内容、进度、智力水平和学习风格方面开始设计实际的课程。

当梅根和格雷戈坐下来告诉卡罗琳他们的进展时，卡罗琳很高兴，但她给他们提出了一个难题。她说："你的计划从副总裁和最高领导者开始是对的，但我希望从更高的职位开始。在上个季度的董事会会议召开之前，我就花一些时间思考了，我很确定我们需要一剂良方。顶级领导团队也应该接受领导力发展培训。"

她假装没有注意到他们惊愕的表情（她可以想象出他们在想什么："多让人分神啊!""谁去教那些自以为是的高管啊？"）。卡罗琳继续说道："我将把汉斯引进我们的计划中，为期两个月。他将与顶级领导团队成员一起工作。"

梅根没什么可说的了："当然，卡罗琳，这听起来很不错，我希望能尽早开始自己的教练生涯。"

梅根没料到会有领导力培训，她可能预料到了，但像往常一样，她只是为了跟上卡罗琳而"奔跑"。不过，梅根认为这是一个好主意，也是公司迫切需要的。而且她也很兴奋，下周开始就要和汉斯教练一起工作了。在内心深处，她也松了一口气，因为卡罗琳会把这个计划告诉顶级领导团队，即使他们并不会对这个消息感到很惊讶。

评审关键的设计选择

下一步是在办公室举行两个半天的研讨会，与顶级领导团队讨论计划的项目设计。第一次会议的重点将集中于项目的范围，第二次会议的重点将聚焦于项目参与者的选择。

研讨会1： 项目的范围

梅根通过讨论能真正适应新经典未来的领导力巅峰计划的一些设计，开启了这个研讨会。团队为领导力巅峰计划设定了双重目标和使命：

获得第一四分位的领导力得分，走在通往最高的整体健康得分的路上。

使计划的商业影响产生的回报能够抵消计划的成本。

梅根说："我们集中授权来推动整个组织的领导力发展。此次领导力巅峰计划将由全公司范围内选出的参与者自愿报名参加，因此我们将与各业务部门合作，并通过业务部门实施我们的计划。"

在和彼得讨论过这些数字后，梅根告诉团队，新经典公司的人力资源部门将集中承担这些成本，然后将它们分配出去，以减轻业务部门预算主管的担忧。

在研讨会结束时，他们确定了六个关键要素：

● 新经典的每个员工都应该在特定时期参与不同的领导力巅峰计划。

● 让计划迅速覆盖整个组织至关重要。

● 对于顶级人才，领导力巅峰计划将涉及现场工作、研讨会和教练辅导项目，每个项目持续9~12个月，针对不同层次量身定制。

● 非顶级人才将根据级别量身定制，参加每年为期一天的项目。

● 从最高管理层到工厂车间，每个人都要参加"价值观日"（Values Days），进一步阐明新经典的价值观，并讨论如何将其作为公司重要使命的一部分体现出来。

● 这些项目将取代目前在全公司范围内的所有领导力发展干预计划的项目，目前的技术技能培训项目会得到补充，且这些项目都对员工开放。

研讨会2： 甄选项目的参与者

在接下来的顶级领导团队研讨会上，梅根集中讨论了新经典应该选择哪些人参与领导力巅峰计划。他们讨论了选择标准，并阐述了如何衡量员工在参与领导力巅峰计划后的个人表现。最后，他们达成了第一年的共识，并将其称为"队列一"。

在此期间，他们将根据现有的绩效评估对员工的表现进行评估。在随后的几年（格雷戈称其为"领导力巅峰计划的稳定期"），基于新的3×3矩阵（图10.1），筛选参与者并评估参与领导力巅峰计划的"毕业生"的水平将成为新的绩效管理系统的一部分。图10.1的纵轴代表关键绩效指标，横轴用来评估员工对领导力模型中行为的执行情况。他们决定任何被归类为顶级人才的领导者都可以参加领导力巅峰计划。

他们计划对所有员工（除了门店、供应线和工厂员工）进行360

度的评审。在布鲁斯的建议下，他们为这些员工（约占员工总数的80%）勾画了一条独立的领导力发展之路。商店和工厂经理将接受培训，并根据领导力模型评估他们的员工。新经典将在区域性的商店、工厂和仓库中设立"价值观日"。

关于这一点，韦恩问："有多少人应该在'顶级人才'柱上，即右上角？"

由于卡罗琳、格雷戈和梅根已经就此做了一些计算，因此格雷戈回答道："不同组织的顶级人才储备各不相同；有些组织有不止一个列表，而有些组织更排外，这是根据特定的公司情况设立的。一些大型组织有700名顶级人才，一些有200名，还有一些只有40名。"

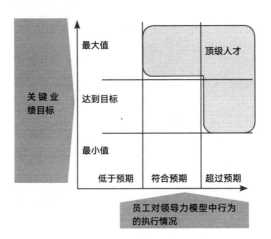

图10.1 3×3矩阵

梅根补充道："顶级人才的人数我们要尽可能地精确。新经典有3万名员工，其中2.45万名员工在车间、仓库和工厂工作。我们用不同的系统对他们进行评估，他们将得到良好的培训，这样就剩下5500个潜在的领导力巅峰计划参与人了。那么，格雷戈，怎样的权重比例才是合理的呢？"

格雷戈说："为了保持公司的名誉和项目的知名度和排他性，在5500名员工中，顶级人才的比例不应超过15%（约800人）。事实上，许多公司很难找到超过这15%的真正的顶级人才。"

意识到自己的领导层可能不够深入，该团队仔细研究了15%意味着什么。800多名顶级人才分为四个不同的级别：最高层领导团队、副总裁/董事级别（根据他们的级别，这些人应全部包括在内）、总经理级别和经理级别。这15%的顶级人才的分布大约如表10.1所示，以后将自下而上加以改进。

表10.1　顶级人才的分布

组织层次	员工数量	顶级人才（15%）	队列数量	参与者/组
首席执行官	1	1	1	7
顶级领导团队	6	6		
副总裁	32	32	3	19
主管	157	24		
总经理	812	122	7	17
经理	4501	675	32	21
合计	5509	860	43	—

梅根接着解释道："我负责大部分高管的入职工作，我通过业务单元追踪员工留存率报告。员工往往会在每个级别的岗位上待5年，因此每年大约有20%的新入职者进入各个级别。我们的员工每年有大约10%的自然流动率，所以稳定的情况下每年大约会有240名顶级人才或新的顶级人才被提升到一个新的级别。"

她说，这是总数。也就是说，新经典大约有9名董事和副总裁、36名总经理和约200名经理处于稳定状态。然而，公司首先需要采取措施，让所有顶级人才提前通过领导力巅峰计划。应用这些数据，该团队提出了一套领导力巅峰计划，它将从三个方面匹配参与者。这三个方面分别是组织水平、工作背景（特定学科或专业）以及所需的顶级人才数量。

他们设定了四个层次：

第一，最顶级的人才计划——为四个（非门店、非工厂）员工组织层量身定制，以公司目前的规模覆盖约800人。这些专业的计划将包括为顶级领导团队、副总裁和董事、总经理和经理制定的项目。

第二，核心领导力方案（每年1天）——根据组织级别为所有员工差异化定制。

第三，"价值观日"——所有员工都必须参加。

第四，入职——所有新员工都必须办理入职。

池塘里的涟漪

一周后，梅根和格雷戈反思了设计阶段的进展情况。工作大纲现在确定了哪些人应该参加领导力巅峰计划，参与人数是多少，参与者应该学习什么内容，以及学习时间和学习地点（必须与领导力模型和新经典需要的特殊业务技能相联系）。虽然他们的决定在团队会议中很精简，但是其影响很广泛。梅根感受到了格雷戈已经知道的一个因素的影响：领导力巅峰计划。它如果实施得当，会在整个组织中产生许多意想不到的结果。

"我觉得自己在对付一只章鱼，"她烦躁地对格雷戈说，"我必须看看我们所有的规划是否将领导力巅峰计划里项目的广泛影响考虑在内了。这就像往池塘里扔块石头，看着涟漪扩散。"

"这是惯常的做法，"他肯定地说，"但是，知道这一点并不会让事情变得容易。"

"我知道我们需要奖励我们想推动的行为，这是有道理的，但问题是我们能使用目前的绩效管理系统吗？"

"能，也不能。"格雷戈说，"说能是因为你确实需要一个绩效管理系统，说不能是因为你不能用现有的绩效管理系统。你必须改变标准，这意味着改变高管们关注的东西。你必须更新绩效管理系统，这样我们才能评估员工在落实领导力模型和业务方面的表现，并通过新的360度评审来衡量。"

"那领导力主题呢？"梅根问道。

"这取决于你和顶级领导团队。"他说，"但我建议主题在新经典中保持一致，并按级别定制特定的行为。然后，你的360度评审可以应用到薪酬、职业动态、人才管理和继任规划中。"

"当然。"梅根表示同意，"所以我们首先要培训我们的评估员和估价师。"

格雷戈赞许地说："是的，这是放大领导力巅峰计划影响力的好机会。"

"我觉得远远不止这些，"梅根补充道，"我们应该将招聘战略与领导力模型相结合，领导力模型也会间接影响我们与外部利益相关者（包括供应商和客户）的互动方式。"

"完全正确，"格雷戈说，"但我希望你思考的面更大一些。你听说过影响力模型吗？要确保领导力发展能够持续，计划和项目都必须涉及影响力模型的所有要素，这很重要。"

格雷戈和梅根继续设计项目内容，并制订了将这一改变嵌入系统中的计划。

建造飞行中的飞机

对于每一个计划要素，梅根都要求卡罗琳签字。她希望卡罗琳能放心地委任她负责这个计划，而不是亲自做微观层面的管理，不过她也感谢卡罗琳的关注和安慰。

尽管如此，梅根想："卡罗琳需要放手，需要给我更多的信任……但我不确定现在是不是告诉她的时候，或许我可以让她知道。"

首先，梅根向卡罗琳介绍了影响力模型的四个要素，这些要素需要纳入领导力巅峰计划，从而使新的领导力模型鲜活起来：培养理解力和认知，并用正式机制、示范作用，以及所需才能和技术的发展对其进行强化。

梅根解释说，每个要素都有一系列的要求，例如促进理解需要内部沟通战略、内部营销材料，以及企业沟通活动。

卡罗琳对此非常喜欢："太好了，这件事宜早不宜迟。董事会、顶级领导团队，还有你们团队的一些人已经在讨论关于公司的新领导力发展干预计划（即领导力巅峰计划）了。我还担心在公司员工大会之后，那些不怎么热情的经理看到我们失败甚至可能幸灾乐祸，这样他们就可以推行自己的想法了，所以时机真的很重要。"

梅根说："我们错开项目的推出时间将影响力模型的要素纳入。从你所说的来看，迅速启动很重要，尽管我们还没有完全设计好领导力巅峰计划。"

"这是保持势头的唯一办法。"卡罗琳表示同意，她说，"我们必须确保民众在公司员工大会发布公告后看到切实的东西，通过前几期项目我们能学到一些经验，然后相应地调整后续项目的设计。"

"课程的进度是一个关键因素。"梅根补充道，"董事会在同意最初的提议时，希望我们能尽快行动。一位董事告诉我：'要快速地做这件事。市场变化迅速，往往越变越复杂，竞争的要求也越来越复杂。'我们所做的任何领导力发展上的努力，以及我们认为可能实现的领导力效能的提高都必须超过这件事的难度增加的程度才能成功。"梅根没有将高管声音中的严厉语气表现出来，但她捕捉到了这条信息。

"这是我们的建议。"她说（表10.2）。第一年，领导力巅峰计划将推出四个项目：

第一，"360度评审"——针对顶级领导团队、董事和副总裁级别的领导者。

第二，顶级领导团队的培训初步被称为"提升"。格雷戈同意卡罗琳的观点，即变革必须从高层开始，以支持高层团队的领导力发展，并向公司其他成员表明顶级领导团队是认真对待这个项目的，并且言出必行。这将鼓励组织中的其他成员支持组织的倡议并改变他们的行为。

第三，面向副总裁和董事的顶级人才项目，初步称为"飞跃计划"——该计划第一年会分成两组，涵盖目前这个级别的顶级人才。然后每年举办一次，以维持对新的顶级人才的自然吸纳。

第四，在"价值观日"将新的领导力模型推广给每个成员，并表明事情正在发生变化，更多地强调如何在领导力模型下生活。

表10.2　领导力巅峰计划提议

	活动	第一年	第二年	第三年（稳定状态）
领导力巅峰计划课程	顶级人才项目	为顶级领导团队和董事/副总裁设计并启动项目	为总经理和经理设计并启动项目	所有项目处于稳定状态
	核心领导力项目		设计项目方案 / 发布（交错推出）	所有项目处于稳定状态
	"价值观日"	为整个组织设计并举行"价值观日"开幕仪式	稳定状态	
	演绎方案		设计方案的元素 / 发布	稳定状态
内部流程和系统嵌入	360度评审	为顶级领导团队和董事/副总裁设计并启动项目	推广到组织的其他层级（经理级别及以上）	稳定状态
	新系统的完整评审周期	转到顶级领导团队和董事/副总裁处	推广到组织的其他层级	稳定状态
	沟通和影响	快速取胜	正在进行的项目	
面对外部流程	员工价值主张	设计并发布		
	招聘策略		设计并发布	

此外，榜样示范和交流活动倡议将持续进行。

梅根告诉卡罗琳："我们期望剩下的项目都能达到稳定状态，不过我们只有在前两个项目成功设计和启动后才能实现这个期望。我们必须把这些工作做得非常好，因为随后，稳定状态将把360度评审推入整个组织的管理中，包括更新的绩效管理系统、晋升决策或结果管理决策、薪酬决策和继任计划等。"

飞跃计划的高水平蓝图

接下来的一周，梅根和格雷戈与其员工一起设计了飞跃计划，从评估阶段（确定差距和转变）到实际需求。他们确定了他们可以塑造的领导力模型和倡议，以支持领导力模型所需的行为转变。例如，他们意识到，要实现从以绩效为中心向以绩效和发展为中心的转变，需要增加以下模块：辨别优势，指导他人，进行具有挑战性的对话等。这不像简单地告诉员工开始开发其他产品那样直接。

在讨论了模型的每个元素之后，他们坐在了梅根所在部门的会议桌前，看着一长串可能的模块和主题。

"太多了。"梅根叹了口气。

"别害怕。"格雷戈说，"有时候企业想要的太多了，我们只关注真正重要的转变吧。"

他们对领导力领域的每个主题进行了优先排序，并确保这些主题与领导力模型有明确关联。

格雷戈提醒梅根："要让参与者在新经典的环境中扎根，就需要把一些关键的转变过程排得更靠前。"

她同意说："我们必须把更多的项目空间留给这些转变。"

然后，他们的目光转向了落实方式。梅根在她的团队的帮助下准备了一份评估报告，比较了线上学习与线下学习、自主学习与强制学习的优劣。"在我们研究这张图表之前，"梅根说，"我先讲讲我和我的团队与一位神经科学家关于各种干预措施优点的讨论。她给我们提供了一份培训计划的关键措施清单。"

- 确保一个无风险的环境来刺激学习和实验。

- 让项目保持趣味性、价值性，以保持学员的积极性。

- 让参与者走出自己的舒适区。

- 通过在行动学习、职场应用和量身定制的突破性项目上增加商业价值给项目增加体验性。

- 关注参与者的长处（同时要确保参与者的其他方面都达到了最低标准）。

- 增加个性化辅导（开始是360度评审，然后是个人或团体辅导加上监测）。这是使培训课程既能满足组织需要又能满足个人需要的好方法。如果预算有限，可以采取同伴辅导的方式。

● 解决潜在的思维模式问题——可以通过选择模块、促进课程，以及个人反思和指导来实现。

● 应该在团队如何完成项目工作或如何进行模块之间的在线学习等方面加入一定程度的灵活性，或者说给参与者一定的控制权。

● 测量进度和业务影响。

● 调整周围的系统，以支持并加强参与者的行为转变。

"我们也回顾了不同的学习方法，并列出了每种方法的优缺点。"梅根继续说道，"例如，我们考察了现场课堂培训、虚拟课堂培训、研讨会上的行动学习、新技能的职场应用、扩展突破性项目以及实地工作的轮岗，我们还研究了不同类型的辅导和指导的利与弊。"

然后，梅根带着从最初的培训课程中获得的一些自信向格雷戈展示了她制订的飞跃计划的草案（图10.2）。格雷戈参与过早期版本的计划，不过他对这个新的工作草案很满意。

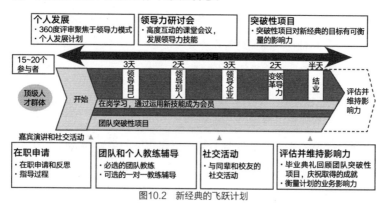

图10.2 新经典的飞跃计划

第二天，梅根和格雷戈与顶级领导团队以及新经典全球的高级人力资源专家召开了电话会议，梅根向他们介绍了飞跃计划。她召集来自不同人力资源部门的人成立了一个工作组，每周开会，以确保专业内容与计划中的项目是相关的，并能够反映项目的最佳做法。飞跃计划有以下五个主要元素。

1. 个性化发展

基于领导力模型，量身定制360度评审机制。

个人发展计划，包括优势、发展领域、在公司的抱负和主要行动。每位学员将通过研讨会实现他们的个人发展，并在课程期间与教练进行讨论。

2. 研讨会

领导自己，基于中心领导原则，以帮助参与者提高自我意识为焦点，通过自我掌控的内核来领导他人。

领导他人，以核心领导原则为基础，注重人际互动，为管理和领导团队奠定基础。

领导企业，关注参与者在组织中的领导者角色，并培养关键的业务技能（问题解决能力、战略能力、行业动态把控能力）。

领导变革，专注于设定绩效和健康运营愿望，制订变革管理计划，并实施变革。

3. 现场工作

在新技能的职场应用中，参与者将所学知识应用到日常工作中，并用记日记的方式来记录自己做得成功的地方以及遇到的挑战。

团队突破性项目，超越了参与者的日常工作，在跨职能小组中开展。每个突破性项目都与新经典的战略重点相关联，服务于创造商业价值的双重目的，同时能够帮助参与者练习新技能。

4. 教练辅导和咨询

在课程开始、中期和结束时进行个人（一对一）教练辅导。

团队指导，讨论突破性项目以及个人学习计划和在职申请。

指派导师，支持技能的应用并提供反馈。

5. 启发灵感的事件

嘉宾演讲。

参观具有最佳做法的公司。

社会事件。

许多有用的想法蜂拥而出，这些想法改进了飞跃计划，或强化了它的优点，或避免了潜在的陷阱。

一名团队成员建议众包（由组织向公众分发任务）部分内容，通过公司内部网询问新经典的员工真正想要的是什么，这将提高文化输入和区域输入的程度。

作为一个旁观者，格雷戈不偏不倚，他引用了来自其他机构的最佳做法和领导力发展主题的最新想法。他专注于使新经典成为一个学习型组织。

格雷戈解释说："从与每个利益相关者的每一次互动中学习的能力对该项目的成功至关重要，而且这是一种竞争优势。"梅根在便条上向卡罗琳提到了这一点。

在管理方面，团队确定了"3P"概念，包括人员（People）、项目（Projects）和方案（Programme）。第一个是他们所谓的"发展委员会"，它会让参与者和教员对学习负责。该委员会将审查参与者的个人发展计划，并对其进行定期检查，还会审查后续的360度评审和其他调查，以衡量学习和培训的效果。第二个是"项目委员会"，确定突破性项目的初步设计，定期进行进度评估，提供信息和指导，并进行最终评估。第三个是"项目理事会"，它将根据目标、预算和里程碑事件来评估计划的总体进展，比如通过定期指导委员会会议的方式。他们一致认为，不同理事会的成员可能会有重合，重要的是成员们在执行不同任务时所戴的"帽子"，清楚地区分参与者的学习效果和项目的成功，从而权衡利弊并确保这两个目标都得到充分的关注。

创建商业案例

在完成飞跃计划并开发出所需的内容之后，团队对第一年要启动的其他三个项目进行了类似的练习，包括顶级领导团队的历程、360度评审的设计和实施以及"价值观日"的开幕式。他们还为新经典设计了将转变嵌入系统的方法，该系统包括三个主要内容：

- 制订转变的详细过程和沟通计划。
- 制订一份清单，列出变革领导者可以采取的代表性行动和可以迅速取得的胜利，以此来表明变革是真实的。
- 定义需要在人才管理系统、组织结构、授权矩阵和关键过程中发生的变化，以实现新的领导力行为。

然后，他们继续创建商业案例，其中包括四个要素。第一是目标影响。他们重申了目标，即通过第一四分位的领导力提升结果实现组织健康达到第一四分位的目标，并且根据参与者的反馈、360度评审改进和突破性项目的商业结果，对他们期望实现的目标进行预估。他们发现领导力巅峰计划中的项目可以通过突破性项目产生的额外影响抵消其支出。

第二是实施时间表。他们将其划分为三个阶段，包括第1年的启动期、第2~3年的规模扩大期，然后在稳定状态下继续发展该计划。

第三是预算。团队在寻找降低成本而又不影响质量的方法，例如通过组织内部辅导，为面向总经理和经理的顶级人才项目培养内部的教员（他们决定在顶级人才培养项目中继续使用外部教员来培养顶级领导团队和副总裁/董事），并充分利用校友资源，请校友担任选定模块的未来教员。

第四是团队列出的组织对设计、启动、扩展和维护项目的需求。梅根坚持认为，领导力课程需要一个有能力的人来领导。她觉得新经典内部不具备这样的能力，因此她在实施计划的第一年打算聘请一位新的首席学习官和一个两人的小团队。

组织不变，但人会变

梅根讲完后，卡罗琳和汉斯单独坐了下来，汉斯开始指导顶级领导团队。汉斯已经知道了整体计划的基本原理、内容、范围、进度和持续时间，所以他对计划的意图和效果特别感兴趣。

汉斯非常赞同，他喜欢他们在新经典的优势基础上采取的全人方法，而且他觉得这个计划很全面。

卡罗琳解释说，梅根、格雷戈和顶级领导团队负责运营计划中的项目，但是由于他们采取的是开放的方式，因此部分参与者也在不断为项目提供建议并产生影响。汉斯很高兴，他认为新经典所需要的是一种民主而不是独裁的领导风格，他建议卡罗琳考虑其他几个方向的发展。沟通至关重要，尤其是广泛交流并倾听建议。如果有人想和首席执行官说话，并且谈话的内容只有首席执行官能听，那这就是工作的一部分，就像首席执行官出现在员工面前讲话是他工作的一部分一样。榜样示范、代表性行动、讲故事和庆祝活动都非常重要。

汉斯也与卡罗琳讨论了他们如何利用领导力巅峰计划让新经典真正腾飞起来。他们应该再往前想一想，考虑一下如何将领导力巅峰计划与更广泛的人力资源系统整合起来，以便使招聘、绩效管理、晋升、继任和薪酬变得一致、透明和公正。这将是一个巨大的挑战，但未来无须等待，组织需要以正确的节奏适应环境并做出改变。

汉斯询问了卡罗琳自己参与这个计划的情况。"你知道，"卡罗琳回答说，"过去几个星期我一直在反思。我意识到我仍然在事无巨细地管理人员以及领导任务，我知道做一个控制欲很强的老板是有问题的，但我不能放手，我不愿冒结果不好的风险。"

汉斯敦促卡罗琳现在就解决这个问题："以强烈的结果导向来运营，并让团队保持在正轨上是非常'第二四分位'的行为。要发展第一四分位的领导力，你需要保持这些重要的行为，不过要用更鼓舞人心的领导力来补充这些行为，帮助其他人充分发挥他们的潜力。"

卡罗琳承认："我想这么做，理智上我知道这么做是对的，但情感上我暂时还做不到。我想通过价值观和愿景来领导公司，我真的想把新经典提升到领导力最强和组织健康第一四分位的等级。"

"除了其他的，"汉斯说，"这还需要你做出全新的努力。"他们讨论了卡罗琳的目标并达成共识，即汉斯将与她合作一起来做这个特殊的个人转变项目。

谈话结束后，卡罗琳注意到一封梅根发来的邮件，里面有一份报告。她的第一冲动是再次检查梅根的工作，但她停了下来。她要信任梅根，激发出她的潜能，而通过微观层面的管理她做不到这一点。

小结

在历程的这个阶段，组织应该设计出整体的蓝图（图10.3）；以小组的形式制定领导力发展干预计划的内容；定义目标参与者和向队列推广的时间；明确系统整合的元素（变革的来龙去脉、象征性的行动，以及强化机制）并签署商业案例（包括目标影响力、工作计划、预算，以及执行计划对组织的要求）。

评估 自己与目标之间的差距	设计和推广 从A到B你需要做什么？	实施 你应该怎样采取行动？	果效 如何保持继续前行？
☑ 领导力模型与战略紧密相关，并与高管团队的目标一致	☑ 设计团体的领导力发展之旅，包括发展的所有内容		
☑ 领导力发展干预计划将带来3~5个关键转变（行为转变、技能转变、心态转变等）	☑ 定义目标参与者（什么人、多少人、什么时候），并选择好第一队列		
☑ 在组织的每个层级都有可以量化的领导力缺口	☑ 设计强化机制（变革的故事、象征性行为、系统变革）		
☑ 评估当前的领导力发展干预计划和系统嵌入机制的质量	☑ 签署商业案例（包括目标影响力、工作计划、预算，以及实施计划对组织的要求）		

图10.3

这个组织发展的历程的下一个阶段会启动各个阶段的所有项目，以达到稳定的状态，会落实系统嵌入机制，并在多个层面实现这些项目的管理与衡量。

第11章

交付领导力巅峰计划

安德鲁·圣乔治（Andrew St George）

克劳迪奥·费泽（Claudio Feser）

迈克尔·伦尼（Michael Rennie）

尼古莱·陈·尼尔森（Nicolai Chen Nielsen）

顶级领导团队的历程_256

移动他们的"冰山"_257

汤姆的飞跃_259

更广泛的组织_267

幕后_268

新经典目前正开始着手一个关于发展领导力的研究计划，董事会已经明确了这个计划的重要意义，并由卡罗琳女士负责让这个计划达到预期效果。卡罗琳、梅根和新经典的顶级领导团队现在必须作为第一个计划的支持者争取让公司的大多数员工对他们保持支持态度。计划以"提升"（针对顶级领导团队）、"飞跃"（面向副总经理/高级董事人才）、360度评审、"价值观日"作为开始。该计划的复杂性在接下来的第二年和第三年将持续增加。

卡罗琳明白顶级领导团队必须在接受这个计划时保持高度热情且团结一致，但同时她也明白她必须为可能出现的异议腾出足够多的空间，以保证团队中出现不同的想法时，她能小心谨慎地倾听并理解各种价值观之间的冲突。卡罗琳希望变化首先从高层开始。在飞跃计划的背景下，顶级领导团队的高管们要在日常生活中成为理想领导行为的榜样。

卡罗琳鼓励这些高管担任计划的项目支持者、导师或教练，她将梅根和格雷戈已经知道的事情告诉韦恩、彼得、费尔南多、布鲁斯和爱丽丝，她想让所有顶级领导团队的成员都经历个人领导力发展之旅，让他们每个人的领导力都能增强。

梅根让卡罗琳为汉斯安排了顶级领导团队的培训课程。梅根看到卡罗琳、公司上层管理人员以及整个新经典都有无与伦比的潜力。在计划开始之前，梅根曾找时间和韦恩、彼得、爱丽丝、布鲁斯，以及费尔南多坐下来详谈过，而费尔南多那时候已经和卡罗琳还有梅根合作过了。

卡罗琳知道无论是谁都有优点，同时任何人都有某些方面的缺点阻碍其在领导这一领域发挥自己的优势。布鲁斯比起团队中的其他人更加年轻，并且他要以卡罗琳继任者的身份和其他成员在一起，试着将自己的视野和思维提升到全公司的战略层面。卡罗琳同样把布鲁斯当作潜在领导者继续培养他，她希望能尽自己所能不断帮助布鲁斯进步与发展。

爱丽丝在顶级领导团队会议上显得太过安静，以至于无法发挥自己的价值。她很喜欢卡罗琳所做的工作，但是她很奇怪为什么卡罗琳的新战略主管没有坚持自己的主张。如果爱丽丝只是一个幕后的战略家和公众场合唯唯诺诺的女人，那么她就无法发挥她资历上显示出来的能力，而这也是卡罗琳所担心的。

彼得对待这个计划相当谨慎，不仅仅是因为这个计划正在消耗公司预算，更重要的是他自己即将退休。他认为自己没有自我提升的必要了，但是他也没有开始做继任者相关的计划。卡罗琳明白彼得在没有明显推动力的情况下可能不会考虑继任者的问题，并且她不确定汉斯是否能在重新提起继任的话题时起到帮助作用，比如说让彼得留下一些"遗产"。

韦恩可能是最让人担心的那个。他对自己要求很高，并且大部分时间他都在飞机上到处奔波。卡罗琳明白这样的状态不可能一直持续下去，她相信韦恩同样清楚这一点，但或许是对失败的恐惧让韦恩相信必须如此努力才能获得成功。在他还不明白适当放权给其他人或许可以提升整个部门的绩效之前，他或许不会停下自己的脚步。卡罗琳做了笔记密切跟踪韦恩的发展，并且尽己所能帮助他。

费尔南多是最聪明、优秀的那个，他以前的成绩说明了一切，他对自己的能力相当有信心，因此，他一直不信顶级领导团队的同事能教他些什么。虽然他的确有非凡的才华，但是他不接受新事物这一点拖了他的后腿。卡罗琳希望费尔南多接受建议，尝试着接受更多新事物，她相信这样可以把他的创造力和设计能力提升到一个新的高度。

顶级领导团队的历程

卡罗琳和梅根借助顶级领导团队的研讨会启动了领导力巅峰计划，想让成员们一起确定他们的抱负，并决定如何让他们的高管团队实现转型。为了准备研讨会，格雷戈对每位高管进行了一对一的采访，以便更深入地了解顶级领导团队的动态。他还做了一个有关高管团队效率（Top Team Effectiveness，TTE）的调查，以建立基线。

在汉斯的指导下，卡罗琳意识到不能给顶级领导团队强加程序，应该和他们一起建立一个程序。以前，她会和汉斯一起开发一个程序，列出一些顶级领导团队领导下的研讨会，然后自上而下地向他们展示。然而，汉斯明确表示，让顶级领导团队共同参与创造是促使他们完全接受领导力巅峰计划的关键。出于好奇，卡罗琳想看看他们的解决方案是否比她的更好。

格雷戈启动了对顶级领导团队的培训："领导力巅峰计划涉及每个组织的个人领导力和个人发展。想要影响整个公司，真正重要的是专注于在一定规模上执行合适的行为。用个人发展计划和辅导来补充完善它也很重要，但是这还不够，我们还需要提升团队效率。团队是提高领导力效能的一个关键且经常被忽视的因素。高管团队很少发挥应有的作用，但高管团队在发展组织和个人领导力的有效性方面对新经典的整体领导力至关重要。"

顶级领导团队讨论了格雷戈收集到的（匿名的）单向反馈，还审查了高管团队效率调查的结果。虽然团队只关注前三个方面（图11.1），但调查着眼于四个方面：一致性、执行力、革新力和组合方式。

然后，格雷戈开始使用他最喜欢的一句话："建立一个高管团队，需要的不仅仅是一个研讨会。我们已经从高管团队效率调查中搜集了数据，今天我们将开始讨论结果。下一步我们将针对这些结果采取一些措施，这样我们最终能就提高效率的策略方针达成一致。"

在研讨会结束时，高管团队的成员都同意在每周的顶级领导团队会议上讨论领导力巅峰计划，并在每年腾出两个月与格雷戈举行一次后续研讨会。格雷戈的工作是在工作之外创造一个安全的环境，并以团队为基础为他们安排接下来的领导力提升之旅。他会引导他们分享反馈，帮助彼此成长。他们计划在6个月内对高管团队效率进行随访调查。

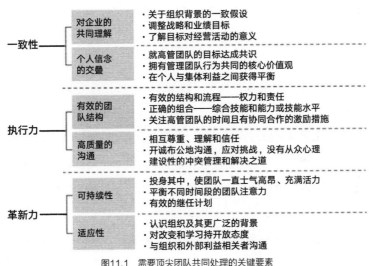

图11.1　需要顶尖团队共同处理的关键要素

移动他们的"冰山"

由于高管团队的高效率培训，高管团队成员也开始了个人发展计划。他们同意与汉斯进行几次一对一的培训，为期6个月，以发现他们的"冰山"，即他们的行为、潜在的心态和对世界深层假设等方面的障碍，并解决阻碍他们前进的核心问题。对一些人来说，这种改变是痛苦的；对另一些人来说，这是快乐的。无论如何，对所有人而言，这都是一个挑战。随着时间的推移，高管团队领导成员发现他们的个人发展之旅。

在成为首席运营官之后，布鲁斯对新经典的发展有了更广阔的认识，并发展了一种风格独特的领导力。在与卡罗琳和汉斯的合作中，他认识到了全面发展对领导者的重要性。更广阔的视野提高了他的效率，这不仅在监督商店和工厂的运营方面见效了，而且在整个公司范围内都起到了作用。

爱丽丝找到了成为新经典领袖的立足点。她对公司的了解加深了，自己也结交了更多的朋友，开始享受居住在上海的乐趣。最后，为了让自己的生活更像在家里，她租了一套可以看到浦东景色的公寓。随着她的自信心不断增强，她成了战略性思维的有力倡导者。当她坚持认为领导力巅峰计划需要一个更强大的指导团队时，顶级领导团队表示同意。她的坦率也使她和卡罗琳的关系更加亲密，令计划的推进更有成效，而且爱丽丝的不断努力使顶级领导团队更像是整体计划的推动者。

韦恩成了区域经理们更好的领导者和导师，他更尊重区域经理们，并给予他们更多的权力，培养他们而不是恐吓他们。在一年的时间里，他发现自己可以让公司的销售额保持一个很高的值，这要归功于他手下经理们的努力，尽管他每月只出差两周进行视察，而不是每周都出差。他也从国内的转变中受益，在那里他感到一切发展更贴近当下，更满足。

彼得挑选了四位四五十岁且有前途的高级财务经理，并开始亲自指导他们。除了常驻上海的亚洲地区的财务经理哈里什·麦甘农

（Harish Megannon），彼得让其他的高级财务经理在总部轮番任职。很快，他就信任了来自新经典大陆金融办公室的副总裁们。随着他与这些伙伴建立起更温暖的关系，他开放的态度让他与其他同事之间的友谊升温。彼得仍然在意自己的年龄，但现在他很少被年龄困扰了。67岁的生日来了又去，他仍然没有考虑退休的问题，但是他承认他希望有一天能"慢下来"。

在汉斯的指导下，费尔南多试图利用自己的技能团结公司的不同部门，打破"竖井"（silos）思维。在他的领导下，时尚达人和新经典的设计师被聚集在一起，并创建了强大、统一的团队精神。此外，多年来费尔南多第一次愿意承认他一个人的力量是有限的。他变了，变得更乐于为新设计收集不同的意见，这使得新设计的受欢迎程度飙升。

卡罗琳给了梅根更多的自主权，梅根欣然接受了。她的沮丧情绪逐渐减轻了，汉斯也帮助她缓解了因额外的领导职责带来的压力。当她成为首席人力资源官时，她开始指导团队中的顶级人才，帮助他们提高领导力。当她发现新经典的任务完成得越来越令人满意的时候，梅根也开始通过领导力巅峰计划帮助全公司具有高潜力的女性实现职业发展。

汤姆的飞跃

飞跃计划的第一批参与者是根据现有的绩效管理系统选出来的，因为360度评审还没有进行一个完整的周期。其中一个名叫汤姆·张（Tom Zhang）的人从来都没有参加过领导力发展类的计划，但他想参加。他不知道自己能否在新经典公司得到这样的培训，因此还考虑过去找其他有更好领导力发展前景的公司。当他看到关于飞跃计划的海报时，他不再犹豫，并参加了一个知识性的讲座。演讲表明他在新经典未来的进步取决于他能否成为一个更好的领导者。当他的上司哈里什·麦甘农告诉他，他已被选中，成为参加该计划的第一批学员时，他高兴地接受了。他通过阅读管理类的文献了解到，领导力是至关重要的，并且是可以学习的。在他看来，他正在成为新经典的一个更好的领导者。

制订自己的个人发展计划

在培训开始前三周，汤姆收到了一份针对新经典领导力模型行为的360度深度调查。汤姆把调查表发给了他的上司、主管、同事和团队成员，他自己也填了，这是他第一次做360度评审。活动开始后，参加者有半天的时间见面，并共进午餐。一周后，飞跃计划的参与者开始了他们的全部课程，并会见了他们的领导力教练。

汤姆被分配给了伊芙·布拉德（Eve Bullard），一位来自肯尼亚，在上海已经待了8年且经验丰富的教练。汤姆和伊芙一起完成了他的个人发展计划，伊芙说这个计划将指导汤姆接下来的个人发展历程。

根据360度评审，该计划与他的抱负、优势、劣势和发展领域都有相关性。360度评审并没有直接评测出他的个人目标，这是他与伊芙讨论计划时发现的。

他们一起确定了汤姆在接下来的4个月里要做的"一件大事"。当伊芙将辅导课程与新经典的领导力模型联系起来时，汤姆看到了所有人的努力是如何被整合在一起的。

飞跃计划是为群体和个人量身定制的，正如伊芙所解释的那样，该计划是一个目标明确的、长期的、连贯且完整的计划。它满足了组织的领导需求，也满足了汤姆的个人需求（通过在计划开始、中期和结束时进行一对一的指导来提升他的能力）。汤姆想探索如何变得更快乐、更自信，以及如何在工作中更投入，而不是只为了看得见的数字而活。彼得、哈里什和伊芙都在向他强调这种平衡的重要性。

在培训期间，除了既定的课程，汤姆还利用他的个人发展计划进行自我发展。他带着些许沉默向财务团队讲述了自己的个人发展愿望，但还需要征求他们的反馈，这让汤姆和他的直接下属都感到很不舒服——其实第一次会议几乎是一场灾难。

在咨询了伊芙之后，汤姆变得更加谨慎了，他努力创造一个无风险的环境，让员工可以自由地表达想法。汤姆记录了自己的进展，并在每次与伊芙会面以后更新他的个人发展计划，伊芙帮他在追求个人领导力提高的过程中选择了新的重点领域。

参加研讨会

该计划包括四个主要研讨会，为期10天。每次研讨会都是在新经典办公室以外的地方举行的，以便与会者有机会专注于学习并更深入地思考。第一个研讨会的主题是"领导自己"，持续了3天。

当首席执行官卡罗琳·伦道夫走上台介绍第一个模块时，汤姆和他的同事们被吸引了，这个模块关于如何在新的领导力模型下更好地生活。当听到卡罗琳如此热情地讲述她对新经典未来领导者的信心时，他们感到无比有力量，因为卡罗琳说的未来领导者也包括他们。

汤姆觉得接下来的3天很有趣，很吸引人。研讨会课程从一个阐述个人意义的模块开始，接着讨论了处理突发因素和管理个人精力的策略。汤姆和伊芙一起研究如何实现下一个模块：建立一个支撑网络。最后，研讨会推动学员在工作和家庭中也要寻求深度参与。该计划始终聚焦于如何体现新经典的领导力模型。

这次研讨会和汤姆以前经历过的都不一样，没有课堂演示，也没有正式的讲座，悠闲的氛围给了参与者思考自己真实身份的空间，这开启了汤姆的个人转变过程。

其余的研讨会延续了第一个研讨会的思路，每个人都关注价值观，每个研讨会都给参与者提供了反思的空间和实用的技巧。每个人都帮助其他参与者制订"行动计划"，让他们成为更全面的领导者。会议的主持人来自公司及其咨询平台，经验都极其丰富，新经典还为特定模块的培训引入了主题专家。令汤姆吃惊的是，在每个研讨会上，至少有一名顶级领导团队成员推动了一两个模块，显示了企业核心高管对该计划的承诺。就汤姆个人而言，他特别喜欢彼得·科迪的演讲。

在"领导他人"的研讨会上，汤姆学到了一些实用的人际交往技巧，比如如何以一种基于力量的方式指导他人，以及如何创建并领导高效的团队。后来汤姆和伊芙一同担任教练，他很钦佩伊芙总有让人心悦诚服地扮演任何角色，还能引导他人给出正确回应的能力。他与伊芙一起练习并接触到了飞跃计划的核心要素，即一致性、执行力和革新力，以及协助鼓励参与者和他们的工作团队一起使用他们的新技巧。

在第三个研讨会"领导业务"（Lead Business）举办期间，培训重点转移到更多的技术技能上，与新经典的核心战略主题（以客户为中心，以创新为中心，并快速走向市场）相关。

在跨职能的环境中讨论这些主题可以达到很好的效果，许多参与者在飞跃计划之前彼此并不认识，只不过他们都担任高级职务。汤姆就在参加研讨会时交到了朋友。

这次研讨会标志着新经典第一次在关键的商业议题上采取真正的跨职能方法解决问题，因此，公司找到了更好的方法来服务客户并实现其商业目标。例如，在创新模块中，汤姆的团队设计了一种新的流程，通过合并与激活新闻简讯、网站、结账台的客户数据，从根本上更好地贯彻商店"以客户为中心"的宗旨。

最后一个研讨会"领导变革"，把所有的重点都聚到了一起。在审查了新经典的整体组织健康指数的结果后，参与者的关注点聚焦到了他们各自所属组织的具体成果上，希望从中获得提高工作的关联性和可操作性的灵感。每个人都花时间反思自己作为变革领导者的角色，并学习如何使工作变得更有效率。在此之后，汤姆觉得他有信心带领他的组织获得更好的绩效和更高的组织健康指数，他打算从个人掌控和自我觉察出发开展工作，同时利用新经典的价值观激发别人的潜能。

现场工作及突破性项目

在研讨会开展期间，汤姆进行了两种类型的实地调查。在第一种实地调查中，他负责将新技能应用到工作中，并实践他想要改变的"一件大事"。经过360度评审、自我反省，以及与伊芙的讨论，他的目标变为成为一名更好的倾听者。在与伊芙的合作中，他发现了使他成为一个糟糕的倾听者的潜在观念——他认为他的上司麦甘农先生希望他尽快完成所有的事情，这使他相信许多任务比实际情况更紧迫。因此，汤姆会打断别人的谈话，或者在没有和员工交流的情况下匆忙地谈论新的话题。为了完成他的"一件大事",汤姆要求他的团队成员告诉他——事情没有风险,如果他没有时间跟进整个过程。他用日记记录下各种方法的效果并与伊芙讨论;他手机上的一个应用程序定期发送触发器,提醒他自己的个人发展计划目标是什么。

汤姆的第二种实地调查涉及跨职能小组的突破性项目。第一批参与者在日常工作之外实行了四种突破性项目。他们在战略问题上的工作有双重目的:让参与者在小组中工作并练习他们新的领导力技能;以切实的结果推动新经典公司的商业议程。

汤姆的突破性项目专注于改善客户体验。考虑到项目业务涉及广泛,飞跃团队(参与飞跃计划的团队)专注于呼叫中心的运营工作。他们绘制客户接触点,设计并推广了改进的计划,包括给呼叫中心的员工提供培训。在项目的中途和结尾,他们对成果进行了测验,并向项目委员会提交了数据和分析。

结果很明显: 与非试点地区相比,在将首次通话的分辨率从60%提高到了80%的试点地区,团队解决问题的时间减少了30%,缺勤率减少了50%,这可能得益于培训增加以及更有效的工作流程。此外,该团队还与呼叫中心的员工一起解决了许多团队互动上的问题,包括如何指导、解决冲突,以及领导同龄人。

在项目结束时,项目委员会批准了项目资金,包括雇用全职的"客户体验"团队,为每家商店提供新技术,并为所有一线同事进行客户体验培训。该团队估计,客户满意度的提高已经让5个试点店的销售额增长了2%,这意味着截至目前,新经典作为一个整体,其营收可能已经在超过60亿美元的基础上又增加了高达1亿美元。执行团队显然对这个项目成果感到非常兴奋。

第一批飞跃团队参与的还有三个突破性项目。第一个项目的重点是通过新的产品设计来理解和接触千禧一代。在过去几年中，新经典在服务年轻一代方面面临挑战。飞跃团队认为，通过深入采访和成立核心小组的方式对千禧一代进行研究，并提供来自时尚达人系列的令人兴奋的产品，他们已经"解决"了很大一部分问题。该团队发现了市场的一些趋势和"空白区域"，新经典在这些"空白区域"可以占领更多的市场份额，吸引千禧一代更多的购买力。团队估计，每赢得千禧一代5%的市场（在适当的区域），新经典就会增加1.5%的收入。这显然是一个非常有吸引力的机会，团队会继续跟进这个项目并在接下来的3个月完成启动工作。

通过过程卓越项目（process excellence project），飞跃团队已经确定了对新经典真正重要的五个关键流程，详细地介绍了每个过程，确定了症结所在，设计了改进方法，并在三个不同的地方进行了试验。结果非常令人鼓舞，所有部门的效率都有两位数的提高。团队内部遇到了一些针对变革的阻力，卡罗琳或布鲁斯不得不几次介入，但团队成员相信，未来的结果会不言自明。项目委员会同意在现有"运营改善"（Operations Improvement）小组成员的领导下，新经典将于未来6个月，在内部推行改善措施。小组评估，改善措施的主要好处是可以释放新经典30名全职同事资源，让他们可以被部署到其他地方。此外，他们还期望生产过程的整体质量能有所提高。

最后，南美市场准入团队在其商业案例中面临更多的挑战。南美市场的竞争非常激烈，这里有许多占主导地位的本地企业，新经典想要成功进入市场，就需要大量的营销预算。此外，新经典内部缺乏与南美市场有关的专业知识，进入市场似乎是有风险的。执行团队决定搁置这个项目，并在12个月后重启它，这段时间可以让时尚达人系列在南美市场获得一些认可。

计划的其他要素

汤姆非常喜欢伊芙的培训课程，这是他第一次接受正规的高管培训。伊芙帮了他很多，与导师兼上司哈里什的相处也让汤姆受益匪浅。尽管彼得·科迪仍然非常矫健活跃，他却已经继承了彼得的"遗产"。哈里什有智慧且目光长远，他的这种个人关注对汤姆来说是一种启示。哈里什还帮助汤姆的突破性项目团队在组织中导航，并在有需要时向其他资深同事敞开大门。有些团队还决定组织定期的"同伴互助"，让参与者定期见面，讨论他们的个人发展计划。汤姆还询问过哈里什，他是否也可以每年和伊芙通几次电话或通过Skype网络电话进行课程辅导跟进。

此外，参与者还可以参加各种主题的实时在线研讨会以及关于最新趋势的数字（如分析、数字化、自动化和虚拟现实）课程。这些课程支持移动授课且模块分化细小，这让参与者非常高兴。虽然有些课程是必修课，有些是选修课，但汤姆绝大部分都完成了。

汤姆被飞跃计划偶尔举办的"鼓舞人心的活动"所感动，例如参观一所一流的领导力学院。在学院里，参与者看到了一个成熟的学习型组织是如何运行的，新经典还请来了一位著名的领导力大师在这个重要的商业研讨会上做演讲。

在上一届研讨会结束几周后，卡罗琳·伦道夫再次出现在了第一届学员的结业典礼上，目的是巩固学员学习成果，庆祝他们的这段发展之旅圆满结束。回想起经历过的辅导、团队有效性工作、监管，以及吸收的新经典的重要价值观，汤姆非常感激。他知道，在成为他梦想的领导者这一点上，他已经取得了巨大的进步。当结业典礼结束的时候，哈里什把他拉到一边。"你进步很大，汤姆。"他的导师说，

"我为你感到骄傲，如果你能像彼得和我想象中那样，把你所学到的东西付诸实践，到年底你就会成为我负责的亚洲金融的副总裁助理。你觉得怎么样？"

更广泛的组织

在接下来的几个月里，领导力巅峰计划在新经典中越来越知名，越来越受重视。然而，卡罗琳也听到了一些质疑的声音，这些声音担心她可能无法带领整个公司的3万名员工跟她一起踏上征程。但是，她产生了一个很棒的想法。

领导力巅峰计划最初打算设立一个全公司范围的"价值观日"，卡罗琳就如何充分利用它想了很多。比如，让它"戏剧化"一点，以吸引更多的注意。她想在这天庆祝领导力巅峰计划，并激励大家去思考在工作中如何融入新经典的价值观。

梅根一直都很欣赏那些有强烈价值观的组织，而且这些组织经常庆祝这些价值观。她希望"价值观日"也能做到这一点。在50个国家里，新经典在网上举行地区性集会，庆祝它的价值观。梅根要求每个事业部在当天实施一个价值观项目。

领导力巅峰计划以绩效管理的形式进一步将领导力模型融合到了新经典的结构中——评估领导力模型的实施情况。领导力巅峰计划培训了评价员，并推出了新的绩效管理计划，对公司里的每个人——除了那些在商店、仓库和工厂的单独项目里工作的人——都进行了初步的360度评审。一年后，第二次360度评审启动，以评估他们学习新领导力模型的情况以及对反馈做出的回应效果。

此外，布鲁斯还领导开发了一个新经典应用程序，这是个一站式商店，提供与组织有关的所有东西。这个应用程序的功能最开始是简单的交流更新，后来拥有了包括研讨会讨论、现场投票和比赛等功能。布鲁斯还与梅根合作创建或策划与新领导力行为相关的学习模块，所有员工都可以使用这些模块。

幕后

卡罗琳暗自为她和梅根的领导力巅峰团队所取得的成就感到骄傲，她开始注意到公司员工思维方式和视角的转变，这反过来又在工作中引导了不同的行为。在项目头9个月快结束时，也就是第一次结业典礼之后，她拜访了梅根和领导力巅峰团队，她很想知道梅根的进展如何。在整个计划实施过程中，梅根跟踪关键绩效指标、参与者反馈等，她与参与者及其管理者谈了他们在参与者身上看到的差异。

卡罗琳注意到工作人员的语言变了，现在她听说了有关榜样示范和代表性的行为，也听到了与讲故事和剧院有关的东西。绩效优势从财务上表明，一个更快乐的新经典（根据它的组织健康指数）也是一个盈利更多的新经典。

在领导力巅峰团队的会议结束时，卡罗琳请梅根留下来喝咖啡，她们反思了自领导力巅峰计划决定实施领导力发展项目以来公司发生的变化。现在，整个公司都共用同一种价值观和领导语言，这些能从关于领导变革的持续沟通中看出来。从会议室到仓库，从设计工作室到工厂车间，鲜艳的海报贴满了公司的各个角落，用新的表达方式传播着新的词汇。

在走进公司大楼的庭院时，梅根和卡罗琳无意中听到一群员工（现在她们也称那些员工为"同事"或"合作伙伴"）在学习区附近的走廊里交谈。"我们真的能感受到变化，我也很高兴能受到这样的影响。"梅根笑了。计划成功发起，为"价值观日"举办仪式，新人力资源系统正投入使用，一切都很好。但卡罗琳也知道，进度和节奏至关重要。她和梅根需要迅速接触到组织的其他部门，以提升领导力和绩效，并永远改变公司。作为接触所有顶级人才的初步努力的一部分，她们计划在接下来的一年推出面向总经理和管理人员的课程，并培训出近40组学员。

小结

在这个阶段，组织应该在所有的队列中实施适合的领导力发展干预计划，在更大的组织范围内嵌入所需的改变，并在不同级别的组织中实现对影响跟踪的管控（图11.2）。

评估 自己与目标之间的差距	设计和推广 从A到B你需要做什么？	实施 你应该怎样采取行动？	果效 如何保持继续前行？
☑ 领导力模型与战略紧密相关，并与高管团队的目标一致	☑ 设计团体的领导力发展之旅，包括发展的所有内容	☑ 利用现代成人学习的理念（实地考察、参加研讨会、接受培训），在所有的组别中实施计划	
☑ 领导力发展干预计划将带来3~5个关键转变（行为转变、技能转变、心态转变等）	☑ 定义目标参与者（什么、多少人、什么时候），并选择好第一队列	☑ 实施系统嵌入（沟通、榜样示范、强化机制，包括将领导力模型嵌入所有人才培养过程）	
☑ 在组织的每个层级都有可以量化的领导力缺口	☑ 设计强化机制（变革的故事、象征性行为、系统变革）	☑ 在多个层面管理和衡量该计划	
☑ 评估当前的领导力发展干预计划和系统嵌入机制的质量	☑ 签署商业案例（包括目标影响力、工作计划、预算，以及实施计划对组织的要求）		

图11.2

组织发展的历程的下一阶段是制订计划，包括监测持续的影响力和强化稳定状态下关键行为的转变，为结业的学员制订明确的计划（每年更新，处理自留责任保险单等事宜），并定期重新评估特定情境下组织的领导力要求。

第12章

果效

安德鲁·圣乔治（Andrew St George）

克劳迪奥·费泽（Claudio Feser）

迈克尔·伦尼（Michael Rennie）

尼古莱·陈·尼尔森（Nicolai Chen Nielsen）

公司员工大会：第二部分_272

获得股份_272

卡罗琳的反思_275

勇往直前_276

睡前故事_277

公司员工大会：第二部分

自领导力巅峰计划推出已经过去3年了，现在，所有程序都已启动并运行，一个紧密结合的校友社群被建立起来，新的360度评审机制和绩效管理系统也已推出。此外，"价值观日"正迅速成为新经典文化的一部分。

卡罗琳曾打算在欧洲办公室的公司员工大会上致辞，她要走上舞台，欢迎大家的到来。在介绍领导力巅峰计划之前，她本打算亲自讲述很多东西，但是现在情况有所不同了。现在她打算在同事中"挖掘最好的人才"，并呼吁每个成员与她共同出席会议，让他们在公司员工大会上分享他们所在地区的情况，这样有助于塑造她想要展示的计划的形象，即一个被充分调动的团队在参与一次有意义的行动。

新的公司员工大会（现在每季度一次）是顶级领导团队交流计划的一部分。每一次的会议都会被拍摄下来并在企业内部网上发布，因此所有同事都可以看到公司的最新消息。卡罗琳希望同事们可以在最新的公司员工大会上感觉到顶级领导团队比以往任何时候都更加团结。当然，他们说话更有默契了，他们之间的"化学反应"更强了。卡罗琳环顾四周，觉得这次的情况与她和梅根启动领导力发展历程时的情况大不相同了。

获得股份

公司员工大会结束后，梅根与卡罗琳坐在一起喝咖啡，讨论领导力巅峰计划的进度。在领导力巅峰计划推行之前，梅根讨厌与卡罗琳讨论问题，因为她们的讨论通常会以"盘问"的形式结束，卡罗琳更多地关注问题而不是全局。这令梅根感觉自己好像是在为卡罗琳执行任务一样。但是现在，梅根在卡罗琳的指导和支持下有了更大的自由来实现自己正在开展的计划的美好愿景。

梅根决定在这次讨论中邀请格雷戈加入，他们一起向卡罗琳简要介绍领导力巅峰计划的项目进展情况（项目进展目前处于稳定状态）。

梅根和格雷戈开始回顾每个队列的测验结果，格雷戈起草了调查结果单。卡罗琳听到格雷戈解释说："首先，参与者的反馈非常积极。就该计划的效益与耗时对比而言，参与者在满分为7分的情况下平均得分在6.4分以上；就整体有效性而言，参与者在满分为7分的情况下，平均得分在6.6分以上，并且净推荐值[①]为81分（满分是100分）。"格雷戈继续按项目和项目要素对分数进行了细分。

梅根补充了一些匿名反馈。

卡罗琳读到一位参与者的反馈："这个计划深深地改变了我的生活。它超越了我以前接触过的东西，它不仅专注于领导力这种硬技能，而且专注于个人方面，这使我学到了许多关于提升自我的新知识，它使我更加快乐，让我在工作中和家庭中都更有效率。"

第二位参与者道："该计划巩固了我对新经典未来会成功的信念，这也是我对公司如此满意的关键原因。"

第三位参与者道："这是我多年来参与的最好的计划，它给我的工作带来了与我的信仰体系相符合的意义，我可以在这里看到目标和方向。"

卡罗琳笑了。

梅根继续介绍了360度评审的分数："在过去3年中，公司的平均

① 净推荐值（Net Promoter Score，NPS），又称净促进者得分，亦可称口碑，是一种计量某个客户将会向其他人推荐某个企业或服务可能性的指数。

分数从3.8分上升到4.4分，增长了15.8%，这意味着，与计划刚开始的时候相比，公司的员工更充分地认识了新经典的领导力模型。"梅根报告说，她花了很多时间与员工交谈，并且绝大多数人都注意到得益于领导力模型，他们的行为明显有了积极的转变，他们认为自己的效率有所提高。这巨大的转变给卡罗琳留下了深刻的印象，但是她想知道这是否意味着新经典的高管在该计划实施之前不是优秀的领导者。无论如何，该计划和单独的360度评审都阐明了关于新经典的一个重要事实——很幸运，他们已经能够采取行动了。

最后，该计划产生了至关重要的业务影响。将业务结果归因于特定的领导力发展干预计划是很有挑战性的一件事。组织健康指数提供了一种间接执行此操作的方法。从总体和领导力方面来说，新经典都是在第二四分位时启动了该计划。公司每年都会对组织健康指数进行一次重新测评，测评结果在很大程度上都是乐观的。新经典的得分数每年平均提高4个百分点，一直从68分提高到了79分，并在第二年年末在领导力和整体成绩方面都跃进了第一四分位。这是一个很大的进步，但新经典仍有增长的空间。下一个愿望：在上述两个方面的排名都进入全球服饰行业前10。

就突破性项目而言，它们在过去3年中已经实现了具体的价值。超过2/3的项目已获得实施许可，而第一批项目现已圆满结束。梅根估计，到第3年，这些项目的确能偿还领导力巅峰计划的成本，这是整个计划原来定下的目标之一。

下一步，梅根决定测量除目前为止讨论的指标以外的其他指标，例如她想调查计划的结业生与同龄人相比的流失率，以及他们在新经典《最佳工作提供者》杂志排行榜中的年度排名。梅根梦想进入前10名。

"领导力巅峰计划的校友呢？"卡罗琳问，"我们如何与他们互动？"

梅根回应道："我已经与每个计划的参与者进行了个人职业讨论，以确保新经典能够充分利用这些人的才能并考虑到他们个人的抱负。此外，我们一致认为每年举行一次的'助推活动'取得了巨大的成功，校友们喜欢与他们的同伴一起度过一天，同时强化项目内容。我们还继续聘用该计划的校友（在各个级别），让他们担任组织中的变革推动者以及教职人员。"

卡罗琳的反思

讨论之后，卡罗琳分析了顶级领导团队里每个成员的发展历程。显然，尽管顶级领导团队的工作越来越高效了，但并不是每个人都是以相同的速度提升自己的。汉斯认为这完全是自然的，转变就是个人的改变，而不是组织的转变。正如卡罗琳从自己的经验中所知的，这是需要时间的。

随后，卡罗琳思考了自己的发展历程。她学会了少管理、多放权，并相信其他人也和她一样有共同的愿景。她在与汉斯合作的时候，系统地看清了自己信念的局限性，并开始改变这些信念。例如，她公开收集其他参与领导力巅峰计划的成员的反馈。她在向新经典的董事们汇报的时候也更有信心了，哪怕董事会不同意她的建议。现在，她把分歧和异议看作学习的机会，而不做假设，即假设自己或他人是对的或错的。

她仍然觉得新经典需要更多全公司范围的指导，持续将领导力巅峰计划与公司的战略目标联系起来是至关重要的。她想，制订计划时脑子里要想着公司的整体目标，这样计划更能促进绩效。这与汉斯的观点不谋而合。

个人的改变是核心，而改变会在整个公司范围内聚合。并不是每个人都发生了改变，但是测试结果显示许多人都发生了改变。那些止步不前，或根本没有意识到需要改变的人，如卡罗琳发现的那样，或许在通过发出多元的声音改善领导力巅峰计划，而这些声音以前在新经典没有出现过。"一切都归结于人，像我这样的人。"她想，"像我这样在一个组织里和他人合作，一起努力工作的人。"卡罗琳认真思考了组织方向和个人转变的正面张力。归根结底，这和人有关，和特定环境中影响人思维方式和行为的时刻有关。员工的行为方式总和决定了公司的领导效力及其整体绩效。她想："这只是看起来很简单。"

勇往直前

卡罗琳与汉斯的会面不那么频繁了，但她发现偶尔与汉斯交谈是非常有益的。因为领导力巅峰计划的项目状态稳定了，所以卡罗琳急着讨论下一步的工作，既是为了项目，也是为了自己。卡罗琳安排在星期五和汉斯会面并共进午餐。

汉斯对计划中一系列项目的推进方式印象深刻，但是卡罗琳有所担忧。

她说："我担心接下来会发生的事情。市场瞬息万变，我不知道我的同事们是否有能力应对这些变化……我不确定我自己是否也能。"

汉斯参与过很多的领导力发展干预计划，他知道3年只是一段长期历程的开始。"我们周围环境的复杂性不断加深，"汉斯说，"并且这种情况在未来还会继续。因此，组织必须不断发展。新经典不能停滞不前，领导力巅峰计划也不能停滞不前。"

他们讨论了领导力巅峰计划的下一个展望。虽然策略与领导力巅峰计划启动时基本相同，但汉斯强调说，巅峰计划还没有涵盖领导力模型中的所有行为。重要的是，组织每年都要对领导力巅峰计划的各种规划进行调整（包括顶级人才规划，面向全体员工的一日规划以及"价值日"规划），以确保解决所有自"始"至"终"的转变问题，并保证有效沟通和榜样示范。汉斯说："再过两三年，领导力巅峰计划将涉及新经典领导力模型中的15种行为，公司文化将真正发生改变。"卡罗琳点头表示认可。她知道成功的最终方法是组织文化的转变，即让领导力行为成为新经典基因的一部分。

他们还讨论了管理日益复杂且多变的运营环境所需的技能。卡罗琳渴望在计划中继续以领导力为核心，以建立适应性，同时增加与解决问题和设计思维相关的内容。汉斯表示同意，并建议卡罗琳考虑一下将"提高公司的数字商"作为一个跨领域的主题。

"领导力巅峰计划必须继续。"汉斯总结说，"能够将不断识别并成功发展所需能力的做法制度化的组织将成为学习型组织。新经典目前还没有到达这个阶段，不过它正在努力。"

睡前故事

在接下来的一个周末，卡罗琳对计划进行了反思。她认为计划是成功的，因为至少她自己经历了蜕变。不用说3年前了，想想她1年前的样子都叫人感到吃惊。她感觉自己现在是一个与以前不同的人了，现在她变得更加智慧且镇定了。

那个周末，卡罗琳为她的孙子读了一个睡前故事——《绿野仙踪》。她从小就喜欢这个故事，现在再一次读，她依然很享受其中的乐趣。故事中善良的女巫格林达（Glinda）说的一段话尤其打动她，使她更加理解了过去3年所做的努力（自己实施新战略，致力于领导力巅峰计划，并推进自己的领导力发展之旅）的意义："亲爱的，你一直都拥有力量，为了自己，你必须提升。"

小结

在计划发展历程的这个阶段，组织的领导力发展工作已经展开，并可能处于稳定状态（图12.1）。计划的影响会持续受到监控，鼓舞人心的行为转变将会继续传播到更广泛的组织中，成为组织文化的一部分。此外，校友不断参与其中，他们的职业发展也得到了精心管理。

不过，计划不会停滞不前，计划的各项目负责人必须定期对其进行重新评估，以确保在整个组织内实现执行组织策略所需的领导力和行为。如此一来，发展领导力的四个阶段（评估、设计和推广、实施、果效）变得迭代化，并不断发展以在变化的环境中保持关联性。

评估 自己与目标之间的差距	设计和推广 从A到B你需要做什么？	实施 你应该怎样采取行动？	果效 如何保持继续前行？
☑ 领导力模型与战略紧密相关，并与高管团队的目标一致	☑ 设计团体的领导力发展之旅，包括发展的所有内容	☑ 利用现代成人学习的理念（实地考察、参加研讨会、接受培训），在所有的组别中实施计划	☑ 监测持续的影响力，并强化关键转变
☑ 领导力发展干预计划将带来3~5个关键转变（行为转变、技能转变、心态转变等）	☑ 定义目标参与者（什么人、多少人、什么时候），并选择好第一队列	☑ 实施系统嵌入（沟通、榜样示范、强化机制，包括将领导力模型嵌入所有人才培养过程）	☑ 为结业的学员制订明确的计划（每年更新，处理自留责任保险单等事宜）
☑ 在组织的每个层级都有可以量化的领导力缺口	☑ 设计强化机制（变革的故事、象征性行为、系统变革）	☑ 在多个层面管理和衡量该计划	☑ 定期重新评估特定情境下组织的领导力要求并决定领导力发展下一步的重点领域
☑ 评估当前的领导力发展干预计划和系统嵌入机制的质量	☑ 签署商业案例（包括目标影响力、工作计划、预算，以及实施计划对组织的要求）		

图12.1

03 常见问题与解答

第13章

领导力发展常问常答

科尼利厄斯·章 (Cornelius Chang)

法里顿·多蒂瓦拉 (Faridun Dotiwala)

弗洛里安·波尔纳 (Florian Pollner)

问题1：在有限的预算下，我该如何优先安排领导力发展的项目呢？比如，是"广而浅"，还是"精而深"？

　　这个问题的简单回答就是两者都需要兼顾一点儿，而这取决于环境。但如果必须选择，我们倾向于自上而下的方式，即关注所说的关键影响人物，也就是"精而深"。这是因为领导力包括角色榜样，而关键影响人物基于自身的角色、可信赖的关系或性格，会对组织里其他人的行为产生异乎寻常的影响。关键影响人物会示范一些行为，而那正是他们想要鼓励其他人做出的行为，且那些行为还会传递、扩散下去。处于顶层的100个人（N、N-1、N-2和关键影响人物）最终会影响10万人。精挑细选型的领导力发展干预计划应该与量身打造的领导力模型相结合，且这种模型应涉及各个级别、系统嵌入和在职培养的文化，如此，即使所有员工并没有经历过正式的领导力发展干预计划，也会知道优秀的领导力是什么样的，并在见习期间就接受组织的工作模式。

　　当组织思考"广而浅"的领导力发展干预计划时，除了关键影响人物，还需要关注的是切实实施该策略的关键角色。当我们在思考是应该更广泛还是更深入时，除了关注关键影响人物，我们也应该关注事关战略决策的重要人物。举例来说，在快速消费品企业，对于以消费者为中心的策略来说，那些引领销售、客户服务和市场营销的关键角色可能就突出一些；而在专注于研究的医疗服务组织中，那些引领创新、研发和临床试验的关键角色或许更能崭露头角。

当有疑问的时候，请关注整个组织的层级制度和关键角色，同时带着明确的期待——这种角色榜样和影响会将领导力思维方式和领导力行为传遍整个组织。你应该能够回答以下三个问题：

谁是关键角色？ 所有的领导力发展干预计划都应该从战略协同一致开始。组织中有对战略的执行要素至关重要的某些受众或部门吗？某些部门中存在让CEO难以推进日常工作的断层吗？

前期做了什么？ 问问组织为了发展领导力之前都投入了什么，探讨在这些方面继续投入是否有意义。对现有或遗留的计划展开分析，决定是"启动""停止"还是"继续"，然后将这些与新的解决方案进行比较。

随着时间的推移，如何平衡计划的初始投资、保质期和有效期？ 关于"广度"与"深度"有另一种思维方式，即确定哪里存在有力的案例可以为大量重要的领导者提供可持续发展方案。情况可能是这样的：起初，领导力发展干预计划开启时会挑选几个领导者展开审慎的研究，但是在适当的时候这会发展成审慎业务更加广泛的公司。我们可以想象一个2×2的矩阵，一个轴线上展示的是"精细度"与"广度"的对比（selective vs. broad），而另一个轴线上呈现的是"浅度"与"深度"的对比（shallow vs. deep）。要充分地改变公司的环境与文化，需要大量关键的领导者在领导力方面达到深层次的水平。这意味着要向矩阵右上方的象限移动，且移动要具有足够的深度和广度。

问题2：在混合群组与实际团队中发展领导力的利弊是什么？

实际上，这取决于组织要实现的目标。有两点需要考虑：如果组织主要打算增强整个团队中的个人领导力和协作能力，那么团队的人员构成就没那么重要。但是，如果组织希望团队集体性地改变行为，尤其是这种行为改变必须依靠整个团队来完成，那么保持团队的完整性就比较重要了。

混合群组倾向于个人发展，为组员进行反思、同伴互助和分享创造了更安全的空间。此外，如果组员征聘得当、计划中的项目设计得当，就可以在整个组织中产生积极的影响，打破壁垒，促进跨实体的连接网络与合作；同组的成员也能够有机会和来自其他部门的同事见面，同时从他们的合作中有所收获。即便项目结束，这种"同组效应"也很可能会持续很长一段时间。转化为数字来看，一个由20名参与者组成的混合群组参与的项目，可以帮助加强380个个体的一对一联系；5个群组（前100名）总共可以产生1900次联系。如果一个组织能够同时加强前100名个体之间的联系（例如，通过一个"前100"活动），那么将能实现将近1万个独一无二的个人联系的加强。

单一团队群组更加侧重任务和团队，且能够演变为高水平团体（这一点类似于专业的运动队）。在这样的单一团队群组中，队员角色清晰，团队动力能够得到有效发掘，继而获得一定的发展（此处团队发展的意思较为宽泛）。[1]

在实践中我们发现，将基于个人与基于团队的两种领导力发展模式相结合，产生的效果是最好的。虽然我们经常针对混合群组设计相关项目，但是我们更倾向于向组织中前10~20名的团队提供精心设计的培训课程。

问题3：在领导力变化的过程中，应该如何面对那些没有意愿参与其中的群体？是不是有一部分人不可避免地会落在后面？

大部分组织都对员工进行了分级，我们可称之为雇用级别。以我们的经验来看，在组织发展或领导力发展中，雇员一般可以分为四类。[2]

积极努力的领导者大约占20%。他们有着较大的影响力和能量，对变革有极大的兴趣，致力于推动领导力发展干预计划的成功。

忠实的追随者大约占50%。虽然他们的影响力和能量较低，但他们对变革有着较高的兴趣，这些人完全理解计划的重要性，并会给予支持，只是囿于个人的能力无法助推计划。

被动的观望者大约占20%。他们不但影响力和能量较低，而且对变革没什么兴趣。他们意识不到计划的意义，封闭在过去的模式之中，对变革完全不上心。

激烈的对抗者和破坏者大约占10%。他们有着较高的影响力和能量，却对变革态度冷漠。这些人像是航船上的叛逆者，无论是出于历史原因、个人原因还是狭隘的专业能力，他们都积极反对计划的推进。

那么，这四类人群的关系该如何处理呢？关键是为每个群体量身定制方法。针对第一类群体，也就是积极的领导者，他们值得信任并且可以担任导师、资助人或是教练的角色，故他们可以在计划的特定项目中被委以重任，担任重要领导职务。事实上，他们越受重视，越会产生积极效果。

针对第二类群体，忠实的追随者，他们需要领会计划的目的，并且得到相应的引导和培训（在各自所处的部门里）。更理想的状态是，他们具备一定的能力可以协助第一类群体完成相关工作，这一群体的一部分人还有能力继续探索领导力发展。

针对第三类群体，被动的观望者，他们需要对计划有更多的了解，和他们沟通计划所达到的目标愿景以及过往的成功案例，让他们保持和变革中的团队的联系。

针对第四类群体，也就是对抗者，对他们应该速战速决，尽量将他们归化为拥护者。如果此路行不通，就要重新安排这些对抗者的工作岗位，努力将他们导致的负面影响降到最低，必要时可以辞退他们。报告显示，在企业变革中，领导可能会有的遗憾很多，排名第一的便是没有尽早移除这些对抗势力。但是，我们的研究发现，大约50%的对抗者能够被归化为支持者，而且由于他们具有强大的影响力，还可以成为强有力的正向推动变革的人。组织必须从一开始就认真关注这些潜在的摇摆人员，并在这些摇摆人员彻底转变后继续让他们成为思想领袖和变革推动者。

我们经常问首席执行官，在组织转型的过程中，他们认为有多少人会故步自封甚至抵抗变革，我们得到的数字是30%左右。但是我们的经验发现，如果转型计划运行得当，这个比率可以控制在5%到10%。

本质上，组织的某些部门通常会掉队。实际上，组织的文化底蕴越深厚，员工契合度就会越二元化。[3]领导力发展干预计划实施过程中的关键是，组织应划分出不同的组群，并针对每个组群量身定制干预措施。

问题4：只有大型的组织需要考虑发展领导力吗？中小型企业该如何面对？

领导力是一种存在于我们观察到的，具有大脑和某种形式的社会活动的物种中的共有现象，[4]例如蜜蜂群体中的蜂王就是18世纪社会互动模式的典范。从1930年前后的罗伯特·耶基斯到1970年前后的珍·古道尔（Jane Goodall），再到2000年后的罗宾·邓巴（Robin Dunbar），关于灵长类动物的人类学研究表明，灵长类动物群体中具有包含高层领导者和最佳规模的族群代表。

更具体地说，对于组织而言，无论何时何地，各个团队需要齐心协力实现目标（通过商业、政府、慈善或自愿实体），而团队需要在领导力的指挥下执行任务，而且一些执行相同任务的小组往往比其他小组做得更好（体现在更快、更有效、更彻底等方面）。无论规模如何，团队或组织都可以通过改进领导力来提高绩效。

在中小型企业中，领导力发展往往与企业本身的成长相匹配。随着企业的成长，其对领导力的要求也越来越高。拉里·格瑞纳（Larry Greiner）曾经写过一篇产生了巨大影响力的文章。他在文章中列出了公司生命周期的五个阶段，公司在每个阶段都需要不同类型的领导才能获得成功。1998年，他又将这部分内容修改为"格林纳增长曲线"

的六个阶段。[5]

因此，中小型企业应该关注领导力发展，而不要陷入误区，认为企业发展到一定规模才需考虑此事。企业在快速增长阶段尤其应该如此，因为随着需要领导和管理的员工越来越多，企业对领导者的要求不仅会发生变化，而且会不断增加。

正如我们在核心原则1中所讨论的那样，我们发现，当识别组织的关键领导力行为时，组织健康通常是一个有用的关键视角（与次要的、特定的组织视角相结合）。我们与许多多元资产组织和家族企业合作，这些个体组织通常只有几百名员工。对于这些较小的个体组织来说，企业健康仍然是重要的，而且领导力发展的四个核心原则与大型组织相同，即使在预算更加严格的情况下也是如此（问题五）。

问题5：领导力的发展在不同组织层次上有什么典型的不同？

我们在问题1中讨论过，如果组织被迫需要对各个发展事项进行优先排序，通常建议先集中精力发展领导力。在现实中我们也经常发现，员工在组织中的参与度越低，其领导力发展预算就越少。因此，在组织中，较低层级的领导力发展干预计划必须符合边界条件。关键是坚持四个核心原则——尽管预算紧张，但通过巧妙的设计和务实的推进来实现领导力发展方面的干预计划。

核心原则1层面：对组织的各个层面保持高度关切。领导力发展干预计划应该始终关注对组织实体的业绩目标来说最重要的关键转变，无论组织是业务单位还是个人团队。如果预算有限，领导们可以利用本书中介绍的研究和方法，精确地找到组织需要发展的行为、技能和心态。

我们不建议给员工提供"培训目录"和选择课程的预算，除非这些课程反映了组织的绩效优先级。就内容而言，我们经常看到的是，在组织的基础面上，领导力的发展不但包括发展领导力技能，而且开始包括发展越来越多的功能和技术技能，因为这些往往与工作需要挂钩，能帮助员工更好地完成日常工作。

核心原则2层面：必须要明确的是，组织内的行为要想获得质变，必须有一大批领导人员参与。在组织的较低层级部门中，该规则同样适用。在预算有限的情况下，为了使计划达到足够的规模，组织就需要更加注重技术和内部激励体系，甚至经理和同行都要起到教练或激励人员的作用。举例来说，慕课（大规模在线开放课程，Massive Open Online Courses, MOOCs）是规模化发展领导力的有效途径。同样，一些组织投资开发量身定制的在线学习课程，然后就可以以趋近于零的边际成本使用这些课程。在组织中，向下渗透领导力发展的好处是各级的工作联系通常会更紧密，更易于召集同事召开简短的现场会议。在某些情况下，如果一个中层管理者想要为团队推出领导力发展干预计划，那么每个人最终都有机会参与其中的项目，比覆盖率只有5%~15%的项目影响更大。

核心原则3层面：强调需要以神经科学为基础的整体方法来发展领导才能。这种方法确定了一个领域、研讨会或指导方法，其原则是需要确保一个有积极氛围的环境，侧重进一步发展组织的优势、延伸学习和自我指导式的学习。组织的各个级别都应一直遵守这一原则。例如，由团队领导者管理的一线领导力发展干预计划中应包括结构化研讨会（例如组织领导者或同级的知识共享会议），其内容涉及工作实习、技术指导和职业辅导等方面。此外，每个人都应为自己的发展历程负责，制订专注于自身优势的个人发展计划，并对其加以扩展。

核心原则4层面：有观点认为，领导力发展工作应嵌入更广泛的系统中，以支持和永久保持预期形成的行为。对于组织的较低级别部门，这一点同样重要。例如，单个员工需要看到经理为预期行为做出的榜样示范，员工才会坚定地做出改变，人力资源系统应该鼓励员工进行转变，组织结构、流程和权力部门同样也要提供支持。上述的某些因素在某位经理身上产生影响力可能有一定的难度，但为了确保组织整体在未来的领导力发展中保持步调一致，这些因素还是至关重要的。毕竟组织的工作开展并非在"真空"中，无法与组织文化和领导力断联。

使用数字平台或在线学习来开展第3级（入门级）的通用培训课程可能会比较便宜。欧洲一家大型医疗保健组织为3万名员工（包括所有新员工）提供了领导力的在线培训，其中有100名1级（专业级）研究生管理培训生，其余均为3级。军事组织在初始训练和初始军官训练上会花费大量资金，以确保培训达到最低标准；商业组织倾向于在员工的职业中期和后期投入更多经费，以确保员工的个人工作表现最优化。

问题6：不同行业的领导力发展有何不同？公共部门或社会部门的情况是否有所不同？

行业背景一直很重要，不同的组织需要制定特定的战略目标，这些战略目标又将产生特定的领导力模型。例如，电信组织的领导力模型可能不同于公用事业或专业服务组织。同样，这些行业组织的政府

（或公共服务）视角也会有所不同：由政府运营的专业服务机构的公用事业监管组织的战略计划会涉及各行业和其起源。

我们在第3章中指出，在评估和发展组织领导力时，我们经常将组织健康作为主要考虑因素，因为我们发现，组织健康的重要性已经超越了行业类别、地域位置和组织规模。但是，我们还提到组织健康指数有四种"配方"，由一系列相辅相成的管理实务组成。

与上述四种组织健康"配方"中的任何一种在文化上保持强烈一致的组织，其健康状况处于第一四分位的可能性比勉强保持一致的组织高出5倍。[6]每个行业都有其主要的"配方"，如果我们运用"配方镜头"来反映行业背景，就会发现每个组织都有一个明确的起点，知晓将精力集中在哪里。例如，B2C[①]和消费类公司经常遵循"市场塑造者配方"，通过在各个层次上进行创新，深刻理解客户和竞争对手并迅速执行任务，从而获得竞争优势。它们应该关注的重点包括：捕获外界想法、以客户为导向、培养竞争意识、进行自上而下的创新、清晰定位及建立业务合作关系。

组织应该从健康及"市场塑造者配方"的角度了解其所处的行业及策略。随后，采用多角度的方法量身定制一种领导力模型，该模型将更好地与组织的业绩目标联系起来。例如，欧洲的一家国家医疗服务机构真诚承诺将不断提高对患者、健康科学的关注，并追求物有所值。在这里，领导者需要具备在地方合作伙伴关系中创建医疗保健系统的能力，各级领导者需要富有同情心、包容心且高效率地工作，还需要掌握如何学习的能力和与有效监管的相关知识。[7]

除了针对特定行业和特定组织的领导力行为，一些其他的领导力

---

① Business-to-Consumer，电子商务的一种模式，也是直接面向消费业和服务业的零售模式。

行为也应被纳入考虑范畴。我们的研究确定了发展领导力过程中应始终存在的四种"基准行为"。此外，我们强调了应培养领导者的适应能力以帮助其在不断变化的环境之间完成过渡，这一点至关重要。

问题7：发展领导力的回报是什么？

在第6章中，我们讨论了衡量领导力发展干预计划的重要性，通常我们会涉及四个要素：

- 参与者的反应。
- 学习程度。
- 行为改变。
- 组织的成果。

我们通常不会衡量学习干预计划的投资回报，因为准确地剥离培训的影响是一项挑战。

然而，我们可以从不同的角度来思考回报到底是什么，结果其实都差不多：回报很大。首先，我们可以量化与领导力发展干预计划相关的突破性项目的财务影响，而突破性项目是参与者在日常工作之外所承担的工作。这些项目所产生的影响有可能是增加收入（例如新产品问世或扩大市场）、降低成本（通过节约型采购方案实现）、改进工作流程或方式（能够让产品更快地进入市场进而提高员工的工作效率）。根据我们的经验，突破性项目带来的影响往往会抵消领导力发展干预计划花费的成本。

其次，我们始终建议组织衡量领导力发展干预计划对组织健康的影响，特别是对领导力发展健康成果的影响。组织往往可以继续向前迈一步，并大致评估领导力发展干预计划（剥离其他与健康相关的干预措施）对整体健康的具体影响，然后使用基准来估算健康增长的财务影响。我们对一些组织进行了为期12个月的跟踪调查，结果表明，在12个月内，既注重绩效，又注重健康的组织的健康指数提高了4%~6%，息税折旧摊销前利润增长了18%（相比之下，同期标准普尔500指数为11%）。

最后，组织可以根据领导力发展干预计划回报所需的绩效变化来计算盈亏平衡。通常，该收支平衡点非常小。例如，假设一个覆盖全组织的领导力发展干预计划耗资500万美元，如果组织希望该计划有所回报，通过领导力来提高财务绩效（例如每位员工的销售额、每位员工的接待人数、资产绩效），工作能力处于平均水平的员工（中间50%）的绩效必须提高多少？ 通常情况下，这个数字会非常小，所需要的绝对绩效仍然低于前25%的员工的绩效，换句话说，通过更好的领导，这个数字依然有上升的空间。

从本质上讲，发展领导力的方法虽各不相同，但都指向同一个方向：领导力发展的回报是巨大的，并且所获得的回报与付出的努力呈正相关。此外，正如前文所提到的，组织通常有学习和开发预算——资金是存在的，因此，组织的当务之急是更有效地使用这一预算，而不是为领导力发展专门拨出新的资金。

问题8：企业还可以利用哪些人力资源杠杆来提高效率？

这本书的重点是通过领导力发展干预计划在企业层面上提高领导

力效能。在这里，我们回顾了企业为提高领导效能可以考虑的其他杠杆，我们将其分为两类：

- 改变环境：这意味着调整企业的结构、员工承担的领导角色和任务，以及企业的组织结构及激励方式。
- 改变员工：意味着改变员工的行为举止。

改变环境

组织结构：我们对领导力的定义是"领导力是一套行为……这些行为得到相关技能和思维方式的支持"。一些组织结构或多或少会有利于特定的组织行为。例如，您希望领导者之间进行更多的协作，但这在具有强大的垂直部门结构的组织中可能很难实现（这些有时被称为"竖井组织"，其部门或职能划分基于地理或产品）。"竖井组织"的替代方案是矩阵组织，该组织的成员可能是参与了许多项目的团队的成员。在美国，超过4/5的员工都参与过这种工作。[8]矩阵组织的有效性有待商榷，因为这种组织的权威和责任的明确性以及其所倡导的领导力行为都很容易受到损害。但是，这种组织将速度和稳定性相结合，使工作实践更加灵活，为员工改变行为和思维提供了肥沃的土壤。

组织过程和决策权归属：例如，你想更快地推进决策进程，但是员工执行决策的过程中需要许多领导签字，这时他们所在环境的结构就不能很好地匹配（或服务）被要求的行动速度及果断性。或者，如果你想要更多地下放权限，但此前所有的权限（法规制定或管理）都归属于一人，那么你就要考虑变更权限。

员工激励，尤其针对领导和顶级人才：改变人力资源管理流程，有利于组织激励机制和留住员工，并可对员工行为和领导力产生深远且持久的影响。在这方面，了解和衡量是最重要的。数据分析能为人力资源部门提供很多信息。[9]预测型人才模型可以快速识别、招聘、发展和留住合适的人才。人力资源数据映射可以帮助组织找到当前的痛点并进行有设计性的改动。然而，令人惊讶的是，数据并不总是指向经验更丰富的人力资源经理所期望的方向。[10]

改变员工

战略人力资源规划：相关内容本书已经介绍过了，但是新情况是，如何将高级分析纳入战略人力资源规划。借助高级分析算法，我们可以汇总大量的数据，这涉及人才需求（与战略相关）和人才供应（着眼于外部市场），并按照地理、业务单位、级别和所需的特定技能类型进行细分。算法还可以进一步预测未来的变化：例如增长变化的影响、新产品线的发布，以及模型的风险（例如，更严重的损耗）。分析法可以帮助我们从对数据进行回顾升级到拥有预测的洞察力，从评估转向基于事实的决策，从战术性决策转向战略规划。

继任计划：2014年，全美企业董事协会（National Association of Corporate Directors）进行的一项调查显示，美国2/3的上市公司和私营公司没有正式的CEO继任计划。2015年，光辉国际猎头公司（Korn Ferry）表示，曾有一些公司表示自己有该类继任计划，但只有1/3的高管对这类计划的结果表示满意。[11]所以，继任计划未能得到充分利用而且不完美。一个好的继任计划与领导力发展有三个方面的联系：经受得住时间考验，符合领导标准，能够精准挑选领导者。

第一，继任计划应该是一个与领导力发展挂钩多年的结构组成。

如此，CEO继任便成了主动开发潜在候选人的结果。例如，亚洲一家公司的董事长任命了三名首席执行官候选人担任联席首席运营官，并在两年内让他们轮换着担任销售、运营和研发等关键领导职位。随后将淘汰一人，留下另外两人继续角逐最高职位。

第二，有三个标准可以帮助组织评估潜在候选人：知识储备，包括专业技术知识和行业经验；领导力，例如战略执行能力、管理变革和激励他人能力；个人属性，比如性格特点和价值观。这些标准至少符合组织在未来5~8年内所制定的战略、行业和组织业务需求。

第三，CEO继任计划势必会引起偏见，但其结果也会是对一个特定的人任命。众所周知，决策是带有偏见的，但在CEO继任的问题上，有三种偏见似乎最为普遍。受到"更多的我"（more of me, MOM）这种偏见影响的首席执行官会寻找或者发展自己的"副本"（提拔与自己类似的人），受"怠工偏见"影响的现任CEO会有意或者无意地打破这一影响，他所提拔的人可能还没准备好担任这个最高职位（或者此人实力比较弱），通过这种方式，他似乎就能够延长自己的任期。当负责该过程的委员会有意或无意地将其观点调整为现任首席执行官或董事会主席的意见时，羊群效应就会发挥作用。

随着时间的推移，招聘策略可能会产生巨大的影响，并且一定会和领导力模型相联系。有些招聘可以视为组织价值观的延伸（如基于价值观的招聘）——组织利用自己的品牌或感知价值来吸引志同道合的求职者。同样，为了克服从众的偏见，组织需要寻找有潜力的员工，他们的价值观也许会挑战组织长久以来的认知。如今可以使用人力分析来优化招聘结果并消除偏见（如多样性方面，请参阅第14章中的问题3）。

领导力趋势常问常答

艾米丽·岳（Emily Yueh）

玛丽·安德拉德（Mary Andrade）

尼克·范·达姆（Nick Van Dam）

自动化、数字平台和其他创新正在改变工作的基本性质。麦肯锡全球研究所（Mckinsey Global Institute）最近发现，根据目前论证的技术，大约60%的职业中有至少30%的活动在技术上可实现自动化。[1]这意味着更多的人不得不同技术打交道。这将对发达经济体和发展中经济体产生影响，对领导者的需求以及领导者的发展也将势必做出相应的调整。在本章中，我们将讨论未来的工作方向以及其对领导力的影响。此外，我们将回顾影响学习的最新技术趋势。

问题1："工作的世界"正在发生什么变化？

工作的世界正在发生变化，变化速度之快或许比近代历史上任何时候都要快。我们在第3章中强调了领导力的关键促进因素，这些都是在更广泛的背景下进行的，而现在又是一个具有挑战性的背景：一些人认为我们正经历第四次工业革命。[2]

第一次工业革命（1760~1840）带来了机械化和蒸汽动力；第二次工业革命（1870~1914）带来了化学、电气化和大规模生产；第三次工业革命使社会进入了电子和数字通信时代。现在，我们正在经历一场新的革命。[3]这种转变在2020年继续稳步推进，涉及以前互不相关的一些领域，如人工智能、机器学习、机器人技术、纳米技术、3D打印技术、遗传和生物技术等。[4]

第四次工业革命将改变我们的生活方式和工作方式。在工作方面，许多现有的工作岗位会逐渐消失，而其他一些目前尚不存在的工作岗位将迅速增多。2016年，克劳斯·施瓦布（Klaus Schwab）在为世界经济研讨会撰写的一篇文章中指出，第四次工业革命与第三次工业革命有三个不同之处：

速度：这场革命的发展速度是指数级的，而不是线性的。

广度和深度：它以新工业革命为基础，融合了多种技术，这种新的组合模式有望在经济、商业和社会中实现前所未有的范式转变。

系统影响：它涉及整个系统的转换，包括整个公司、行业、社会和国家。[5]

它的影响是根本性的。2013年，牛津大学（Oxford University）的一项研究得出结论，由于科技和自动化的发展，发达国家的蓝领和白领在未来20年里的失业率将高达47%。[6]这一趋势在所有的发达国家里都是一致的。[7]而传统行业长期以来一直朝这个方向发展，例如汽车制造公司的厂房现在基本实现自动化生产。许多劳动密集型行业也朝着这个方向发展，例如亚马逊最先进的自动化仓库（以及无人机送货装置试验）和第一批开放的全自动化餐厅，不但点餐、送货是自动完成的，有些情况下烹饪都无须人工。

紧随其后的是更广泛的中等收入人群，包括会计师、律师、政务人员和金融分析师。对于这些人的工作，计算机可以高效地进行大数据分析，准确地捕获观点并提出解决方案。我们的最新研究发现，现有技术可能对超过60%的工作产生重大影响。通过计算我们得出，如果在全球范围内均采用目前可证实的自动化技术，世界上50%的经济将会受到影响。[8]并且，如果当前的技术继续呈指数级发展，这个数字可能会继续增长。

一个相关的趋势是去中介化。视频租赁连锁公司百视达（Blockbuster）处于鼎盛时期时，在全球拥有9000多家门店，但它于2010年破产了。[9]百视达以及整个视频租赁业务的命运都被奈飞公司（Netflix）改写了，奈飞作为在线视频供应商切断了视频租赁业务中的（实体）中介，使客户可以在线浏览、租借和观看付费电影。此外，该公司还可以利用算法，根据用户的偏好、评论和租赁历史为用户推荐电影。其他行业（包括零售、健康和教育）也开始感受到去中介化的影响。[10]

目前的工作岗位会消失，但新的工作岗位会出现。前面已经提到，目前就读小学的儿童中，未来将有65%的人会从事尚不存在的新型工作。[11]一些未来工作岗位说明了10~15年后的世界会有多么不同，如无人机驾驶员、3D打印设计师、远程医疗专家、智能家居助手、可视化数据分析师、虚拟形象经理、虚拟现实体验农民、垂直农场主、社交网络官、专家团。[12]

技能和知识将以更快的速度渗透和发展。在4年制技术学位课程的第一年掌握的大量知识，可能在毕业的时候就已经过时了。除了过硬的专业技术能力，雇主同样关注与工作相关的实践技能，例如内容创作或判断信息的相关性和目的的能力，而这些技能在未来几年可能也会发生重大变化。[13]

问题2：未来10年，不断变化的工作将对员工所需的技能产生什么影响？

那么，这些趋势对员工和组织必须发展的技能集合来说意味着什么呢？世界经济研讨会的"就业前景"报告全面概述了职场所需的技能，重点探讨了2020年职场中最重要的一些技能：[14]

● 解决复杂问题的能力。

● 批判性思维。

- 创造力。

- 人员管理能力。

- 协调能力。

- 情商。

- 评估与决策能力。

- 服务导向意识。

- 谈判能力。

- 认知灵活性。

值得强调的是，有几点是非常重要的，包括解决复杂问题的能力、批判性思维（解决适应性挑战而非技术挑战）、确保持续创新的创造力，以及与人打交道所需的能力。特别是对创造力的需求，正在职场中迅速增长，因为只有人类才能实现创造，这是无法自动化的。

与上述内容表述相一致的另一份报告发现，能够结合认知和社交技能的能力在未来将是至关重要的。[15]该报告认为，技术的进步使社交技能变得尤为重要。该研究与我们麦肯锡自己的研究具有很强的关联性，包括以高度的自我意识为基础的核心领导力的重要性，这种领导力创造了一种更容易适应不断变化的环境的能力。

除了上述的跨领域技能，我们认为职场中还有一种"专业知识更加专业化"的趋势。随着商业的发展，知识的获取速度也在加快。有人认为，在维基百科触手可及的世界里，一知半解的"多面手"时代已经结束了。[16]这个问题已经在世界上很多地方出现了，拥有"通才学位"的管理人员的比例正在下降。我们认为，知识型员工的传统"T形谱"已经不能满足未来的职场了，员工必须终身学习，建立一种新的"M形谱"（图14.1）。[17]21世纪的人们在职场中的发展取决于其建立资本的能力，因为这将成为价值的基础。人们需要在各自职业生涯的整个过程中掌握涉及多个领域的技能，才能陆续成为大师级人物。

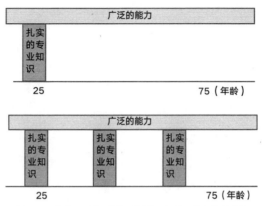

图14.1 从"T形谱"到"M形谱"：知识工作者的新形象

最后，职场变化中特别值得一提的是技术。技术是无处不在的，同时支撑着将来许多工作的变化和所需技能的变化。2015年，欧盟16~74岁人口中将近一半人（44.5%）缺乏参与社会和经济活动的数字技能。[18]图14.2显示了数字化能力框架看起来是什么样子的。

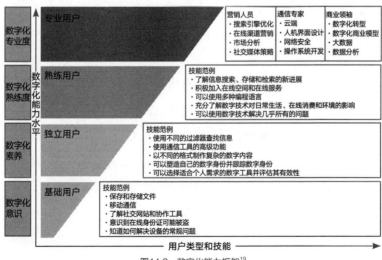

图14.2 数字化能力框架[19]

问题3：工作的世界不断变化对领导者和领导力发展意味着什么？

首先，领导者必须具备我们在问题2中提到的技能：

● 具备解决适应型问题的能力和创新能力。

● 具备人员管理能力。

● 具备自我意识。

● 具备终身学习能力（培养"M形谱"）。

● 具备专业技术知识。

然而，我们发现对领导者来说还有四个附加的要求值得一提，问题2中列的技能并不全面，以下技能与上述技能也是相关的，且我们发现下述技能都是未来领导者需要掌握的关键，值得重点关注。

上述对领导者的前三个技能要求涵盖了三个不同的层次：组织的生态系统、组织本身和个人。在过去几年中，我们看到了分散式工作场所和零工经济的出现。人们过去预测，到2020年，美国50%的劳动力可能是自由职业者（兼职或全职）。[20]越来越多的组织将大部分工作外包给第三方。例如，很多制药公司不在组织内部开展大量研发工作，而是与有成熟生态系统的合作伙伴一起工作。随着软件成为服务辅助系统，越来越多的数据存储在云端，所以一些大型组织的账簿上不一定拥有大量的实物资产。这些"随意组合的生态系统"是围绕价值创造的交互建立起来的，能迅速满足组织的新需求和新想法，是我们所处的后VUCA时代所带来的（第3章中已进行了重点介绍）。因此，领导必须学习如何驾驭这些生态系统，并以一种敏捷的方式进行合作，并定期学会快速适应的方法。他们需要在系统层面上掌握策略并执行，激发和影响所运营的生态系统——通常是与他们从未面对面接触过的远程对手一起。

其次，领导者必须管理更多灵活的组织。一个更加变幻莫测的世界不仅影响组织的生态系统，也影响着组织本身。我们在研究中发现，能够驾驭拥有更加复杂的运营环境的组织，可以将稳定操作流程和动态能力（流动性和速度）结合在一起。这种动态元素的实现需要更加流畅灵活的目标、结构、流程和个人角色描述。此外，随着技术的发展，人们通过自动化和数字化可以接管越来越多的日常运营工作，这进一步增加了基于项目的知识工作量。其含义是一个新的组织范式，它围绕跨职能的"单元"计划，具有端到端的问责制，并具有快速转移优先级，根据需要对资源进行重新配置的能力。一些人认为，这种操作实际上"炸毁"了中层管理人员，因为老板的角色被分散在不同的职位上了。例如在实践中，这可能意味着团队负责人为团队成员提供指导，更高级的"工作优先级分配人员"为每日和每周的优先事项提供指导，而开发人员则要确保个人一直在学习，并获得了必要的工具和指导以完成工作。[21]这与扮演所有这些角色的分级领导者形成鲜明的对比。随着组织采用更加灵活的工作方式，领导者必须了解自己的角色，以及他们该如何让所有员工对工作的投入最大化。

再次，领导者不得不管理一些比自己更加专业的人。有一个存在很久的领导建议，叫作"让比自己聪明的人包围自己"，但是出于种种原因，这句话变得比从前更加重要。第一是因为知识的门槛正在一步步提高。知识更新换代的速度远快于我们完全掌握知识的速度（甚至有人说，这就是人类每天都变得更笨的原因）。第二是因为员工的受教育程度越来越高。第三是因为日益分散的经济、反应敏捷的组织和自动化将导致企业结构趋于扁平化，每个领导者都将带领更多高知工作人员。尽管从个人角度来说，领导者需要从来自不同学科的员工当中获得专业的知识和见解，但这仅仅是为了和员工建立联系，他们更需要清楚如何管理大量比自己聪明的员工，这就要求领导者能够提出问题，并迅速整合新的信息。

例如，在麦肯锡，我们专注于培养适应型领导者（项目经理），他们不介意自己不知道所有的事。相反，他们需要能够提出正确的问题，并与广泛的见解结合起来，形成有意义的意见。如今，在一个为期8周的项目计划中，项目经理可以领导资深分析研究师、拥有超过10年行业经验的执行专家、具有数码背景的同事，以及负责远程讲解的产品专家（包括相关分析人员、以客户为中心的设计师或财务人员），这需要新的"技能包"（例如正确提出问题并整合问题与信息），也需要新的思维方式（例如开放和谦逊）。

此外，领导者必须能够培养员工的责任感，实现真正的权力下放，激励员工，让其体会到工作的意义。与这一点相联系的是，规则中的"控制"概念正在消失。虽然规则不会完全消失，但领导者必须使用更多有意义的价值观来指导员工，而员工将拥有更多的自主权、更高的自由度和责任心。正如我们在领导力接替中所看到的，组织中最高层级的领导者强调价值观和榜样的作用，而所有组织最终都会进入"阶梯式"发展，并需要这种领导形式。[22]

最后，领导者必须能够带领组织完成数字化转型。我们讨论过，领导者必须了解到，技术是未来知识工作者的核心技能之一。但是，领导层的责任已不止于此，组织在未来10年中面临的最大挑战之一是大规模地培养可掌握数字化转型机会的领导者，这涉及的业务领域规模之大几乎是前所未有的。无论喜欢与否，所有的组织都会冲在技术前沿。

对组织来说，数字化需求已与10年前完全不同。数字化转型的含义已经从创建移动网络、挖掘数据和虚拟协作演变为发展人工智能、自动化、机器学习和物联网。但是，只有大约50%的高管认为自己的"数字智商"很高，这是一个巨大的挑战，[23]组织需要培养懂技术又能帮助组织实现转型的领导者。领导者不仅需要与其他人配合，更要积极地走在技术前沿。与此同时，他们要对正在经历这种转型的员工抱有同理心，这些员工可能会因组织不断提高的自动化程度和对自身所需的新技能的要求而感到焦虑。

问题4：未来的工作将如何影响组织的总体学习和发展？

我们在前面的问题中看到，工作的世界，及其所需的职业技能正在迅速变化。还有一个现实就是人们的寿命都普遍增长了（图14.3[24]），个体员工和组织作为一个整体，都需要具备终身学习的动力，除此之外没有别的办法。这不仅与领导力发展有关，还与更广泛的学习和发展有关。

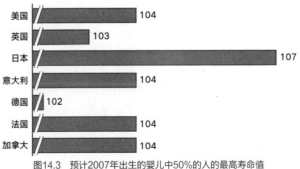

图14.3　预计2007年出生的婴儿中50%的人的最高寿命值

正如我们在第6章中所看到的，领导力发展与文化紧密相关，如果组织的领导力向着正确的方向发展，其结果会是组织文化出现转变。总体而言，学习和发展也是如此——一种促进持续学习的有效学习策略的结果是创造学习的文化。

我们认为，所有的组织都必须成长为学习型组织。这不是一个新概念，它的重要性正在增强，学习和发展的作用在未来只会变得越来越重要。学习型组织是一个术语，是指通过促进学习、加强自我转化，使员工恪守承诺投入组织工作中。根据彼得·圣吉的观点，一个学习型组织会表现出五个特征：系统性思维、自我超越、思维模型、共同愿景和团队学习。该概念已被广泛接受，许多公司正在实施一些方法以成为学习型组织。[25]2003年，马席克（Marsick）和沃特金斯（Watkins）制作了一份名为"学习型组织的维度"的问卷，它可以帮助组织评估其当前状态，并在一些方面进行变革，包括学习机会、对话和探究、协作和团队学习及知识绩效等。[26]

不久前，哈佛大学研究人员基根和莱希提出"专注于发展的组织"的概念。他们认为，只要有意识地培养员工，组织就会蓬勃发展，因为这种努力与人们强烈的成长动机是一致的。这意味着，组织应该倡导一种将对学习的支持融入日常工作、组织运营、日常生活和对话中的文化。每次会议和失误都是实现学习目标的机会，"专注于发展的组织"坚持不懈地追求业务卓越性，同时使人们成长为能力更强的自己。[27]

因此，未来的工作不仅对领导力发展提出了新要求，而且对更广泛的学习和发展提出了新要求。为了更好地适应不断变化的环境，组织必须成长为真正的学习型组织。创建学习型组织不仅需要转变组织结构和流程，还需要转变组织文化。掌握了这一转变并能够"比竞争对手更快"的学习型组织将获得宝贵的竞争优势。在个人层面上，很重要的一点是，人们必须认识到坚持学习和成长的必要性，为了保持在职场中的地位，员工必须具有终身学习的心态。[28]

问题5：对于千禧一代，组织是否应该改变人才培养和领导力发展体系？他们又有什么不同？

老一辈经常看到自己与后起之秀之间的差异，而且我们看到这种模式在今天开始发挥作用：大量的文章和评论员将现代的年轻人称为"千禧一代"，并开始给他们贴标签，认为他们在工作上难以管理，可能动不动就辞职，认为自己与众不同，在未经许可的情况下鲁莽冒进，犯一些低级错误。我们的研究结果呈现了一个更为复杂的现实。

千禧一代在一个动荡、不确定、复杂和模糊的世界中长大，也经历了一些历史事件，例如柏林墙倒塌、"9·11"事件、2008年金融危机、伊拉克战争和占领华尔街运动；同一时期，万维网诞生，互联网无处不在，智能手机普及率骤增。千禧一代身上有一种对能量和改变的渴望，他们勇于质疑，富有创造力和想法，敢于将想法付诸实践，勇于表达意愿。[29] 最重要的是，千禧一代表达了一种愿望，全体员工也能清楚地感受到这一点，对于工作和生活，他们希望能够更灵活和自由，得到更多的反馈和指导，取得快速的进步，希望工作内容呈现延伸性和多样性。如图14.4所示[30]。

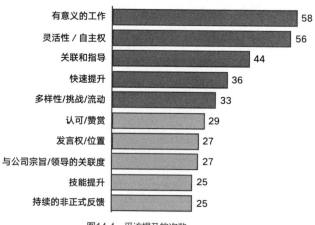

有意义的工作	58
灵活性 / 自主权	56
关联和指导	44
快速提升	36
多样性/挑战/流动	33
认可/赞赏	29
发言权/位置	27
与公司宗旨/领导的关联度	27
技能提升	25
持续的非正式反馈	25

图14.4 采访提及的次数

那么，该如何给千禧一代一个机会重新思考职场呢？我们的研究确定了一些优秀的实践，其中包括关于千禧一代学习和发展的想法。总的来说，这些实践代表了很多组织工作场所的动态及对年轻雇员们的更高期望，体现了雇员和雇主之间更具体的关系需求。[31]

投资实习项目：启动或继续实习计划应该是有益的，这可以确保实习生接触真正的工作并获得工作机会。我们采访了很多千禧一代，他们都是通过这种方式进入工作的，他们感激雇主对实习项目的投资并回馈以忠诚。

通过轮岗方式增加接触和选择：对于很多千禧一代来说，轮岗项目是他们职业生涯的巅峰。通过参与一些优质项目，他们的工作选择变多了，能与自己的兴趣轮转匹配。

调整反馈流程以提高开发重点的规律性：许多组织正在修改反馈流程，以便定期提供具有前瞻性的咨询意见，并减少有利于业绩增长的乐观判断。年轻的领导者表示，他们不愿等待审查时间，希望立即知道自己未来的发展需求。

增加流动和创业机会：千禧一代希望每12~18个月就能获得成长或调动的机会。虽然定期调动所有员工不太可能，但组织可以改进从发布、选择和调动员工的端到端流程，使流程更加灵活，特别是为高绩效员工提供定期调动，将晋升重组为流动，并定期让年轻领导者负责关键的跨职能举措。

建立导师制文化：很多组织都曾建立过导师制项目，但这些项目好坏参半。在很多情况下，组织需要做的是让导师成为组织文化或DNA中更核心的部分。我们知道有一家组织会在每一位新员工和工作多年的老员工之间建立联系，还有另外一家组织利用了工作跟踪机制：在每周的全体员工会议上，年轻的专业人员出席并与高层领导者就关键性决策进行互动。

引入或增加灵活性：对于组织来说，提供更多的选择和增强组织内工作的灵活性变得越来越重要。尽管这个过程中总会有一些限制，但人们还是认为工作是生活的一部分，不能与生活完全分割开来，因此在工作的灵活性发展上有所欠缺的组织不占优势。我们看到过一个很好的案例，一家媒体技术公司将灵活性视为经理和员工之间的个人契约。因此，对于优秀的执行人员来说，任何形式的灵活性都是可以接受的。还有一家公司创建了核心时间段的说法，即在这个时间段内所有的员工如果不是在外通勤，就必须待在办公室里。这就方便了领导者召开临时会议，同时员工们也可以自由安排其他事项。我们还看到了一些组织制定延长产假政策，这对于很多特别重视家庭的年轻领导者来说是一项货真价实的好政策。

提供互相表达和反馈渠道：千禧一代渴望被倾听。很多组织都会从定期举办的员工大会中受益，虽然这些员工大会的规模很小，但任何人都可以畅所欲言。在一家公司里，高层领导会加入年轻领导者所在的业务资源小组，倾听并做出回应。我们还发现了一些新颖的向上反馈的例子——年轻的领导者可以对老板进行评论定级。千禧一代比较习惯这种方式，因为这有些类似于他们给大学教授打分。

自我组织一个早期职业资源小组：一些组织为年轻领导者提供了自我组织的选择，为专业发展提供预算，为具有业务影响力的新员工提供预算和权限，同时新员工还会得到高层领导者的关心和支持。

使用研究成果或数据挖掘来改变人们的想法：如今，掌握事实至关重要。一些公司已经在这方面遥遥领先，他们利用营销职能来完成对组织有益的原始消费者调查，并在内部广泛分享调查结果。一家公司对培训进行了独特设计：将几代人的领导者聚集在一起，以改变人们的思维方式。至少，按照年代分级进行的员工敬业度调查和征求千禧一代的意见之间，可能会引发一场有价值的讨论。

此外，我们还发现了涉及其他工具或流程的绝佳范例：一些公司会为他们看重的千禧一代（重点培养的一些人）提供专门的培训和发展机会，还有一些组织针对千禧一代量身定制培训课程（组织将提供数十种培训课程，由千禧一代自己确定各自的培训路径）。许多公司的网站、营销资料和一对一的互动中，都对招聘大学毕业生的叙述方式进行了修改。这些措施适合在一个更大的"画布"上进行，描绘公司可以而且应该为千禧一代做些什么（图14.5[32]）。

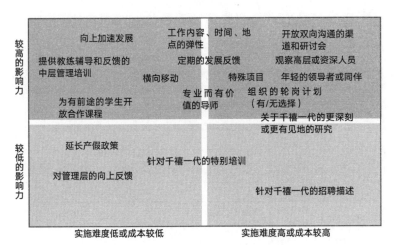

图14.5　各种措施的相对影响力

　　将图中的措施全部执行是有挑战性的，组织通过建立领导、经理和员工互动方式的新标准改变了工作的本质。如果组织确实取得了进步，其不仅会留用这些年轻的专业人员（他们后续可能会进入领导层），而且会释放他们的潜力，这同时也会提高整个组织中所有员工的参与度。

问题6：技术如何影响学习干预计划的交付？

　　几乎在所有领域的学习中，技术都对现代成人的学习产生了深远影响。图14.6[33]对我们主要的学习方式进行了概述，主要分为正式学习（包括按计划进行的线下及线上学习）和非正式学习（包括职业学习、按需学习和社会习得）两种。在宏观层面上，为了更好地培养员工，让其好好工作，技术正在通过数字化的发展影响着这两种学习方式。

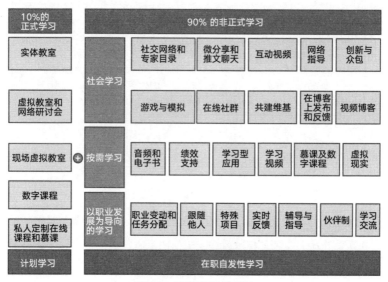

图14.6 正式和非正式的学习

　　员工正式学习所需要的时间大约占他们总的学习时间的10%，正式学习的课程由组织进行构架和设计，组织需要确定员工可以在特定的一段时间内完成课程，培养他们获得特定的一些能力。正式学习在组织培养员工能力和加强文化规范方面的作用虽然有限，但也至关重要。重视员工发展的组织会为员工的正式学习提供更多的时间。根据人才发展协会（Association for Talent Development，ATD）2016全球行业报告，2015年的最佳组织中的每位员工在正式学习方面得到的教学时间平均每年有33.5小时，而2015年的最佳组织为员工提供的时间平均每年有42.7小时。[34]

　　员工的正式学习可以通过自定节奏的学习项目（例如，在线培训，慕课和私人定制在线课程、网络研讨会和学习型软件）在教室

（实体或虚拟）实现，同时组织还可以为员工提供在线判断和评估工具，例如情商和迈尔斯-布里格斯类型指标。2015年，最佳组织为其员工提供正式的面对面授课形式的学习时间占员工学习总时间的比例不到25%，而2010年这一比例达到了60%。这一趋势也促使了员工在正式学习中高频率地使用技术。[35] 2016年，慕课的订阅人数超过了5000万，虽然这些人并没有将所有的课程都完成，但这表明了人们对数字化学习的兴趣日益高涨。随着慕课获得越来越多的正式认可（例如获得具有含金量的成就证书），其课程将支持大量用于技能提升和优化的组织培训。

非正式学习的时间约占员工总的学习时间的90%，非正式学习可以被定义为半结构化或结构化的学习。这种形式的学习主要受员工日常的发展需求所驱动，通常自发地在工作中发生，或是通过解决问题，或是通过与同事互动，或是在使用数字学习解决方案过程中。如上面的框架所示，非正式学习有三种不同的类型：社会学习、按需学习和以职业发展为导向的学习。技术无时无刻不在影响每一个人。

社会学习：社会学习是阿尔伯特·班杜拉（Albert Bandura）的理论，该理论表明人们在就特定话题与他人进行互动时学习效率最高。技术可以继续加强这一过程，其中包含的方式有在线社群、共享知识、游戏化、徽章和互动视频等。

按需学习：我们倾向于寻找更优质的知识和信息，以帮助我们更高效、更智慧和更深入地工作。互联网、搜索引擎、电子性能支持系统和移动计算的蓬勃发展为轻松访问丰富的内容提供了便利，也填补了人们的知识空白。技术在恰当的时间提供正确的信息方面发挥了重要作用，例如通过引用程序、音频、电子书、学习视频和虚拟现实应用程序。对于很多人来说，最大的挑战莫过于信息过载和难以找到匹配信息，因此人们会在搜索和浏览各类内部门户网站上浪费时间。所以，学习与发展功能需要设计学习平台，以提供个性化学习视图，并匹配社交媒体功能（例如评分、推荐和与学习相关的内容）。通过技术，搜索引擎可以了解用户喜好，预测用户何时通过何种渠道获取内容，一次加强搜索功能。

以职业发展为导向的学习：当员工担任不同的角色或从事新的项目时，他们就需要与处在不同背景下具有不同目标的新团队一起工作，并从中学习重要的知识。如果对有这些经历的员工加以职业指导，并提供给他们正式的课堂教学和数字学习项目，那将对他们的职业和个人发展非常有帮助。技术可以通过模拟（例如在进入新的文化背景时）、推动和实时反馈为员工进入新角色做准备，这些在有新行为需求时尤为有用（例如更多的权力下放和鼓舞人心的领导）。

很明显，在正式和非正式的学习渠道中，技术取得了进展，数字化也正在发展。与此同时，还有一些更具体的技术趋势不断显现。以下是我们在数字学习中看到的10个主要转变的总结，其中有些已经存在，而另一些被视为"下一个实践"，目前尚未出现在市场上。

微学习：在21世纪，学习与发展倾向于使用有限的授课方式，例如实时学习、网络研讨和电子学习。但是，当今人们都习惯消化碎片化的信息，所以知识的呈现和传送必须更加灵活，而且允许消费者在更短的周期内将其消化。因此，现代的学习内容和方式更新速度加快，贴合了终端用户的生活方式和偏好，或许就是在1~5分钟的模块之内，也可能在吃着零食的时候，人们就对热门话题展开了讨论（不仅仅通过文档的方式，还通过各种媒体渠道进行）。

个性化：消费者期待的产品和服务的个性化水平越来越高，例如定制咖啡套餐、在线购买定制服装，以及根据浏览记录推送音乐播放列表。同样，学习也逐渐变得个性化和适配化（只提供给一个人的教室），用户可以根据自己的需要选择课程，并按照自己的程度调控学习进度。此外，学习还变得越来越智能和具有适配性。学术界正在探索适应性学习，这是一种将个人置于学习交流核心的学习模式。（实际上，这种学习方式可追溯到经营大学时期，彼时流行配备私人导师并设置高度个性化的学习讨论。）系统基于每个人在学习环境中的表现，逐一调整他们的学习内容，包括针对问题区域量身提供的反馈和补救建议，同时根据个人偏好定制授课方式及内容管理方式。例如，在麦肯锡，针对希望还原真实案例的项目经理，我们会配置配适性学习方式。经理们会面对一些"真实"的情景，在项目的关键时期，他们必须从一系列复杂又相互联系的选择中做出决定。我们从模拟情景中提取数据，并提供针对性的反馈和学习建议，以改进项目经理们在某些特定方面的不足。极端一点儿的情况是，项目经理可以想象一个与自身的安排相关联的"个人助理"，根据自身的特定需求，麦肯锡为项目经理量身定制全天的学习要点（例如，与CEO会面前，提供一段有关行业趋势的视频；在展示新战略的团队会议前，提供一些激励性的领导技巧）。如此，日常学习便与每日工作联系得更加紧密了。

循证学习和大数据利用：数据和人工智能与榜单上的大多数趋势有关系。这里的数据指的是能够增强学习过程的数据，其中既包括课程内容（例如参考课程完成度与工作进步之间的关系），也包括授课渠道（例如探究哪些渠道会带来最优质的学习）。此外，在特定的课程中，数据可以帮助搜索引擎了解用户在哪些板块上因感到无聊而划过或快进（例如在微观层面上对用户进行跟踪）。

人工智能与增强的交互性：越来越精致的聊天机器人正在涌现，它们可以通过模拟对话增强人们的学习能力，让人们感受到这些对话貌似都是真实的。佐治亚理工学院（Georgia Tech）的一位教授曾使用模拟助教与学生聊天，有些学生甚至没有意识到这位助教是台机器。

　　游戏化：游戏化（游戏原理在非游戏环境中的应用）在学习中并不是新鲜事了，但它变得越来越复杂了。最佳状态下的游戏化的学习体验应该是很有趣、具有挑战性的，还应该可以激发人的竞争本质（例如设立排行榜），从而提高用户参与度和学习能力。还有一种趋势是用户之间基于群组游戏相互协作、相互帮助。

　　微证书化和外部认可："通过完成某些课程或发布知识，从而获得'凭证'成为信誉的印记"，这些印记是员工可以显示在公司内网上的（甚至可以显示在外部网站，例如领英网）。员工能够规划自己的发展路径，并从技能角度清楚地定义他们想成为什么样的人，这同时也促进了一种跨多种组织、从事不同职业的趋势。为了继续留在工作岗位上，员工必须不断学习以掌握新技能。由于微资格认证可以清楚表明自己的资历，故而激励了员工的学习动力。

　　社会学习：试想一下现在的脸书，所有的内容都呈现在墙上，但用户不能点赞或发表评论，这样可能会极大地降低用户的体验。反之亦然，就数字学习方式而言，用户交互能力的提升会大大提高他们的参与度和基于同伴的学习能力。

　　移动和多渠道整合：人们平均每天在智能手机上消耗3~5个小时的时间。在过去几年中，这一数字每年以超过20%的速度增长。研究还发现，约70%的人在移动设备上学习，超过50%的人会在需要的时候利用移动设备学习（"即时性学习"），预计这两个数字在未来会进一步加大。[36]与此同时，跨平台设备（例如，智能手机、平板电脑和台式机）的无缝集成也在不断发展，用户可以随时随地继续学习。

　　虚拟现实技术（VR）和增强现实技术（AR）：VR和AR正开始在

学习领域取得更大的进展。例如,一款虚拟现实头盔可以让你和同学一起参与课堂授课或与专家进行工厂参观,而所有这些都可以在舒适的客厅或是办公室里完成。VR和AR不仅是新的信息传递方式,而且在延伸我们可创造内容和体验的边界。例如,斯坦福大学的人际互动实验室(Stanford Virtual Human Interaction Lab)利用VR创建同理心,通过让用户体验他人的人生经历来对抗种族主义。

可穿戴技术:可穿戴技术的功能正在逐渐发展,目前涉及的领域包括健身和健康跟踪、通信、日程安排、导航和医疗(例如针对声音或听力障碍的治疗)。除此之外,可穿戴技术依然有大量潜力有待挖掘,以支持特定的学习目标。例如,该项技术可以获取语音和语调,并回放人们说话的时间(相对于听的时间)和他们使用的语调。因此,对于那些希望多听意见、控制脾气或是采用更加有活力的发言风格的人来说,这无疑是有巨大帮助的。反馈是学习的关键推动力,可穿戴技术可以提供越来越多的事实例证。

致CEO的一封信

安德鲁·圣乔治（Andrew St George）

克劳迪奥·费泽（Claudio Feser）

迈克尔·伦尼（Michael Rennie）

尼古莱·陈·尼尔森（Nicolai Chen Nielsen）

规模化领导力的本质是什么_322

为什么规模化领导力很重要_323

接下来要做什么_324

亲爱的CEO：

我们希望你阅读这本书的过程是非常享受的。在你放下这本书之前（或许你会把它放回到书架上），我们想借由三个问题（规模化领导力的本质是什么？为什么规模化领导力很重要？接下来要做什么？）作为总结。希望这三个问题能给你带来反思，并激发你的行动。

规模化领导力的本质是什么

我们刚刚已经阐述了我们的观点，即领导力会影响你所在组织的健康与绩效。一个重要的信息是：组织的健康是可以衡量的，而且可以通过培养领导者来提升。反过来也是如此。如果组织没有一流的领导力，那么要获得一流的健康水平几乎是不可能的。领导力还能直接提升组织的绩效。在这里，我们要做出与组织健康同样的断言：如果组织上下没有数量足够庞大的领导者展示必需的行为，那么要实现绩效的夙愿几乎是不可能的。

我们已经展示了如何通过领导力提高你所在组织的绩效和健康水平，也解释了为什么要这么做。我们用研究和实践来定义规模化领导力钻石模型，它由四个核心原则组成：聚焦带动不成比例价值的关键转变；在组织内发动足够多的关键影响者参与，以达到变革的临界点；基于神经科学的成人学习理念设计计划方案，实现行为改变最大化；在更广泛的组织内整合领导力发展干预计划，并衡量其影响。

我们概述了我们特有的方法（评估、设计和推广、实施以及果效）和每个阶段会出现的结果，而且我们的故事中还展示了领导力发展干预计划外在的样子以及身处其中的感受。最后，本书着重强调了从我们的方法到整个系统的开发中可能会出现的问题以及如何解决这些问题。

为什么规模化领导力很重要

在你的组织中，优秀的领导者会促进组织的健康，提升组织的绩效，从而创造股东价值。你知道一个拥有卓越领导者的组织是什么样子的，身处其中是什么感受，还有员工会如何把事情做好，这是理想的状态。

然而，几乎一半的组织中都存在某种他们无法填补的领导力缺口，也许你的组织就是其中一个。而且即使你确确实实采取了行动，你也必须承认一个事实——今天的领导力发展方法对组织总体来说不起作用，而实质上，几乎一半的组织都觉得他们为发展领导力所付出的努力并没有产生或保持预期的结果。

人们普遍将领导力视为一门"软学科"，且大部分文章和书籍在撰写时往往只参考了有限的"硬数据"，你可能和我们一样对此感到非常沮丧。大量的实践也是基于传闻逸事一样的证据。我们想将相关知识应用到实际的问题中，于是结合了来自165个组织的37.5万多名员工的数据，就像你的数据一样，再加上我们多年的实践经验，还有我们自己内部培养员工的方法，来破解真正能促进组织健康、提升组织绩效的领导力发展干预计划的密码。

如果做得好，规模化领导力的努力就会给组织带来回报。这些回报既可以通过领导力发展干预计划正在进行的部分项目工作直接得以实现，也可以通过大量积极的行为改变在整个组织中产生的涟漪效应间接实现。此外，我们还表明了，组织通常设有用于员工学习和发展的预算，因此，更加有效地花掉这笔预算对组织来说也是势在必行的，不一定要专项划拨新的资金用于发展组织领导力。

然而，领导力发展并不是包治百病的"灵丹妙药"，事情总是会受时间、资金、组织文化、组织意志、能力和局势的限制。而且领导力发展往往不是人们脑海中第一个涌现的发展领导力效能的方法，人们最先想到的可能是战略改变、创新、客户导向、敏捷运营或精益运营，但我们已经发现了，领导力发展与所有这些或早或晚都会密切联系起来，而且这种联系越早越快就会越好。

其他方法，如人才引进和继任计划与领导力发展同样重要，而且常常作为更广泛的计划与领导力发展平行并举。认识到这一点，你就可以采取综合的方法来提高你所在组织的领导力效能。领导力涵盖了许多学科，因此我们将与领导力相关的一些前沿交叉主题也纳入其中，包括科技和神经科学。

然而，我们都知道，要让你的组织发生改变，领导力发展是你可以做的三件头等大事之一。

接下来要做什么

那么，现在有一个大问题，也是所有领导人必须每天、短期或长期回答的一个问题：接下来要做什么？

如你所知，我们生活在一个有趣的时代。从第一次工业革命到19世纪末，概括地说，一些组织因为一些杰出个人所做的努力而变得强大繁荣，比如布鲁内尔①（Brunel）、迈巴赫②（Maybach）、卡耐

---

① 伊桑巴德·金德姆·布鲁内尔（Isambard Kingdom Brunel，1806~1859），英国工程师，皇家学会会员。在2002年英国广播公司举办的"最伟大的100名英国人"评选中名列第二（第一名是温斯顿·丘吉尔）。他的贡献在于主持修建了大西方铁路、系列蒸汽轮船和众多的重要桥梁。他革命性地推动了公共交通、现代工程等领域的发展。
② 威廉·迈巴赫（Wilhelm Maybach，1846~1929），德国工程师和实业家，第一批梅赛德斯汽车的总设计师。威廉·迈巴赫创造的两个豪华品牌——梅赛德斯与迈巴赫，分别在豪华车的不同领域演绎着各自的辉煌。他是戴姆勒奔驰公司（梅赛德斯奔驰公司的前身）的三位主要创始人之一，也是世界首辆梅赛德斯奔驰汽车的发明者之一。

基①（Carnegie）、福特②（Ford）等开拓者。20 世纪又经历了两次工业革命——电化学革命与电子信息革命。因此，我们聚集在规模越来越大的团体之中，大规模地进行生产劳作。在更大的群体里，管理往往制胜。20世纪是管理的世纪。

现在我们身处第四次工业革命之中，它正在以前所未有的速度，借由技术变革和系统影响改变我们的工作和生活。我们需要规模化领导力。

下面告诉你为什么对组织来说管理是必要条件，而不是充分条件。现在，领导力意味着在瞬息万变的环境中根据并不完善的信息迅速做出决策，这会让你和你的员工更加难以与他人步调一致、执行战略，并革新你所在的组织，尤其在组织转型期间。

展望未来，根据我们已经发现的、我们作为一个组织共同认识到的，以及麦肯锡学院内外成百上千名同事和朋友们告诉我们的，我们坚持认为以下三个至关重要的观点所言不虚：

处处学习：领导力发展是学习型组织的精髓。如果你不致力于学习，那么你很可能不会致力于培养你需要的领导者。未来属于时刻准备学习并创造条件学习，比竞争对手学得更快的那些组织，换句话说，未来属于学会了如何学习的那些组织。

迅速迎接挑战：深刻的全球趋势所暗示的大规模组织挑战需要组织迅速做出应对，做出大规模的反应。要面对这种永恒的变化，就

---

① 安德鲁·卡耐基（Andrew Carnegie，1835—1919），苏格兰裔美国实业家、慈善家，卡耐基钢铁公司的创始人，被誉为"钢铁大王"和"美国慈善事业之父"。

② 亨利·福特（Henry Ford，1863—1947），美国汽车工程师与企业家，福特汽车公司的建立者。他也是世界上第一位使用流水线大批量生产汽车的人。他的生产方式使汽车成为大众产品，它不但革了工业生产方式，还对现代社会和文化产生了巨大的影响。

要让组织里的领导者做好准备。奋起直追、迎头赶上已不再是一种选择，而是势在必行的事。

让格局跨越组织：当机遇与破坏力量冲击组织时，组织会改变形态，并更为频繁与深刻地发生改变，领导力本身会跨越单独的组织，涌入我们组织周围的社会。你的组织中的领导力可以影响整个组织，让它变得更好，而你的责任就是表现出正确的行为，培养更多的技能，塑造更好的心态。

最后……

我们希望你能认同我们的观点，即在你的组织中培养领导者能让你获得很多，而不这样做会面临许多风险。我们知道，有了新的证据，想法才会改变，因此我们希望，关于领导力，你们知道了我们所知道的，现在又看到了我们所看到的，由此也能和我们有着相同的感受。

我们也想分享更广阔的视野。不管我们的组织和机构是商业性的还是政府的，是慈善性质的还是社会性质的，抑或是国家的，在它们的演变过程中，我们已经到达了一个重要的阶段。当我们应对大环境、人口和政治挑战时，我们领导组织和机构、领导我们自己以及领导彼此的方式将决定我们共同的未来。

我们已经来到了人类发展的重要节点，技术与社会变化的节奏之快已经超过了我们组织和机构的能力所能应对的程度。这种情况在第一次工业革命期间就发生过，现在的不同之处在于其变化的速度已登峰造极。

公司、行业、政府，乃至整个社会都在非常迅速地发生巨大的变化，而老一套的看法和做法已不足以招架这些变化。在这样一个快速变化的时代，我们从事的方方面面都需要卓越的领导力和优秀的领导者。你的当务之急是在组织内外创造更卓越的领导力来塑造我们的世界，让它变得更加美好。这就是我们希望你做的。

情境型领导力
——关于方法的说明

麦肯锡公司对情境型领导力行为的研究主要探究不同的领导力行为在不同的背景下是否更加有效。我们调查了165个组织中的37.5万多的人，他们来自不同的行业和地域，其组织拥有不同等级的健康水平。我们从自己的工作经验和开展的学术研究中获取了很多信息，综合测试了20种领导力行为（由麦肯锡公司的领导力发展实务部提供帮助）[1]，以及4种领导力风格（权威型、咨询型、支持型和挑战型），涵盖了不同的组织健康指数。我们一并研究了这24种元素。

调查对象会收到一个实验调查问卷，其中的问题包括20种新的领导力行为，以及我们的组织健康指数研究经常评估的关于4种领导力风格的标准问题。

我们联系过的组织中，80%都选择了参加这项调查。我们收集了来自165个组织的调查问卷，总计获得了一组包含37.5万多位调查对象的数据，这也是该类研究最大的数据库。

方法

我们打算更好地理解领导者做什么事会对组织的健康产生重要的

影响。因为我们一共有24种领导力元素，所以我们决定忽略领导力风格和领导力行为之间的区别，统称为24种领导力行为，作为我们采取的第一步措施。为了把得出错误结论的风险降到最低，我们随后把所有的分数都标准化，这也是统计的必要性（如"财务激励"的做法往往得分很低，而"以客户为中心"之类的其他做法则长期得分较高。文化差异意味着一些组织不同于其他组织，组织内会强调一些特定的做法）。

我们的分析方法要求针对领导力的24种行为将问题的分数标准化，将它们分别划分成4个组织健康等级，然后把每个等级中的领导力行为按照标准平均值——那些元素平均值的标准分数[①]降序排序，然后比较这些行为相邻等级的顺位序列。这最终会产生3个对比组。

首先，将第四四分位的领导力行为与第三四分位的位领导力行为的等级次序相比较，以确定较大的等级差距。具体来说，差异可能等于或大于24种行为排名中的8个级别。采用等级次序而不是分段平均值，有两个原因。首先，因为领导力行为与组织健康指数相关，相比低一等级中的领导力行为，既定等级中的每个领导力行为的平均值都会更高一些，甚至是最高的。换句话说，当组织的健康水平上升一个等级时，我们发现，他们展现出的24种领导力行为的程度都要高于较低等级中的组织。其次，我们感兴趣的是在我们定义的情境中领导力相对强调的程度，也就是四分位等级排序。除了等级排序，我们又增加了两个筛选程序，以确保稳健性：领导力行为的标准分数δ（德尔塔

---

① 标准分数，也叫z分数（z-score或standard score），是一个数与平均数的差再除以标准差所得的商数。在统计学中，标准分数是一个观测或数据点的值高于被观测值或测量值的平均值的标准偏差的符号数。在平均数之上的分数会得到正的标准分数，在平均数之下的分数会得到负的标准分数。 z分数是一种可以看出某分数在分布中相对位置的方法。

"delta"）必须高于0.50，并且该行为的位置必须位列组织健康指数等级序列的前1/3。

通过这些测试的领导力行为会成为"候选池"中积极的差异因素。例如，在组织健康的第四四分位中，关注"解决问题"的行为排第18位，但是在第三四分位中该行为排第7位。这种行为全数通过了这3个筛选程序：11位的排名差距通过了至少8个排名的标准；标准分数δ是1.03，超过了0.50的阈值，而且它在更健康的这一组四分位的等级排序中位于前1/3（平均值的标准分数分别是–0.95和–0.08），均值差为1.03。从统计学来说，结果非常显著，$P<0.01$。类似的效应值适用于为最终模型选择的所有领导力行为。因此，"解决问题"就成了可采纳的进入最终模型的候选行为。然后我们把焦点转移到比较第三四分位和第二四分位中的领导力行为上，随后再比较第二四分位和第一四分位中的行为。我们看到，差异是取决于将哪两个四分位进行比较的。例如，区分第三四分位与第四四分位的做法，就不同于区分第二四分位与第三四分位，也不同于区分第一四分位与第二四分位。这赋予了我们的模型"情境型"的方方面面。所以，这些分析能得出有明显差别的三组行为，根据健康状况所在的四分位等级，就能区分出组织的健康状况。

其次，我们还探究了如果任何行为都无法根据四分位加以区分，在排位太低的情况下，组织是否会被诊断为具有破产（位于第四四分位）特征的可能性。从某种意义上说，如果这些行为被发现了，在结构上就会与赫茨伯格[1]的工作满意度双因素模型[2]的"保健因素"（hygiene factor）非常相似。如此确定的行为将被放入"候选池"中并被最终采用，形成领导力的混合模型，既有基准行为又有情境行为。

最后，我们重复相同的分析，但会关注消极的差异因素，即相比健康状况次于自己的组织，健康状况在特定四分位中的组织明显较少强调这些行为。同样的规则也适用，尽管是相反的：为了能列出清单，相对组织健康来说，一些领导力行为必须是消极的差异因素（在较差的组织健康指数四分位中排名至少高出8位，而且标准分数δ至少是0.50）；相对领导力效能来说，它们也是消极的差异因素，且在任何对比组的较不健康的四分位等级排序中位居前3（第8位或更高）。

为了确保我们没有牺牲领导力效能来优化组织的健康，我们重复了整个分析，但有一个区别。我们根据组织在领导力效能中对应的四分位将165个做出反应的组织进行细分，就像麦肯锡公司组织健康指数的九个组成部分之一，即进行"领导力成果"评估做的那样。这么做的目的是排除一种可能性，即我们会选取其他方面都很健康但领导力效能却很糟糕的那些公司的领导力行为。这两组行为非常相似，但有一些不同。为了调和第一次的分析与之后"重复的"分析之间的差异，我们筛选了每一种行为，这样在两次分析中这些行为要么是差异

---

① 赫茨伯格，指的是弗雷德里克·赫茨伯格（Frederick Herzberg, 1923~2000），美国心理学家、管理理论家、行为科学家，双因素理论的创始人。曾在美国和其他30多个国家从事管理教育和管理咨询工作，是犹他大学的特级管理教授，曾任美国凯斯大学心理系主任。

② 双因素模型（2-Factor model），是美国的行为科学家弗雷德里克·赫茨伯格提出来的双因素激励理论（2-factor theory）下的模型。双因素激励理论又叫激励因素–保健因素理论。20世纪50年代末期，赫茨伯格和助手们着手研究，哪些事情使人在工作中快乐和满足，哪些事情造成不愉快和不满足。结果发现，使职工感到满意的事情都是属于工作本身或工作内容方面的；使职工感到不满意的事情都是属于工作环境或工作关系方面的。他把前者叫作激励因素，后者叫作保健因素。

因素，要么是一种规范行为。我们只保留了遇到这两个障碍的那些行为。实际上，在我们的最终模型中，有15种行为通过了双重测试，它们不仅是组织健康的区分因素，也是领导力效能的区分因素。

结果

我们研究的另一个问题是："有一种正确的方法吗？"或"组织的领导力是环境形成的吗？"我们的分析将这个问题回答得很清楚。我们将分析得出的结果称为"领导力阶梯"，与行为金字塔——马斯洛需求层次理论类似。[2]与相似的层次结构一样，在我们的层次结构中，某些种类的行为始终是不可或缺的。我们发现了其中的4种行为，并将它们称为"基准行为"。这些行为与赫茨伯格提出的工作满意度双因素模型中的"保健因素"非常相似。当缺乏这类行为时，组织就会出现功能障碍（第四四分位的组织健康状况包括领导力效能低下），但加重强调的程度即使超过最小阈值，也不能被进一步区分。[3]

随着组织的健康水平逐渐提升，从一个四分位到下一个四分位，行为增加变得很明显。我们将这些行为称为"情境行为"。更引人注目的是，一些行为似乎是积极的差异因素：在不同的情境中强调这些行为可以将一个处于第四四分位的组织的健康水平提升到第三四分位，将处于第三四分位的组织的健康水平提升到第二四分位，以此类推。我们一共发现了11种这样的行为或风格。因此，在我们测试的24种行为中，只有15种会产生影响。这个领导力阶梯模型与我们自己对真实世界的观察正好一致。

此外，我们还确定了某些消极的差异因素。从排位的角度来说（绝对数仍然很高），相比健康状况次于自己的组织，健康状况在更高四分位中的组织较少强调这些行为。

　　当应用这些发现时，我们始终建议组织致力于研究24种领导力行为的全部。排列等级的作用就是帮助按优先顺序排列这些行为。[4]

关键的促成因素：技能与心态

在第3章中，我们概述了要实现预期的行为转变，关注潜在技能和心态至关重要。在这里我们要阐述行为、技能与心态之间的关系在实践中是什么样的。这部分内容包括领导力阶梯上的那些行为及风格，既包括基准行为又包括情境行为，以及能提升适应性的一些行为。

然而，应该注意的是，我们这里给出的是例证说明性的例子，而不是最终定义。它们是根据我们的经验与经常的观察形成的，应该被视为著书立说的起点。我们不会宣称这是全面的，但我们承认，对于我们所讨论的行为，实际上还有大量的研究。在实践中，当我们将技能提升元素和心态转变融入领导力发展干预计划中的时候，还有大量额外的设计与专门定制正在进行，其来源范围非常广泛。

确定基线

如果一个组织在适当的时候没有基准行为，那么其首要任务是解决这个问题。在这种情况下，领导者需要的最重要的心态可以总结如下：

我需要解决最基本的问题，因为基准行为不存在，这于组织不利。我需要确保员工能够高效地合作，我的作用是身先士卒，提供适当的支持以及适中程度的挑战。

在实际情况中，这意味着要培养4种基准行为，不管组织的健康状况怎么样，这一点都非常重要。这些基准行为如下：

- 有效促进团队协作。
- 表达对员工的关怀。
- 拥护预期的变革。
- 提出批判性观点。

有效促进团队协作

这是最基本的领导力行为之一，当这种行为缺失时，其重要性就会彰显得最为明显。它可能需要一些重要的心态：

第一，"团队协作比若干人各自在封闭的环境中工作的结果更好。"

第二，"我们需要共同的方向，为达此目的，需要相互依靠。"

第三，"人们有不同的偏好，有不同的工作方式（每种工作方式同样有效），并不是所有人都跟我一样。"

第四，"会议准备很重要，但还不够——我需要在会议背景下确保合作与创新，以及严格的后续工作。"

与之结合的还有一些技能：

团队组建与团队协作。领导者可能不会总能随心挑选自己的团队，尽管如此，明白手头任务所必需的技能以及目前的团队成员是否拥有这些技能，也是至关重要的。

培养共同责任与共同承诺。

明白团队动力以及如何将有不同工作偏好的人凝聚成一支高效率的团队。

领导者必须建立一种文化——能够实现坦诚对话，快速有效地解决冲突。

领导者必须具备协商公平（最好是"双赢"）结果的能力。

有效主持会议的实用技巧，可以帮助领导者促进团队协作。

表达对员工的关怀

首要的是，领导者需要真正地关心自己的员工。与之相结合的一件重要的事情是，要具有这样一种认识：员工只有在工作的时候做自己，才能有最好的工作表现。一对一的指导和直接汇报非常有必要，能激发出员工身上最好的一面（通常领导者的思想中并没有后面 "直接汇报"这个过程，因此一对一的指导在这种情况下根本就不会发生）。

我们在领导力发展干预计划中教授了一些关键技能，实际上是注意到个体释放信号的能力（如通过身体语言、面部表情、语气声调，以及其他行为）、结构化培训与反馈，以及可信度。用于指导计划的通用框架是"成长模型"（GROW Model），该模型由以下几方面组成：设定目标（Goal），也就是你想到什么地方去；明确你当下的现实（Reality），也就是你现在在什么地方；确定你拥有的选择（Options），以及在一些情况下可能存在的障碍（Obstacles），也就是到那里可以走哪些不同的路，以及可能遇到什么阻碍；最后是可以前进的道路（Way Forward），也就是下一步要怎么走。[5]用于建立信任的简单框架是一个公式：信任=（信誉度+可靠度+亲密度）÷自我取向。[6]

拥护预期的变革

这可能需要领导者明白一点：他们必须创造一些故事来提高员工的理解力，培养员工的追随力，并深信他们需要的不仅是"说到做到"，还要积极主动且显而易见地展现出他们致力于变革的态度并真正付诸努力。大多数领导者明白拥护变革的必要性，但往往会高估他们努力沟通和树立榜样的象征行动会产生的影响。

有助于支持这种行为的那些关键技能，是创作令人叹服的故事的能力，是有效、有章法沟通的能力，是影响他人的能力，是明白一个人的情绪会产生影响并能相应调节自己情绪的能力，是精力管理的能力。金字塔原理[①]（Pyramid Principles）是用于结构化的书面写作和口头沟通的一种常见方法。[7]另外，值得指出的是，金字塔原理在关键时刻的重要性。关键时刻可以是象征性的，也可以是真实的，但在这两种情况下，它们都为领导者提供了拥护变革的重要机会。领导者必须能够预测这样的关键时刻（在某些情况下要提前做好计划），并在它们出现的时候抓住机会。

提出批判性观点

这可能需要一种心态，从不同的角度看待问题并改进解决方案。另外，领导者有责任和义务提出正确的问题，并挑战占主导地位的想法。我们发现，许多领导者在这两个要素的其中一个或两个上努力。经验学习有助于第一种心态的转变（耳听为虚，眼见为实），同事或下属的反馈有助于第二种心态的转变，而这往往是出于害怕破坏与同事的关系，或害怕让同事"看起来很糟糕"。

要支持这种行为，需要具备一个重要的技能——强烈地感知到优秀是什么样的（如掌握外部导向和丰富的经验）。其他关键的技能可能是批判性思维、有效地提问、掌控有挑战性的对话、规划设计。德·博诺（De Bono）的六顶思考帽[②]（six thinking hats）是一个简单但

---

① 金字塔原理，指的是芭芭拉·明托提出的金字塔原理，是一项层次性、结构化的思考、沟通技术，可以用于结构化的说话与写作过程。

② 六顶思考帽，是"创新思维学之父"爱德华·德·博诺开发的一种思维训练模式，或者说是全面思考问题的模型。它提供了"平行思维"的工具，避免将时间浪费在互相争执上。强调的是"能够成为什么"，而非"本身是什么"，不是争论谁对谁错。运用六顶思考帽，能够使混乱的思考变得更清晰，使团体中无意义的争论变成集思广益的创造。

有力的工具，可以培养批判性思维，形成多样化的观点。[8]

所有这些技能通常是我们的领导力发展干预计划的课程中摘要的组成部分。从我们的经验来看，参与者往往觉得"掌控有挑战性的对话"的具体工具和练习特别有用。

图A.1总结了与每种基准行为相关的关键技能和心态。

	关键技能	关键心态
有效促进团队协作	·团队组建与团队协作 ·培养共同责任和承诺 ·明白性格类型和团队动力〔如迈尔斯-布里格斯类型指标〕或大五人格 ·促进开诚布公的对话并解决矛盾 ·谈判（"双赢"） ·准备会议，促成会议，并后续跟进	·团队协作比若干人各自在封闭的环境中工作的结果更好 ·我们需要共同的方向，为达此目的，需要相互依靠 ·人们有不同的偏好，有不同的工作方式（每种工作方式同样有效），并不是所有人都跟我一样 ·会议准备很重要，但还不够——我需要在会议背景下确保合作与创新，以及严格的后续工作
表达对员工的关怀	·注意其他个人释放出的信号并预见他人的担忧与需求 ·结构化的指导与反馈（如成长模型） ·可信度，如信任公式：信任＝（信誉度＋可靠度＋亲密度）÷自我取向	·我关心我的同事 ·员工只有在工作的时候做自己（而不是隐藏他们的情绪）才会有最好的工作表现 ·有必要进行一对一的系统化指导，并用直接汇报的形式开展反馈会议
拥护预期的变革	·讲好故事 ·有效的口头和书面沟通（如金字塔原理） ·影响他人 ·认识到自己的情绪，明白它们会产生的影响，必要时自我调节情绪 ·精力管理 ·预测并抓住关键时刻	·讲好故事是一种强有力的方法，可用来提高员工的理解力和培养追随力 ·我需要"说到做到"并明确地展现出我致力于变革的态度
提出批判性观点	·强烈地感知优秀是什么样的（如掌握外部导向和丰富的经验） ·批判性思维（如创新思维学之父德·博诺开发的六顶思考帽思维训练模式） ·有效地提问 ·掌控具有挑战性的对话	·从不同的角度看问题并能改进解决方案 ·我有责任和义务问正确的问题，并挑战占主导地位的想法

图A.1 基准行为需要的关键技能和心态

挖掘（从第四四分位上升到第三四分位）

位于第四四分位的组织往往是属于事后反应型的，缺乏明确的答案，容易沮丧，而且内部具有恐惧和不轻易信任的文化。领导者需要扭转这些情况，并具备一种压倒一切的心态，可以总结如下：

这个组织正在挣扎。我需要开始在事实的基础上研究解决方案，迅速向前推进方案，而不要盲目地等待所谓的完美答案；保持积极的心态，并在这个艰难时期保持沉着。

同样，有四种非常有效的领导力行为有助于增加组织生存下来的概率并让组织上升进入第三四分位。这些领导力行为有以下几种：

- 有效解决问题。
- 客观决策。
- 积极走出失败阴影并复原。
- 面对不确定性时保持沉着与冷静。

有效解决问题

在破解领导力的早期研究中，我们发现解决问题是有效领导力的头号组成部分。[9]解决问题包括概念上的和分析层面的，有量和质两方面的介入。它不像看上去那么难以掌握，但却是对重要问题做决策（如企业并购）以及日常决策（如如何处理团队争端）的关键介入点。对于位于第四四分位的组织来说，可能有三种关键的心态能够促进高效地解决问题：

优先次序和关注点非常重要，要避免积极主动性过载。

坚信存在受过训练的解决问题的方法论，其能推进寻找答案的过程。

完美可能是"足够好"的敌人，为了扭转组织的颓势，**偏重于行动**非常有必要。

一些技能会有助于培养这些心态，如确定关键的问题或做出所需决策的能力、运用结构化的流程分解问题的能力、分析利弊并综合各种见解的能力、有效决策的能力、快速执行任务并密切跟进的能力。

客观决策

这可能需要领导者具备下面几种心态："要严谨和客观""我必须坚持严密的逻辑做事"，并能理解"每个人都有偏见，包括领导者自己"。

虽然这些心态看起来极为简单，但我们有时还会看到一些组织根据不完整的分析和事实就做决策，而且对工作质量的标准要求非常低，这意味着严谨的事实和逻辑在实践中并不被重视。正如我们在第2章中讨论过的，这种心态极有可能是这样的组织排在第四四分位的主要原因之一。有两个关键的能力在这里可能会有帮助：

第一是根据事实、数据和逻辑分析的方法做出高质量、明智的决策，运用良好判断力的能力。这一点越来越需要与具备收集、管理和解读大数据的能力相配合。

第二是理解并缓解内部隐藏的偏见的能力。这包括意识到自己存在偏见，并能改进组织的流程以减少偏见的能力（在组织层面减少偏见的常见方法包括进行预先分析，创建更多元化的团队，指派一个唱反调的人，设定阶段关卡等）。

重要的是，要注意前两种行为——有效解决问题（并快速行动）和客观决策，它们不是权衡之计，而是互为补充的。这取决于位于第四四分位的组织的领导者如何理解并平衡这两种行为。

积极走出失败阴影并复原

这可能需要全面地理解"一个人设定失败情境的方式对他从失败中恢复过来的能力有很大的影响"，以及"具有挑战的环境是学习和成长的机会"这种心态。一些重要的研究阐明了这样的观点，例如，要有"成长"而不是"一成不变"的心态，以及毅力非常重要，它被定义为"对长期目标保持毅力与激情"。

有四项关键的技能可能有助于组织积极地从失败中恢复过来：

设定与重新设定失败情境的能力（这种情境本身往往就会导致领导者和更广泛的团队的心态发生转变）。

学会乐观有助于领导者认为这是一种普遍存在、长期不变的个人情境，转而认为这种情境是环境造成的、特殊的短期情境。[10]

关注与解决问题有关的提问是一种技巧，能帮助发掘优势、资源和机会，而不是只关注问题、不足和挑战。

肯定式的探询是以一种建构主义的观点看问题，认为组织是通过对话创建、维护和改变的。因此，对话可以改变组织。肯定式的探询非常关注问题积极的一面，而且包含一些技巧。比如，从解决根源问题转为"想象可能会发生什么"。

面对不确定性时保持沉着和冷静

对于位于第四四分位的公司来说，第四种关键的领导力行为就是面对不确定性时保持沉着和冷静。这可能需要一套整体的心态——"如实地评估情况，会有助于我更妥善地应对"，并明白"作为一个领导者，我会投下一片'阴影'"。因此，即使在充满挑战性的情况下，我也要保持冷静，并且坚信"我具备把事情变得更好所需的能力"。让这一点成为可能需要一些关键的技能，包括看清这个世界本质的能力，承认哪里出了问题的能力，感知并调节自己情绪的能力（与拥护组织变革所需要的能力类似），自信并了解自己优势的能力（可以发现自己优势并基于优势进行培养的能力），以及个人修复的能力（如通过积极的心理学）。

图A.2总结了组织从第四四分位上升到第三四分位的每种行为相关的关键技能和心态。

关键技能	关键心态
有效解决问题 · 确定关键的问题或做出所需决策 · 运用结构化的流程分解问题；确定利弊并综合各种见解 · 确保做决策的过程很高效 · 快速执行任务并密切跟进	· 优先次序和关注点非常重要，要避免积极主动性过载 · 存在受过训练的解决问题的方法论，其能推进寻找答案的过程 · 完美可能是"足够好"的敌人，为了扭转组织的颓势，偏重于行动非常有必要
客观决策 · 根据事实、数据和逻辑分析的方法，做出高质量、明智的决定，运用良好的判断力 · 理解并缓解内部隐藏的偏见	· 要严谨和客观 · 严密的逻辑至关重要 · 每个人都有偏见，包括我自己
走出失败阴影并复原 · 设定与重新设定失败的情境 · 乐观与开心 · 成长心态 · 肯定式的探询	· 我设定的失败的情境，对我们培养从失败中恢复过来的能力有很大的影响 · 具有挑战性的环境是学习和成长的机会
面对不确定性时保持沉着和冷静 · 看清这个世界的本质并承认哪里出了问题 · 认识到你自己的情绪，明白它们会产生的影响，并能在必要时自我调节 · 自信并了解自己的优势 · 个人修复	· 如实地评估情况，会有助于我更妥善地处理事件 · 作为一个领导者，我会投下一片"阴影"，因此，即使在充满挑战性的情况下，我也要保持冷静 · 我具备把事情变得更好的能力

图A.2　组织从第四四分位上升到第三四分位需要的关键技能和心态

上升（从第三个四分位到第二个四分位 ）

当组织让事情都在自己的控制之下，并过渡到第三四分位时，紧迫感通常会下降。然而，即使上升到组织健康指数排名的前半部分，并进入第二四分位，组织仍然需要实打实地专注于转变。

在这种情况下，需要领导者具备的最重要的心态分为几个方面。

我们具备基本的条件，尤其是高效解决问题的关键技能。然而，我仍然要参与大多数决策，并花费大量精力让这个组织平稳地运行。是时候开放更多授权，关注培养员工，塑造组织的敏捷性了。

有五种领导力行为可以帮助组织过渡到第二四分位：

● 有强烈的结果导向意识。

● 明确目标和结果。

● 让团队一起完成任务。

● 寻求不同的视角。

● 迅速与敏捷。

第一种行为事关广义的执行力和员工的绩效流程，应该被率先掌握。最后两种行为与创新和速度有关，而且是组织本身在第二四分位范围内晋级上位的焦点问题。

有强烈的结果导向意识

一个总体的心态是"对组织的成功来说，履行对利益相关者（同事、客户、市场、共同体）的承诺至关重要"。这一点不同于组织位于第四四分位所需的领导力行为，因为这事关将履行承诺的心态植入更广泛意义上的组织文化中，而不是因为某个人告诉你去做这件事而做。任务优先、训练有素地执行且控制质量，以及业绩汇报和后续跟进，这些技能都会帮助你实现这一点。在实践中，这意味着组织的整体效率和生产力提高了，纪律也变得融入日常工作了。

明确目标和结果

这一点关乎组织使命与个人任务之间的联系，并能将结构化的员工评估流程落实到位。关键心态可以支持这种转变："每个人都应该明白自己的工作对整个组织的使命会做出怎样的贡献""明确目标和结果能提高绩效""员工应该知道他们的表现是怎样的（是好还是坏）""帮助他们提高，是我的职责所在""奖励和后果应该以业绩为基础"……三个关键的技能在这个阶段可以帮助你：将组织愿景转化为战略目标和重要事件，继而将这些转化为个人关键绩效指标的能力；有效地讨论绩效管理（讨论优势和发展范围）的能力；将绩效与晋升、工资和解雇关联起来的能力。

让团队一起完成任务

这一点针对整体的组织层面，也针对团队层面。领导者需要明白组织一直集中注意力工作的关键性，还要具备一种心态："保持整个组织范围内的任务一致会减少浪费，并加快速度，增强生产力。"这需要几种技能：项目管理、工作规划，以及运用RACIs模型[①]的能力，登记记录与可视化管理的能力，有效授权的能力。我们看到过很多时候一个团体都在努力完成任务，但他们努力工作的方向不对，因为他们与来自第四四分位的组织的关键差异在于这些技能不再关乎组织的生存和消亡，而是关乎实现整个组织的愿景，他们不是每个人都朝着同一个方向做这件事的。

寻求不同的视角

这可以总结为以下心态："观点多元化很重要，因为我并不总是知道答案。"这需要真正的谦逊和一定程度的好奇心。虽然这看起来可能很简单，但我们时常看到领导者做决策时怀着这样一种心态："我最了解。"这就意味着，在实际中，他们认为观点多元化并不重要。有四个关键的技能会有助于培养这种心态：

拓展各种各样的利益相关者，包括外部人员。例如领导可以积极主动地与他人建立联系，召开会议，征求不同利益相关者的意见。

创造开放和信任的环境。员工需要有足够的安全感才会提出问

---

① RACIs模型是在专案管理或组织改造时常用的工具，主要是用来定义某一项活动参与人员的角色和责任。 变革过程是不可能自发或者自动进行的，很有必要对谁做什么，并促发某种变革进行定义和描述。RACI是几个英语单词的缩写：谁负责（R=Responsible），即负责执行任务的角色；谁批准（A=Accountable），即对任务负全责的角色；咨询谁（C=Consulted），拥有完成项目所需信息或能力的人员；通知谁（I=Informed），即拥有特权，应及时被通知结果的人员。

题，并向彼此和领导者陈述他们的观点。如果没有这样的环境，领导者即使想要寻求不同的意见，也无计可施。在麦肯锡公司，我们的核心价值观之一是"有责任提出异议"，这已远远不是一种权利了。我们期望各个层级的同事履行这一责任，而且我们看重的是这种价值观的质量，而不是等级制度。

提出正确问题。从把事情做完的角度为员工提供答案可能比较快，但这会限制他们结合不同的观点探索更好答案的潜力以及学习的总量和动力。可以用开放式提问激发新的思考和想法，但使用更多封闭式提问或有针对性的提问有助于引导讨论沿着一个特定的方向进行，这点可以参阅汤姆·波尔曼（Tom Pohlmann）和尼提·玛丽·托马斯（Neeti Mary Thomas）发表在《哈佛商业评论》上的一篇文章《重新学习提问的艺术》（"Relearning the art of asking questions"）。这篇文章根据问题的观点（广义与狭义），概述了四种不同类型的提问以及问题的意图（确认我们所知道的，或发现新的内容）。[11]

倾听。许多人不是天生就能耐心地倾听，据说大多数人并不是怀着倾听的目的而听的，他们倾听是为了回答。[12]然而，倾听是一种技能，可以通过了解自己的行为和练习新的行为来获得。如保持眼神交流，一心一意地倾听以便理解（而不是为了回答问题）；用自己的语言阐述以增进理解；控制住打断别人说话的冲动。

迅速与敏捷

对于位于第三四分位的组织（或位于第二四分位底部的组织）来说，保持迅速与敏捷至关重要。我们最近的研究表明，相比缺乏这种技能的组织，能够将稳定性与速度和敏捷性结合在一起的组织具备第一四分位健康水平的可能性要高3~4倍。[13]图A.3[14]概括了这一点。

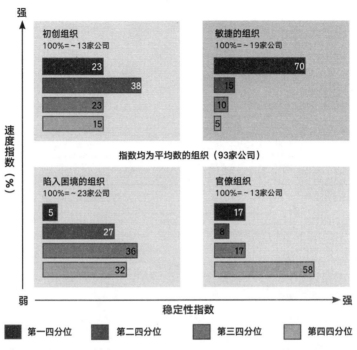

图A.3 根据四分位划分，各类别组织的健康指数得分百分比（161家公司样本）

对于从第三四分位向第二四分位过渡的组织来说，前三种行为涵盖了建立"稳定性"的要素，而这里概述的行为则有助于建立"速度和敏捷性"。下面三种心态可以帮助获得速度和敏捷性："速度关乎竞争力""不能停滞不前，我们需要不断地试验和调节""试验和一定程度的模棱两可对敏捷性来说很有必要"。

上述这些心态可能需要以下4个技能的支持：收集客户信息、具有市场洞察力并据此采取行动的能力，训练有素地生成创意和做出调节的能力，从试验中快速学习的能力，提高跨学科团队效率的能力。在实际中，组织很难获得适当的敏捷性，在我们的样本中只有12%的组织非常敏捷。[15] 照此，在我们的经验中，成为一个敏捷的组织不仅有助于向第二四分位过渡，常常也有助于组织向第一四分位过渡。

图A.4总结了组织要从第三四分位步入第二四分位的每种行为所必需的关键技能和心态。

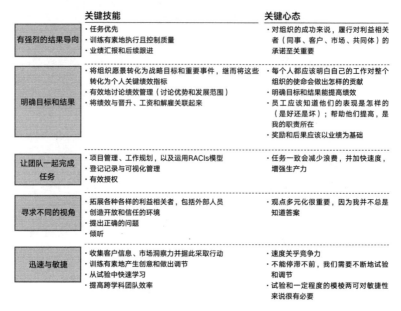

图A.4　组织从第三四分位步入第二四分位需要的关键技能和心态

登顶（从第二四分位上升至第一四分位）

当组织开始关注第一四分位时，有一点很重要，那就是记住情境型领导力阶梯的不同层次是递增的。换句话说，尽管组织从一个四分位过渡到下一个四分位时会相对地将关注点转向领导力行为，但他们依然必须确保继续维持位于低级四分位时的那些领导力行为，包括基线行为。事实上，位于第一四分位的组织应该关注15种领导力行为的全部，而这也是我们在现实中看到的——位于第一四分位的组织在15种行为中所做的比位于第二四分位的组织所做的要多。反过来，位于第二四分位的公司又比位于第三四分位的公司做得更多，而位于第三四分位的公司又比位于第四四分位的公司做得更多。

组织步入第一四分位需要领导者在心态、技能和行为上有显著的转变。成功越来越取决于让组织充分发挥潜力，而在这种情况下，领导者需要具备的最重要的心态可以总结为以下几个方面。

我们现在做得很棒，但要更上一层楼，我们需要做的是吸引这个世界上最有才华的人，并让他们认识到什么对组织很重要，什么对他们自己很重要，并帮助他们发挥得更出色。

有两种领导力行为可以帮助组织过渡到第一四分位：

● 激励并发挥他人的长处。
● 建立组织价值观模型。

激励并发挥他人的长处

这可能需要一种贯穿性的心态，"内在激励比外在激励更为有力——当员工投入工作之中，找到工作的意义，并有归属感和自主权的时候，他们会有更加出色的表现"。另外，还需要"我要让百花齐放"的心态。与之前的四分位不同，处于那个阶段时，领导力通常是自上而下的，而且关注的往往是避免过于主动积极，而位于第一四分位的组织往往需要领导者适应模糊性，进行自下而上的革新，并让组织进行各种尝试。考虑"从老板转变为教练"也会大有裨益，让他人展现出最好的自己并不是简单的事，要将心理学、教练指导技术，甚至哲学精妙地结合起来。

在这方面还有六个关键的技能非常有帮助：

设定并传达激励人心的愿景。

为自己和他人创建或重建意义。这里的关键在于员工身上的不同的

"意义来源"。比如，我们列出一个单子，包含了"个人发展""内部关系、团队""客户""公司、绩效""社会"五个要素，请员工评估他们自己的头号"意义来源"。在现实中，人们常常受到这五大要素的同时激励，虽然程度各有不同，但这样的操练会敦促员工选择自己的头号"意义来源"。

激励他人并赋予其正能量。这将我们又带回到之前也讨论过的能量管理上，对"拥护预期变革"的基线行为也很有帮助。这里的区别在于找准能量的方向，而不是引导它去"身先士卒"，更多的是要激励员工去负责，并让他们拓展自己认为的可能的范围。

积极的心理。

根据优势指导，并实现巅峰表现。这点与前面的技能有着错综复杂的关系。

授权。这一点对健康水平位于较低四分位的组织来说通常极具挑战性，因为其支持系统、流程、能力和文化都不到位。它需要领导者努力平衡，既要给予员工独立性，又要提供及时的指导，并让员工担负应尽的责任。

建立组织价值观模型

可以帮助组织向第一四分位过渡的第二种领导力行为，就是建立组织价值观模型。在这一方面，关键的心态可能是："我是这个组织的榜样""员工都想要为他们信任的组织工作"。我们发现六个关键的技能可以帮助领导者表现出这种行为：

有**自信**根据一套明确的价值观做决策。

判断力。在处理"灰色地带"的问题和运用组织的价值观指导一个人的行为时，判断力尤其重要。

将组织的价值观与员工个人的日常任务联系起来，并吸引他们的价值观与情感。

讲故事，以及将价值观融入生活。

根据自己理解的会对员工产生最大影响的因素，**培养仪式感和象征行为**。

正直行事。有人可能会争辩，正直不是一种技能，而是一种特质。虽然如此，我们还要将正直纳入进来，因为我们认为自我意识增强确实可以帮助领导者更加正直地处事。

图A.5总结了组织从第二四分位上升到第一四分位的每种行为需要的关键技能和心态。

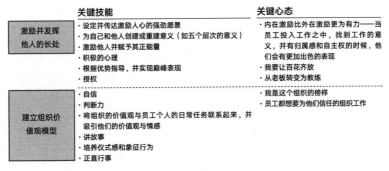

图A.5　从第二四分位上升到第一四分位的每种行为需要的关键技能和心态

适应型领导力

有两种心态可以帮助培养适应型领导力。第一种心态是"让我到这里的，不会让我到那里"，或者说"世界在变，我也要跟着变"。要向前发展，领导者就必须保持不断学习和适应变化的势头，他们并不知道所有问题的答案。这种双重观点要求他们"谦虚、好奇和处于'学习'模式中，而不是处于'保护'模式中"。支撑适应型领导力的第二种心态是认可反馈对于提高一个人的自我意识和发展很重要。这种心态不仅仅是坦然接受反馈，还需要积极主动地寻求反馈，对其进行反思，并准备根据反馈付诸行动。

学习心态可以定义为拥有初学者的心态，对其他的观点感兴趣，渴望更多地了解自己，了解自身的处境和容易产生的情绪，有兴趣去探索，关注未来，探寻问题出在哪里，并在自己身上寻找解决方案。

保护心态可以定义为拥有专家的心态，拥有这种心态的人往往坚持自己的观点和设想，隐藏或否认自己的缺点，坚持已经知道的问题和答案以及无法产生的情绪，同时容易紧张、焦躁和封闭，关注过去，并认为问题都是别人导致的。在麦肯锡公司的领导力发展干预计划中，我们发现，帮助参与者成功培养"学习心态"是学习过程中至关重要的一个成功因素。

我们发现，与适应型领导力相关的关键技能和工具关乎不断增强的自我意识，尤其是行为或知识差距方面的自我意识，还关乎根据这些采取的行动。这需要一定水平的元认知，或"对认知的认知"，以便"知道自己知道"以及"知道自己不知道"。这一方面有个有用的工具，即"成长的四个阶段"框架——对于任何技能或行为，人们可能是"不知不会"（Unconsciously Unskilled），即我不知道自己不知道；"知而不会"（Consciously Unskilled），即我意识到自己要学习什么，但不知道该如何学；"知而会"（Consciously Skilled），即我会做这件事，但我需要思考；"不知而会"（Unconsciously Skilled），即我自然而然就会做这件事，不需要思考。要从"不知不会"过渡到"知而不会"需要提高意识和洞察力。要从"知而不会"过渡到"知而会"需要做出选择。你必须选择用与众不同的方式做事。例如，你可以在开会之前提醒自己"少说话，多倾听"，然后随着会议的进展，你要有意识地关注这个选择。这要建立在"当下意识"的基础上，不但会加快自我调节，还会引起行为方面的改变。要从"知而会"过渡到"不知而会"，需要专门训练。通过持续不断地做决策，你的大脑会形成新的神经通路，来帮助你让实践变得具有可持续性。经过充分的训练，新的技能或新的行为就会变得自然且毫不费力。

意识到自己并不知道某件事，或出现某个类似恍然大悟的时刻，往往就是你适应新情况的第一步。我们将这称为"结构意识"，它可以被很多东西触发。例如，某个事件、一点混乱，或一番自我反省（如在领导力发展干预计划的讨论过程中开展一个易化的练习）。例如，一个领导者可能收到一份360度的反馈报告，并意识到他们有掌控会议的倾向，根本不给同事说话的机会。

下一步需要领导者做出选择，在那个特定方面有所改进。为了能那么做，领导者随后要进行刻意的练习。这包括培养"当下意识"，即抓住当下，并相应调整自己行为的能力。在上面的例子中，领导者需要在后续的会议中意识到他们自己的行为，如提醒他们监控自己的行为，然后选择一系列不同于他们往常的行为。"当下意识"可以通过正念与冥想得到增强，这会训练大脑将注意力带回到现在，增强注意度，提高头脑清醒度。[16]

我们的中心领导力方法通过提供切实可行的工具，可以帮助建立适应性，以在意义、框架、沟通、吸引注意力和管理精力五个方面增强自我意识。它还有助于培养恢复力，用于抵挡复杂和变化的环境，因为"中心领导者"能够从克己自制的内核领导他人。

图A.6总结了适应型领导力的关键技能和心态。

| 学习并适应动态背景 | **关键技能** · 成长阶段   — 自我意识（既是长期的又是当下的） — 自我选择和调节 — 专门训练 — 习惯 · 围绕意义、框架、沟通、投入和精力管理的中心领导力训练 | **关键心态** · 让我到这里，不会让我到那里的谦逊/初学者心态 · 反馈对我提高自我意识和改进很重要 |

图A.6　适应型领导力需要的关键技能和心态

这些就像情境型行为一样，如同导向轨道，针对它们，我们设计领导力方案，以实现想要的行为改变，而不是一份应该严格遵守的说明书。此外，这些导向轨道并不全面。当然还有许多其他的方式可以实现我们想要的行为，我们只是提供了一个稳健的起点。

但是，这些表格不应该被视为说明书。不如说，它们提供了一些技能和心态的案例，那正是我们在实践工作中所看到的，而且当我们实施领导力发展干预计划时，我们可以将之视为起点或"主镜头"。然而，每种背景都需要被适应。为了根据需要调整领导力发展干预计划，我们常常根据需要覆盖一些"次镜头"，例如，一个组织的行业背景以及"秘诀"，也就是它的成长阶段，或组织的志向和战略。

提高个人学习效率和工作绩效

这部分我们将详述核心原则3中我们强调的五大要素，它们有助于总体提高个人学习效率和工作绩效：

- 单一任务。
- 成长心态与先入为主型威胁。
- 消除偏见。
- 保持健康的生活方式。
- 冥想与正念。

我们没有把它们归类为"成人学习原则"，但组织如果考虑它们，毫无疑问会从中受益，因为它们不仅能增进员工的学习迁移能力，还能提高整体的绩效，尤其是让保持健康的生活方式和冥想与正念两个方面渗透到组织之中。这都是有充分原因的，正如我们下面概述的。

单一任务

大脑一般只占人体重量的2%，并只消耗20%的能量，它应该是很闲散的器官，尽管人们不知这是否有益于进化，但"我们只用了我们大脑非常小的一部分"的神经迷思却广为流传。这个神经迷思还为几部小说和科幻电影提供了理论基础。成像研究获得了关于激活热点不太成熟的解释进一步支持了这一点。当解释这些研究的过程中，大脑的其他部分没有信号时，人们就会忘记大多数功能成像会对比两种情况（在对比中激活的成像可能被简单地抵消），以及统计阈值是以这些结果为基础的（被选择的统计阈值没有信号不意味着"根本没有激活"）。[17]

到目前为止，更为仔细的功能性大脑扫描表明，不管一个人在做什么，整个大脑总体是活跃的，根据任务不同，大脑内的一些区域比其他区域更加活跃。人们学习新的思想和新的技能，不是在开发大脑没有使用的部分，而是在神经细胞之间形成新的或更强的连接。这样做需要注意，这是选择性地集中注意力于环境的一个方面而忽略其他方面的认知过程。注意力不仅对学习至关重要，而且对广义上执行任务、做好工作、处理人际关系及自我认知都很重要。

这个深刻的见解对我们高效地工作和学习有着重要的启示。我们知道一些人有在开会或培训课程中间迅速查看电子邮件或规划下一场会议的习惯。今天的生活和工作环境与智能手机息息相关，而且"一直开机"的文化广泛存在，这对我们执行"单一任务"的能力提出了严峻的挑战。问题在于我们在多项任务中需要投入大脑的大部分工作记忆①（working memory），这就会将我们的注意力从最初的（主要的）关注点转移走。换句话说，大脑不能胜任多项任务，因为执行多项任务需要我们在同时发生的任务之间切换[18]，而所有这些任务都需要

----

① 工作记忆是认知心理学提出的有关人脑中储存信息的活动方式，相当于一种对信息进行暂时加工和储存的容量有限的记忆系统。人作为一种信息加工系统，把接收到的外界信息经过模式识别加工处理，然后放入长时记忆。以后需要时，长时记忆中的某些信息被调出来，这些信息处于这种活动的状态，就叫工作记忆。

注意力。这反过来要我们调动很大一部分工作记忆，会削弱我们执行任务和学习的总体能力。[19]

成长心态与先入为主型威胁

一项有趣的研究表明，一个人的心态对学习的结果和表现会产生明显的影响。举一个这种影响的例子来做个实验：提醒一组亚洲女学生"她们是亚洲血统，天生就擅长数学"，同时提醒另外一组亚洲女学生"数学对女生来说都很难"，结果在随后的数学比赛中，第一组比另一组的成绩要优秀得多。[20]先入为主型威胁会导致个体对自己的表现产生消极的认知与心态，且通常会显著降低其表现和学习效率。[21]

另外，对自己和学习都具备积极的成长心态，能提高一个人攻克挑战与学习的能力。与那些有着"固定心态"的人相反，拥有"成长心态"的人喜欢挑战，享受努力，他们会努力学习，重视并相信自己的进步，而且始终关注潜力，去发展新的技能。[22]研究表明，在学习干预的过程中，向高中生逐渐灌输成长心态（如把大脑描述成为一团肌肉，用得越多它就会变得越强），有助于触发学习成绩的显著提高与学习习惯的改进。[23]因此，组织必须营造一种学习的氛围和文化，来帮助克服先入为主型威胁和改变固定心态。总之，这不仅能提升学习，还能促进工作表现。

消除偏见

关于人类根深蒂固的偏见，相关的研究越来越多，丹尼尔·卡尼曼（Daniel Kahneman）等人又将之普及。例如，人们普遍存在"确认偏误""可得性偏差"，以及"过度自信偏见"（夸大一个人的能力）。

挑战是双重的：首先，人们往往没有意识到自己存有的偏见；其次，即使人们意识到了，如果被迫快速做决定，而不使用卡尼曼的"慢思考"系统，他们也仍然会和其他人一样犯认知错误，并容易受到影响。[24]我们不会对此进行深入回顾，我们会得出关于学习干预的启示。

偏见会降低工作效率并干扰大脑准备学习的状态。就总体表现而言，偏见会导致员工根据并不完整的数据做出错误的决定（如一个投资方面的决定）。在学习的背景下，有些人可能会认为他们比别人"要学的东西少"，或者怀着确认他们已经知道的心态求学，而不是想着寻求新的见解，这两种心态都可能会降低学习的效率。

发现并抵制偏见的目的是要帮助个人（还有整个组织，乃至整个社会）明白自己做决定的原理，以及如何才能做出更妥善的决定。应该及时进行学习干预并进行自我反省，同时态度明确地探讨偏见。在组织层面上，立足于适合的结构和流程来提升做决策的水平非常重要。

保持健康的生活方式

如果我们累了，我们的大脑就会想要睡觉；如果我们不运动，大脑就会变得焦躁不安，缺乏活力；如果我们饿了，我们的大脑就会想着食物；如果我们压力过大，我们可能会变得焦虑，甚至抑郁。睡眠、运动、营养，以及压力管理，这些都是基本的保健方式，需要安排到位才能提升我们的表现和学习体验。

然而，这些不仅仅是保健方式。睡眠、运动、营养，以及压力管理对于保证身体精力充沛和大脑思维清晰都是不可或缺的。为了提高员工的学习效率和工作绩效，适度地具备这些不仅仅是"值得拥有"

的事情，还应该被视为"必须拥有"的条件（这些方式并不非常全面，因为它们并不是包罗万象的，如它们不包括基于积极心理学或精神性的干预措施，但它们提供了维持健康生活方式的关键基本构成要素）。

睡眠、运动、营养和压力管理都很重要，这对于读这本书的人来说不是什么新鲜信息。大约2000年前，罗马诗人德奇姆斯·尤尼乌斯·尤维纳利斯（Decimus Junius Juvenalis）就曾说过"健全的精神寓于健康的身体"（Mens sana in corpore sano）。这句话意味着体育锻炼和身体健康是精神健康和心理健康必不可少的部分。现在不同的是，随着更先进的功能性磁共振成像技术的出现，我们有能力衡量健康的生活方式对我们执行认知任务和学习新东西的能力所产生影响的大小。下面我们会综述睡眠、运动、营养和压力管理对一个人专注于任务和学习新东西的能力会产生什么样的影响。这些内容非常简短，有兴趣的读者朋友，敬请参阅原始的参考文献。

睡眠

当说到学习时，我们指的是三个不同的阶段：

第一，解码阶段，在这个阶段我们吸纳新的信息。

第二，巩固阶段，当大脑形成新的连接时，我们由此确保新的记忆痕迹得到巩固，成为长期记忆。

第三，检索阶段，在这个阶段我们从长期记忆中检索相关的信息。

大量的科学研究突出强调了睡眠对学习过程的上述三个阶段会产生影响。这是真的，不管涉及的是什么类型的记忆（不管你是在学习一门新的语言，还是一项新的运动技能）。[25]

此外，睡眠不足会影响领导力行为的重要形式，由此削弱领导者的表现。在睡眠不足时，大脑执行更高阶的行政职能会非常艰难，因为这些涉及大脑皮层。这些行政职能包括：解决问题、推理、组织、抑制、计划，以及执行计划等。[26]简单举几个例子，研究表明，一个人在维持不眠状态17~19小时以后（我们假设是对于早晨6:00起床的人来说，维持到晚上23:00至第二天凌晨01:00），处理一系列任务时的个人表现相当于一个血液酒精浓度为0.05%的人的表现。血液酒精浓度0.05%在许多国家是饮酒驾驶的法定限制，在维持不眠状态大约20小时后（第二天凌晨02:00），这个人的表现相当于血液酒精浓度为0.1%的人的表现，而这个数值已达到了美国对于酒驾的法律界定。[27]

　　另一项研究发现，睡眠不足会严重影响人的情绪和智力。在睡眠不足的状态下，大脑更有可能错误地解读他人的情绪线索，[28]并对情绪性的事件做出过度反应，而且会倾向于用一种更消极的方式和语气表达自己的感受。[29]最近的研究表明，那些没有充足睡眠的人不太可能完全信任别人，而另一项实验已证明，当领导者一晚上没睡好时，会觉得员工没有那么投入地工作。[30]此外，还有一点众所周知，睡眠不足会影响我们的免疫系统、新陈代谢和心血管健康，并由此对我们的身体健康产生深远的影响。它还可以导致认知能力加速衰退（大脑衰老）以及英年早逝。主要的结论是：对大多数人来说，这意味着要确保每个晚上享有7~9小时的高质量睡眠。[31]影响睡眠质量的关键因素通常有压力、咖啡因、超过一杯（或等量）的酒精，以及不利于睡眠的环境（如嘈杂，有光，太热/太冷，枕头、毯子或床垫不舒服）。此外，保持相对固定的睡眠时间以及避免白天睡太长，对提高睡眠质量很有帮助。

　　许多管理者并没有得到充足的睡眠，还一直否认这样的事实。[32]几乎一半（46%）的人认为缺乏睡眠对领导力表现没什么影响。约2/5（43%）的人表示，他们一周至少有4天没有得到足够的睡眠，（而且）10个人里有6个人表示，他们一周至少有3个晚上没有睡够。66%的人表示，他们对自己享有的睡眠时间总体上不满意，还有5%的人对自己的睡眠质量并不满意。在我们的调查中，几乎一半（47%）的领导者认为，他们的组织期望他们"在线"的时间过长，过于期望他们对电子邮件和电话有求必应；还有83%的领导者表示，他们的组织没有付出足够的努力教育领导者睡眠的重要性。

运动

最近的研究清楚地表明，一些人在身体状况良好的情况下的认知能力不同于（好过）那些在身体状况不佳情况下的认知能力。而身体状况不佳的人可以通过健身提高认知功能。检验运动与认知功能之间联系的大多数研究结果表明，健康的生活方式与认知表现高度相关，如长时记忆、推理、集中注意力、解决问题、抽象思维，以及即兴创作、即兴表演等能力。研究还表明，运动还可以促进大脑的灵活性，从而提高学习能力。[33]

虽然还不足以下定论，但其他研究表明，运动带来的好处绝不仅局限在老年人身上，运动对所有成年人[34]以及儿童也都大有裨益。[35]例如，有一项研究观察了1万多名35~55岁的英国公务人员，结果表明，身体活动水平较低的员工更有可能具有较低的认知表现及与流体智力相关的能力（即兴解决问题）[36]。这些研究还表明，实际上增强认知功能的是运动本身（而不是因为更加聪明的人更有可能在起初就运动）。[37]

还有强烈的迹象表明，运动可以帮助增强创造力[38]，提升情绪和信心[39]（部分是由于血清素的释放），减少压力[40]（部分是由于内啡肽的释放），提高生产力和精力水平（通过多巴胺的释放）[41]。最后，尽管这里没有详细说明，但值得一提的是，运动有助于延缓衰老，预防老年性精神疾病（如阿尔茨海默病），从总体上改善情绪，减轻抑郁，以及增强免疫系统的抵抗力。[42]

有一点很重要，那就是要注意，并不是所有的认知活动都会受运动的影响，如短期记忆和一定的反应时间似乎就与运动无关。此外，个体从运动中受益多少也存在较大的差异。绝大多数人通常在长期运动后生活的一些方面确实会获得很多改善，但有些人却显示并无改善。尽管如此，证据表明运动对学习和员工的总体表现起着非常重要的作用。

接下来的问题是，多少运动量才算够？黄金标准是我们每周至少要做三次有氧运动（如慢跑、骑车、游泳），每次持续30分钟左右。然而，有许多方法可以更加有效地实现每周3天×30分钟的运动量，在忙碌的时候尤其有用。例如，高强度间歇训练（high intensity interval training，HIIT），以及每天进行较短的高强度循环训练（high intensity circuit training，HICT）（如4分钟的循环塔巴塔①练习和"7分钟训练"）。一周增加一次或两次无氧运动（力量训练）可以进一步提高身体和精神的健康水平。力量训练在减重计划期间尤为重要，因为它有助于保持肌肉质量。一般认为，每周训练高达6天，每次30~60分钟是安全的，也是有益的。[43]然而，一些研究已证明，过度训练会逆转训练给心理健康带来的好处。[44]这个结论对于不同的个体来说会有所不同。在改变运动方式之前，咨询一下医生，总是不会错的。

此外，从总体上考虑个人的生活方式会产生的影响也很重要。即使达到了建议的运动量，过度久坐不动的生活方式依然可能对健康造成不良影响。我们燃烧的大部分卡路里都源于"非运动性活动产热"

---

① 塔巴塔（Tabata），一种间歇训练法，由日本科研人员塔巴塔发明。该训练法规定，在整个健身过程中将健身和休息的时间比例列为2:1，即训练20秒休息10秒，但要重复以上过程8组（8个动作）。塔巴塔可以在短时间内急速燃脂，适合没有时间健身的人。

（non-exercise activity thermogenesis，NEAT），即除了睡觉、吃东西或体育类的运动之外，我们做的每件事都会消耗能量，如走路、打字、打扫院子，以及坐立。实质上，即使是琐碎的身体活动也会增加代谢率。正是这些活动累积的影响让个体每天的非运动性活动产热量达到了峰值。[45]这带来了什么启示？规律的锻炼方法结合更加积极的生活方式很重要，这包括走更多的路（可以用计步器测量）、骑车上班、培养体育爱好（如徒步、跳舞）、爬楼梯，以及偶尔采用站立的姿势工作。

营养

与运动一样，多样化的健康饮食对于总体健康和认知功能也有重要的作用，这并不是什么新鲜信息。一些研究已经证明，某些特定的营养素对大脑运行和学习的能力具有重要的影响。一项综合研究使一些有益的营养素凸显了出来，它们是ω-3脂肪酸、姜黄素、类黄酮、饱和脂肪酸、维生素B、维生素C、维生素D、维生素E、胆碱、胡萝卜素、钙、锌、硒、铜和铁等。[46]

其他一些研究则突出显示了血糖（葡萄糖）水平和胰岛素对大脑功能的作用。大脑需要葡萄糖的稳定供给才能正常地运行；胰岛素通过帮助把葡萄糖运送到体内的细胞中来辅助这个过程。如果血糖水平太低，大脑将无法集中注意力，而我们甚至可能眩晕或嗜睡；如果我们摄入了太多糖（并导致血糖水平飙升），我们的身体会产生额外的胰岛素，以帮助将多余的葡萄糖送入细胞之中。这种胰岛素飙升会比平时更快地用尽我们体内正常的葡萄糖量，使血糖在"血糖飙升"的一两个小时后降至正常水平以下。这会导致认知功能受损（如无法集中注意力）、情绪波动（如易怒）。它还会抑制免疫系统并促进脂肪储存。[47]

更先进的研究则关注肠道中的微生物群与大脑之间的相互作用。越来越多的证据表明，肠道菌群会影响大脑的发育和行为。在这方面关于人类的研究一直受限（大多数是关于动物的研究），但研究人员发现了肠道微生物群的变化（如因为摄入不同类型的食物导致的）与包括自闭症谱系障碍、焦虑、抑郁和慢性疼痛在内的一些神经系统疾病存在关联。例如，一项实验发现，一天喝两次酸奶，连续四周，会让受试者在面对一系列描绘各种情绪的表情图像时，比对照组表现得更为平静。据推测，是酸奶中的益生菌改变了受试者肠道微生物的组成，而这促进了一些化合物的产生，继而改善了大脑的化学物质水平。[48]

最后，值得一提的是摄取适量水分的重要性。事实证明，即使是轻度脱水（被定义为损失体内正常水量的1%~2%），也会影响人的情绪、精力水平，以及清晰思考的能力。只要4小时不喝水，就会出现轻度脱水。[49]

上述研究强化了营养在巅峰认知表现中的重要性。营养管理典型的指导方针是：饮食多样化，摄入多种蛋白质、健康脂肪、纤维和复合碳水化合物；避免摄入过多糖分、精加工的或低营养的食物；理想情况是把一个人所需的卡路里摄入量分摊到一天的餐食中，以维持血糖和大脑的葡萄糖含量。此外，保持摄入适量的水分非常重要，我们应该每天喝8杯左右的水，同时避免喝过量的咖啡和酒。我们还建议掌握关于卡路里和营养素的基本常识，看懂食物和饮品上的营养成分标签，并控制自己的卡路里摄入量。要追踪的重要衡量指标是一个人的体重、体脂率和腰围。许多研究表明，腰围是未来健康最佳的预报器之一，粗腰围在很多时候与癌症、阿尔茨海默病和糖尿病在内的许多疾病都有关。

压力管理与恢复

压力本身并不是坏事，正如我们在介绍核心原则3时所说的，把员工拖出他们的舒适地带是提高学习效率和工作绩效的一种重要手段。当压力太大或持续了很长一段时间时，问题就会出现。这会导致周期性的急性压力或长期不断的压力。在过去的30年里，世界很多地方的压力一直在增加。今天，在全球主要的经济体中，有超过50%的员工感受到压力对工作生产力的消极影响，几乎每10个人中就有6个人觉得他们的压力水平在上升。[50]压力被称为"沉默杀手"，世界卫生组织称其为"21世纪的健康流行病"。它的影响领域比人们通常意识到的要多得多。压力会导致免疫功能减弱、不育、高血压、心脏病、焦虑、抑郁、失眠、肥胖和肌肉疼痛等问题。

了解压力的症状以及压力如何恢复至关重要。一些常见的压力症状包括头痛、感觉不堪重负、感到紧张或焦虑、肌肉疼痛、胸痛和心跳过快、失眠、频繁感冒和感染、无精打采，以及感觉抑郁或难过。研究表明，大多数人都能意识到这些症状（人们知道自己承受着压力），但并不是每个人都会以最佳的方式应对压力。很大一部分人哪怕在感受到压力的症状很长一段时间之后也不与他们的医生探讨，而且许多人会选择不健康的应对机制（如吸烟、喝酒、吃垃圾食品、吸毒，以及回避朋友和家人）。压力可以被很多种方法在形式上进行测量，包括心率变异性（Heart Rate Variability，HRV）压力测试或问卷调查。

人们发现了大量的压力管理技巧，包括优先排序、时间管理、认知疗法，以及老一套的压力球，我们在这里关注的是关于压力恢复的广义概念。恢复是一个能量管理的概念，这是众所周知的，而且其被科学地用于专业运动员的训练计划之中。运动员罗杰·费德勒（Roger Federer）和尤塞恩·博尔特（Usain Bolt）为了在比赛期间有巅峰表现，通常一天睡10小时以上，而他们的训练计划要能够预测他们完全休息的时间段，让他们再次元气满满。恢复是一种压力管理技巧（对身体压力和精神压力来说都是），这关乎弄明白一个人的压力阈值，并确保这个人在压力突破阈值时能得到充分的休养。

很多人（尤其是领导者）在许多情况下体验到了"永远在线"的企业文化愈演愈烈，而这阻碍了有效的恢复过程，往往导致压力加重与精力水平和业绩下降。人们要获得巅峰表现，就需要恢复。可被采取的恢复形式有很多种，但总体来说需要下面这些：

● 每天都设"停工期"，在这个时间段不要检查工作邮件，也不要随叫随到。

● 每天至少花40分钟做自己喜欢的事，这能让你的思想从你全神贯注的工作中释放出来。这些事情可以是简单的陪伴家人、运动、烹饪、园艺等。

● 每周都设"停工期"，一周至少有一天不投身于工作，在这个时间段不要检查工作邮件。

● 长期紧张工作之后，请足够时间的假以完全恢复自身精力（如请为期3周的年假）。具体时间取决于你的工作类型。

● 冥想、正念、呼吸训练、放松疗法和声音疗法等技巧也可能有助于压力管理和恢复。

总之，关注压力管理和恢复非常重要，这与充足的睡眠、运动和营养是一样的。这四点相互关联，而且必须全部就位，人们才能拥有健康的生活方式。哪怕它们四个之中只有一个缺失了，你的健康也可能会大打折扣。

冥想与正念

我们上面提到冥想与正念有助于压力管理和恢复。其实就其本身而言，冥想与正念还有很多其他的好处。我们可以确定的是，注意力是学习的一个重要的先决条件。预期的结果表明，经常进行冥想和专注力练习可以增强专注力，并因此促进整个学习过程。[51]此外，冥想可以提高认知功能，如心理空间的能力[52]以及敏锐的视觉辨别能力[53]。

自20世纪70年代以来，心理学家一直在研究古代冥想与正念的练习，而且在过去的10年里，人们对冥想的兴趣迅速增长。现在，许多经同行评议的研究仔细地描述了正念冥想练习对身心健康的许多益处。除了上面提到的对注意力和视觉辨别能力有积极影响之外，还包括：缓解焦虑和抑郁的症状，改善睡眠质量和情绪健康，以及增强免疫系统。[54]此外，冥想可以帮助人们建立更多的自我意识和中心意识，提高认知。[55]

研究已经证明，即使是诸如集中呼吸之类的简单的冥想技巧，也会增加大脑的灰质，而灰质部分与学习和记忆力相关，控制着人的情绪和同情心。例如，哈佛大学的科学家带领的一个团队已经证明，只要持续练习8周的正念冥想，就能让大脑的结构发生变化，而且这些变化大到足以被核磁共振扫描仪发现。[56]由于这些原因，许多组织里越来越多的优秀骨干都给员工提供练习冥想与正念的机会，让他们从中受益。[57]这一类的大多数项目都获得了员工的热情支持，他们经常见证自己心态的改善和工作业绩上的显著进步。

例如，美国安泰医疗保险公司（Aetna）的员工参加了公司免费的瑜伽和冥想课程。据他们报告，之后他们的压力水平平均降低了28%，工作生产率平均每周提高了62分钟，每个员工每年创造的价值增加大约3000美元。CEO马克·贝托里尼（Mark Bertolini）在几年前启动了这个计划，他惊叹于整个公司增加的收益。迄今为止，安泰保险公司有5万名员工，其中，超过1/4的员工至少参加过一门课程。像贝托里尼这样的领导者明白，为员工提供工具，让他们更加专注和用心，可以营造一个更好的工作环境，有助于公司的发展和业绩的提升。[58]

作者简介

克劳迪奥·费泽是麦肯锡公司领导力发展业务的高级合伙人和联合创始人之一。克劳迪奥在麦肯锡工作了20多年，出版过几部关于领导力的书籍，包括《系列创新者：改变世界的公司》（*Serial Innovators*: *Firms that Change the World*）和《当执行力还不够时：解密鼓舞人心的领导力》（*When Execution is Not Enough: Decoding Inspirational Leadership*）。

迈克尔·伦尼是麦肯锡公司的前高级合伙人，以及组织业务部（Organization Practice）的全球负责人。他为麦肯锡公司服务30多年。20多年前他就是麦肯锡文化变革方法的先驱，并在人力资源、组织变革、高管团队效率和增长方面为各行业的客户提供建议。他著有《绩效文化势在必行》（*The Performance Culture Imperative*）一书。

尼古莱·陈·尼尔森是麦肯锡学院的副合伙人，与公司一起走过了7年的岁月。他引领了麦肯锡公司关于大规模化领导力的最新研究，并且为私营和公共部门的客户制订领导力发展干预计划。

致谢

本书是多方广泛合作、努力的结果，并从全球30多位麦肯锡领导力发展的资深从业者那里吸收了他们的真知灼见与重大贡献。以下是做出主要贡献的人物介绍，每章的开头也注明了具体的作者，以示感谢。

核心贡献者

安德烈·杜瓦是麦肯锡公司驻纽约办公室的资深董事。他是麦肯锡学院的创始人之一，他创建了麦肯锡公司的高等教育事务部和国家与地方政府事务部。他致力于全球领先机构和联邦、州立公共部门的转型，并研究高等教育的未来发展。安德烈发表了一些关于高等教育、政府绩效、公民体验、贸易和环保实践的文章，还出版过相关的书籍，包括《维护亚太地区的奇迹：经济一体化与环境保护》（*Sustaining the Asia Pacific Miracle: Economic Integration and Environmental Protection*，彼得森国际经济研究所[①]）。安德烈是耶鲁环境法与政策

[①] 彼得森国际经济研究所（Petersen Institute for International Economics），由弗雷德·伯格斯滕（C.Fred Bergsten）成立于1981年，非牟利、无党派的美国两大智库之一。2006年，为了纪念其共同创始人彼得·乔治·彼得森（Peter G. Peterson），更名为彼得森国际经济研究所。该机构由伯格斯滕管理，试图预测即将出现的问题，并以用户容易掌握的形式提前给出实用的意见，告知公众并引发公众讨论。读者包括美国和世界其他地方的政府官员和立法者、商界和劳工领袖、国际组织的管理者和全体职员、大学学者及其学生、其他研究机构和非政府组织、媒体和广大公众。

中心（Yale Center for Environmental Law and Policy）的研究员，他获得了悉尼大学的商务英语证书和法学学士学位（都以最优异的成绩）以及耶鲁大学的法学硕士学位。

安德鲁·圣乔治在领导力和组织发展领域为麦肯锡公司提供指导。他撰写了10本书，涉及语言学、传播学和管理等诸多领域，包括为英国海军司令部（UK Naval Command）撰写的《皇家海军领导力》（*Royal Navy Way of Leadership*）。他与许多商业机构（金融、零售行业）、公共服务（英国国家医疗服务系统、国际军事、警察、消防）中心和政府合作。他是经国际教练联盟（International Coach Federation，ICF）认证的执行主管和团队教练。安德鲁曾先后就读于剑桥大学（获文学学士学位）、哈佛大学（肯尼迪学院研究员）和牛津大学（获博士学位，研究员）。他曾在哈佛大学、哥伦比亚大学和牛津大学担任教师职位（现任牛津大学赛德商学院的副研究员）。他在两个慈善理事会担任职务，是英国皇家艺术学会和皇家地理学会的研究员，还是荣誉皇家海军潜艇员。安德鲁与妻子和他们的三个女儿生活在位于英格兰南部的牛津郡与威尔士边界美丽的瓦伊河谷。他喜欢登山、骑行和飞钓。

阿恩·加斯特领导麦肯锡公司在亚太地区的组织业务，常驻马来西亚首都吉隆坡办公处。他的工作重点是设计运营模式、转型变革和发展领导力，通常包括更新人力资源组织。他的工作涉及许多不同的行业，如银行、医疗科技、电力、电信、石油、天然气和造纸等。他是麦肯锡公司的阿伯肯领导力业务部门的联合创始人之一。阿伯肯领导力业务部门是麦肯锡公司为促进企业变革而创建的特殊家园，在过去几年里已在全球发展形成了8个中心。他还是变革性领导者论坛的主要推动者之一，向《麦肯锡季刊》投稿了多篇文章，还撰写了几本书，主要有《蓝海战略》（*Blue Ocean Strategy*）、《超越绩效》（*Beyond Performance*）、《调动智慧与重组》（*Mobilizing Minds and ReOrg*）等。阿恩获得了位于荷兰西南部鹿特丹港市的伊拉斯姆斯大学经济学专业的理科硕士学位，随后在法国的枫丹白露又攻读了欧洲工商管理学院的工商管理硕士。阿恩对教育怀有热情，与多所大学合作，创立了印度商学院（Indian School of Business, ISB），并在荷兰领导"教师基金会"（Leerkracht Foundation）。他在业余时间是个热忱的摄影师，喜欢用莱卡相机拍照，同时努力保持了他的陆上曲棍球比赛成绩。阿恩与妻子和他们的4个孩子现在在吉隆坡生活。

比尔·尚格宁格是麦肯锡公司的资深董事合伙人，常驻费城办公室。他是整合型组织方案业务（Integrated Org Solutions）的主席，负责麦肯锡公司的全球人才管理业务，与全球各行各业的客户（包括能源、石油和天然气、基础设施、银行和保险等领域）合作。比尔将缜密的分析和组织心理学的原理运用到了最宏大、最复杂的客户场景中。他在摩拉维亚大学拿到了文学学士学位，后又获得了奥本大学人力资源专业的管理学硕士学位和博士学位。

夏洛特·雷利亚是麦肯锡公司驻纽约办公处的董事合伙人，兼任麦肯锡学院的领导。在领导麦肯锡学院之前，夏洛特还是麦肯锡公司的客户能力发展计划的联席领导者，同时负责麦肯锡公司的科技、媒体、电信，以及市场营销事务。她为媒体、信息、高科技和金融服务类公司服务，业务涉及的内容包括：销售和市场营销的效率，一线能力建设，进入市场的战略，以及创建新的数字商务。夏洛特毕业于普林斯顿大学，获英语专业学士学位，后来以优异成绩毕业于哈佛商学院，获工商管理硕士学位。在学校时，她曾获得贝克尔、西贝尔、亨利·福特二世奖学金。

克里斯·盖格农是麦肯锡公司驻美国达拉斯办公处（Dallas Office）的资深董事合伙人。克里斯联合领导全球范围内的组织业务，同时还是麦肯锡公司组织解决方案（Org Solutions）小组的领导人。他以一体化的方式将客户组织起来，运用分析方法和一些工具来提高客户所在组织的文化资信、人才率、变革管理效果、敏捷性和领导力。克里斯和组织解决方案小组开发了一些指标，其中包括组织健康指数、组织试验室（OrgLab）和人员分析（People Analytics）。这些指标将直觉、个人偏见摒除在关键的组织决策之外。他曾在《哈佛商业评论》和《麦肯锡季刊》上发表多篇文章，涉及诸多主题，如分析学、领导力、组织健康和敏捷性。他在好几个部门工作过，如私募股权、酒店与休闲（包括酒店、娱乐会所和健身行业）。克里斯毕业于达特茅斯学院，获学士学位，后来在埃莫斯·塔克工商管理学院获得了工商管理硕士学位。

科尼利厄斯·章是麦肯锡公司驻新加坡的副董事合伙人，领导亚洲区域的麦肯锡学院。他曾在欧洲、亚洲，以及澳大利亚支持过各种行业（电信、农业、能源、石油和天然气，以及技术）的领导力、人才、文化和变革参与度活动，经验丰富。他以优异的成绩毕业于新加坡管理大学的商业与经济学专业。在上大学之前，他是新加坡武装部的陆军中尉，毕业时他的成绩在同辈中名列前茅。在为全球客户服务期间，人们经常可以看到他与妻子流连在美食厅和一些普通的餐厅，撷取周末在家做饭的灵感。

戴维·斯派泽是麦肯锡公司驻瑞士苏黎世办公处的董事合伙人，同时还是麦肯锡学院的领导者之一。他为许多行业的龙头公司提供服务，业务涉及那些公司的战略、组织、并购与收购、资源配置，以及领导力发展等方面。他负责麦肯锡学院的"高管课程"（一群多元客户的领导力发展干预计划，面向处于职业生涯不同阶段的执行主管们）。在加入麦肯锡公司之前，戴维在娱乐行业发展，从事销售业务。他毕业于瑞士的圣加仑大学，获得了经济学的学士学位，后来又获得了数量经济学和金融专业的文学硕士学位。

艾米丽·岳是麦肯锡公司驻纽约办公室的董事合伙人，麦肯锡商学院的领导者之一。她主要为领先的金融、制药和教育机构服务，业务涉及的主题范围宽广，包括组织转型、能力建设和组织设计，关注组织的高管在领导力发展和绩效转型上的工作。她帮助银行的客户进行全球范围的转型，并与在美国的零售和批发银行业中的顶级团队合作。艾米丽是安德鲁·梅隆（Andrew Mellon）基金会的研究员。她拥有卡尔顿学院政治学和经济学的学士学位，以及芝加哥大学布斯商学院的工商管理硕士学位。

法里顿·多蒂瓦拉是麦肯锡公司的董事合伙人，负责亚洲地区的人力资本业务，常驻孟买办事处。他的工作是在亚洲地区培养领导力，建立企业学院，培养与调整CEO和高管团队，以及推动组织内部大规模的文化转向。他服务过全世界各种各样的客户，业务涉及上述主题，并一直担任许多高管的教练和顾问。作为转型的推动者，在过去，法里顿从与高级团队合作的人手中获取能量，致力于帮助他们解决最复杂的领导力问题。他与200多个团队交流，其中涉及了数千名地位较高的领导者。法里顿毕业于印度的孟买大学，拥有工程学学士学位，随后在美国的威斯康星大学麦迪逊分校获得了结构工程学硕士学位，还拥有伦敦商学院的工商管理硕士学位。他是纽菲尔德学院的注册本体论教练，同时拥有许多其他的学习证书。法里顿与他的妻子和儿子现在生活在印度孟买。

菲利波·罗西是麦肯锡公司驻巴黎办公室的资深董事合伙人，拥有20多年与精益管理相关的咨询经验，主要涉及重工业领域。菲利波负责麦肯锡公司的"健康生活方式计划"（由营养、运动、睡眠和压力管理四大支柱组成）。该计划的重点是精确描述并运用最新的方法使人们保持健康的生活方式，最终目标在于提高生产力、乐观的精神面貌和个人参与的满意度。该计划既面向麦肯锡的员工，也面向客户，主要通过培训方案、宣传活动和政策变革展开。菲利波以优异成绩毕业于意大利北部的米兰理工大学土木工程专业，后来还获得了位于法国枫丹白露的欧洲工商管理学院的工商管理硕士学位。

弗洛里安·波尔纳是麦肯锡公司驻瑞士苏黎世办公室的专家合伙人。弗洛里安负责麦肯锡公司在欧洲、中东和非洲地区的"领导力和学习"客户业务。他也是麦肯锡商学院的联合创始人以及该学院在欧洲、中东和非洲地区的领导者。此前，他联合创立了麦肯锡亚洲领导力中心（McKinsey Center for Asian Leadership）。他最擅长的是构思领导力发展干预计划并将其加速实现，提高顶级团队的效率，建设领导力学院，以及推动大规模的（通常是全球范围的）变革与转型。在与全球30多个国家的组织（主要集中在欧洲和亚洲）合作的过程中，弗洛里安积累了丰富的经验。他结合麦肯锡公司在银行业和组织实践方面的深刻见解，主要为金融机构服务。他拥有瑞士联邦理工学院通信系统专业的理科硕士学位，还获得了位于荷兰的伊拉斯姆斯大学鹿特丹管理学院的工商管理硕士学位。弗洛里安是一个水上运动爱好者，热衷于滑雪，同时爱做料理。他与妻子和两个孩子住在瑞士的北部城市苏黎世。尽管工作需要经常出差，但他和家人非常喜欢在空闲时间探索这个世界。

高塔姆·库姆拉是麦肯锡公司驻印度办公室的管理合伙人，常驻印度新德里（New Delhi）。他负责麦肯锡公司在亚洲的组织业务，也是麦肯锡公司转型变革研究与洞察分析的主要思想者之一。他还是麦肯锡亚洲中心（麦肯锡关于全球化的一个特别计划执行所）的领导人，对形成印度公司全球化的思路做出了贡献。他的工作业务涵盖了组织、发展领导力、卓越运营、转型变革、战略，以及治理医疗保健、工业、高科技/IT和基础设施等方面。他创立了麦肯锡领导力学院，并在亚洲开办了鲍尔研讨会，为CEO提供学习的机会，学习内容包含自我、他人、主要的企业和变革。高塔姆联合他人建立了印度公共卫生基金会（Public Health Foundation of India，PHFI），这是一个创新的公私合作计划项目，通过制定公共政策加强印度的公共卫生体系。他毕业于新德里的印度理工学院，获得了化学工程专业的技术学士学位，还拥有印度管理学院（位于印度西部艾哈迈达巴德）的工商管理硕士学位。

杰玛·达奎利亚是麦肯锡公司驻中东办公处（Middle East office）的董事合伙人。她在那里领导组织业务。她关注的领域在组织变革上，并为此倾注了极高的热情；还有如何在制度层面驱动体系变革，同时培养顶尖的新兴领导者。杰玛关注的业务内容范围广泛，大都与转型相关，包括运营模式、人力资源3.0、领导力发展、企业敏捷性和文化变革的转变。她设计并帮助启动了许多大规模的领导力发展干预计划，并在该区域的公营和私营机构范围内开办企业学院，惠及了成千上万的领导者。

杰玛毕业于伦敦经济学院，获得了政府与经济学学士学位，还拥有斯坦福大学商学院的工商管理硕士学位。她有4个孩子，喜欢旅行和冒险，正是这一点让她在10多年前从我们的纽约办事处去了中东地区！

张海濛是麦肯锡公司驻中国香港办公处（Hong Kong office）的资深董事合伙人，他负责亚太地区的组织业务。他与房地产、科技、制药和电子行业的客户合作，业务涉及战略规划、组织设计、敏捷组织转型、并购后管理、新业务扩展、数字战略和特别计划（寻找海外市场、探究市场可持续性，以及领导力发展/能力培养）等领域。他领导跨国客户组织方面的一些业务，包括顶级团队的效能、领导力发展干预计划的制订，以及人力资源转型。张海濛拥有上海交通大学的经济学学士学位，后来获得了芝加哥大学商学院工商管理专业硕士学位。

约翰妮·拉沃伊是麦肯锡公司加拿大事务的董事合伙人，领导力领域的大师级专家（Master Expert）。她最近在一些期刊上发表了关于内在敏捷性和人工智能的文章，与他人合著出版了一本书——《正念领导：麦肯锡领导力方法》，还举办了TEDx演讲①活动，分享关于整

---

① TEDx演讲是指TED粉丝自愿发起、自行组织的小型演讲。TED（technology, entertainment, design），即技术、娱乐、设计。

合运动与混乱时期的静默的知识。

她在不同文化领域的多个部门工作过，主要关注高管和团队培训，在行动中发展领导力，并就文化变革提出建议，来帮助客户和个人转化他们的领导力，并由此转化他们的绩效。约翰妮从事了25年的企业咨询工作，并结合这些经验对发展理论和领导力理论进行了广泛的研究。

她拥有国际教练联合会（International Coach Federation，ICF）认证的专业认证教练证书（Professional Certified Coach，PCC）。她是哈佛大学毕业的工商管理硕士，还拥有加拿大麦吉尔大学电气工程专业的学位。她和丈夫与两个女儿生活在加拿大。约翰妮经常在落基山脉探险或乘帆船航海，并从中汲取灵感。

朱莉娅·斯珀林是麦肯锡公司驻德国法兰克福办公处（Frankfurt office）的董事合伙人。她关注各个行业的组织业务。在加入麦肯锡公司之前，朱莉娅写的毕业论文是关于认知神经科学的，她在德国马克斯–普朗克研究所进行大脑研究，并获得了最优等的成绩。她获得了法兰克福歌德大学的医学博士学位与研究奖学金，还在哈佛医学院、女王广场（Queen Square）（伦敦）和世界卫生组织选修了相关课程。身为医学博士和神经系统科学家，朱莉娅在麦肯锡公司的研究内容主要是将基于神经科学的现代成人学习方法应用到领导力发展干预计划中。朱莉娅还引领麦肯锡公司对行为科学展开研究，并运用"拍一拍"来敦促积极的行为改变。目前，她负责麦肯锡公司这一领域内的全球重点知识。被派驻到中东地区的时候，朱莉娅是麦肯锡公司在该地区的创始成员之一，并负责医疗保健事务。她还在沙特阿拉伯监测麦肯锡公司对女性领导力的研究，长达10年。2017年，她回到欧洲，在德国接手了"优先权"（Chefsache）计划，旨在帮助德国的女性获得领导职位并得到发展。现在朱莉娅与她的丈夫和儿子生活在法兰克福。

玛丽·安德拉德是麦肯锡公司"卓越学习设计与发展中心"（Learning Design and Development Center of Excellence）的主任，现在被派驻到洛杉矶。对于麦肯锡公司和学习行业来说，她是21世纪学习方法论、学习方法和学习设计方面的开拓者。她有丰富的写作经验，是一位研究学习的专业人士，有20年创建学习课程、应用创新设计和开发技术，以及为大型组织的大规模部署提供解决方案的成功经验。她在程序方面经验丰富，从实时多因素模拟到微学习数字解决方案，都是她擅长的内容。玛丽拥有科罗拉多大学博尔德分校国际商务和市场营销双专业的理工学士学位。后来，她又获得了得克萨斯大学奥斯汀分校信息系统管理专业的工商管理硕士学位。玛丽和丈夫都是美酒和美食爱好者，喜欢每天做不同的佳肴，很少把同样的美食做两次。为了平衡对美食的热情，他们经常穿上登山靴，准备好相机，去探索美国的大自然宝藏。

迈克尔·巴济戈斯曾经是麦肯锡公司组织解决方案业务的副总裁，并共同领导了"组织科学计划"（Organizational Science Initiative）。他在多家专业的商业期刊上广发文章，其中包括《麦肯锡季刊》和《领导力研究》（Leadership Studies）。迈克尔运用基于证据的方法，帮助了许多组织解决他们在人才和组织方面最紧迫的问题。他早期在领导力研究上的成就跨越了工业和咨询两个行业，体现在毕马威会计师事务所、美国国际商用机器公司和普华永道会计师事务所的遗产管理顾问组上。他还为哥伦比亚大学的组织和领导力的研究生课程担任了10年的客座教授。迈克尔获得了哥伦比亚大学组织心理学的博士学位，服务于人力资源人员和战略部（HR People and Strategy）的顾问委员会。

迈克·卡森是麦肯锡公司的董事合伙人，也是阿伯肯全球业务中心的创始人之一，负责阿伯肯全球业务中心的建立和发展。他常驻伦敦和阿姆斯特丹。他的工作主要集中在转型简易化、行政领导培训、团队领导力发展，以及医疗、金融服务、国防和职业体育等领域内的大规模变革上。他帮助领导者培养个人洞察力，让他们通过创造力、洞察力和语言、即兴创作、电影、戏剧、故事、诗歌、文学、反省和交谈来改变自己的生活和工作。他深爱运动，尤其是足球，并深信足球具有改变社会的潜力。他会见了英格兰足球超级联赛（Premier League，简称英超）的30位管理者，了解了他们的领导力，并撰写了一本书——《足球经理：主帅的内心世界》（*The Manager: Inside the Minds of Football's Leaders*），该书于2013年出版。迈克是英国皇家海军（Royal Navy）前作训处处长（在世界各地的战区服役）。他拥有曼彻斯特大学数学专业的理学学士学位，后又成为欧洲工商管理学院的工商管理硕士。他是英国教会的平信徒牧者，他与妻子和他们的4个孩子生活在温彻斯特。

米歇尔·克鲁伊特是麦肯锡公司的董事合伙人，同时也是麦肯锡组织业务的领导之一。他专门领导顶级团队及其所在组织的绩效转化、行为变革和领导力发展。他运用组织心理学和成人学习心理，结合他从事国际商务的工作经验，为不同行业的客户服务。米歇尔是阿伯肯全球业务中心的联合创始人之一，阿伯肯全球业务中心目前由他与其他人牵头领导。他与妻子和他们的3个孩子住在荷兰首都阿姆斯特丹的郊区。

尼克·范·达姆是麦肯锡公司的董事合伙人，是派驻阿姆斯特丹的全球首席学习官。他非常喜欢看到员工的发展，热衷于帮助他人发挥全部潜力。他将自己的专业知识应用于麦肯锡的员工和客户身上。关于企业学习与发展（Corporate Learning and Development），他是国际公认的顾问、作家、演讲者和思想领导者。他是荷兰的私立精英商学院——奈尔洛德商业大学和宾夕法尼亚大学的教授，讲授企业学习与领导力发展课程。他是国际人才培育研发联盟的董事会成员，该联盟是人才管理、领导力发展和战略变革领域内全球首屈一指的机构。此外，他还是edX（大规模开放在线课堂平台）顾问委员会的委员，这是一个非营利性组织，由哈佛大学和麻省理工学院创立，目的是在教育和就业的天堑上架起一座桥梁。尼克是在线学习儿童基金会的创始人，该基金会为2000多万名小学适龄儿童提供免费的数字课程。他单独撰写并与人合著的图书已达25本之多，包括《你！改变的积极力量》（*YOU! The Positive Force in Change*）。他拥有阿姆斯特丹自由大学教育学、经济和商业经济学的学士学位，后成为阿姆斯特丹大学的文学硕士，最终获得了奈尔洛德商业大学人力资本开发专业的博士学位。尼克和妻子住在荷兰首都阿姆斯特丹，儿子在西班牙上大学。

拉梅什·斯里尼瓦桑是麦肯锡公司驻纽约办公室的资深董事合伙人。拉梅什是麦肯锡学院的领导者之一。他有丰富的工作经验，投身于与组织变革相关的广泛工作，涉及领域多种多样，包括高科技、医疗保健、银行业，以及工业。他吸收许多领域的专业知识，如并购管理、组织设计、人才与领导力发展、绩效管理、能力建设等。

除了在这些业务上服务客户，拉梅什还是麦肯锡公司内部领导力和职业发展计划的全球领导者之一。此外，他还是鲍尔论坛的负责人，该论坛是麦肯锡公司制定的一个CEO学习项目。拉梅什拥有印度理工学院马德拉斯分校计算机科学专业的商业技术学士学位，后成为印度管理学院的工商管理硕士，并因优异的学业而被授予金质奖章。拉梅什是纽约大学教育学院理事会的成员，他的妻子是纽约市一所公立学校的教师。

其他贡献者

还有许多人也对这本书做出了重要的贡献，因为人数太多，不便在此一一枚举，但我们还想特别感谢：艾伦·韦伯（Allen Webb）、艾莉森·托姆（Allison Thom）、阿马迪奥·迪·洛多维科（Amadeo Di Lodovico）、阿什利·威廉姆斯（Ashley Williams）、安妮·布莱克曼（Anne Blackman）、克劳德特·卢西恩（Claudette Lucien）、埃尔斯·范德·黑尔姆（Els van der Helm）、艾丽卡·劳津（Erica Rauzin）（她编辑了书中虚构的故事）、费尔南达·马约尔（Fernanda Mayol）、杰奎琳·布拉西（Jacqueline Brassey）、朱迪斯·哈兹伍德（Judith Hazelwood）、凯万·基恩（Kayvan Kian）、琳达·霍维斯（Linda Hovius）、玛尔维卡·辛格（Malvika Singh）、玛丽·米尼（Mary Meaney）、尼古拉·尤里西科（Nikola Jurisic）、里克·柯克兰（Rik Kirkland）、罗伯·特里森（Rob Theunissen）、罗兰德·斯洛特（Roland Slot）、萨哈·约瑟夫（Sahar Yousef）、斯哥特·凯勒（Scott Keller）、提姆·迪克逊（Tim Dickson）、威尼提亚·西姆科克（Venetia Simcock），以及这本书的编辑制作团队［格温·赫拜因（Gwyn Herbein）、德纳·桑德（Dana Sand）、凯蒂·特纳（Katie Turner）、斯内哈·瓦茨（Sneha Vats）、贝琳达·于（Belinda Yu）和普嘉·亚达夫（Pooja Yadav）］。

参考文献

前言

1. World Economic Forum, Global Agenda Councils, *Outlook on the Global Agenda 2015*, available from http://reports.weforum.org/ outlook-global-agenda-2015/ (accessed March 2018)

2. The State of Human Capital 2012–False Summit: Why the Human Capital Function Still Has Far to Go, a joint report from the Conference Board and McKinsey, October 2012, available from https://www.mckinsey. com/~/media/mckinsey/dotcom/ client_service/organization/pdfs/state_of_ human_capital_2012. ashx (accessed March 2018)

3. McKinsey Org Solutions, Relationship between Leadership and average TRS, December 2015 (MID)

4. McKinsey Quarterly Transformational Change survey, January 2010 (MID); McKinsey Global Survey Results June 2009 (MID)

5. Meindl, J.R. and Ehrlich, S.B. (1987) 'The romance of leadership

and the evaluation of organizational performance', *Academy of Management Journal*, 30(1), 91–109

6. Bligh, M.C., Kohles, J.C. and Pillai, R. (2011) 'romancing leadership: past, present, and future' *The Leadership Quarterly* 22, 1058–1077

7. McKinsey Leadership Development survey, 2016 (MID)

8. *Ibid.*

9. Beer, M., Finnström, M. and Schrader D. (2016) 'Why leadership training fails – and what to do about it', *Harvard Business Review*, October

10. Gitsham, M. (2009) 'Developing the global leader of tomorrow', Ashridge Business School

11. Trainingindustry.com (2017) 'Training industry report', available from: https://trainingmag.com/trgmag-article/2017-training-industry-report (accessed March 2018)

12. Kellerman, B. (2012) *The End of Leadership*, HarperCollins

13. 2014 MCB global executive survey on capability building (MID)

14. *Ibid.*

15. Pfeffer, J. (2015) *Leadership BS*, HarperCollins

16. Within the leadership field there is a large literature on contingency theories and studies on effective leadership behaviours. A search on Google Scholar (April 2017) for example using the terms 'contingency theories of leadership' results in 165000 hits.

第1章

1. McKinsey Org Solutions, Relationship between Leadership and average TRS, december 2015 (MID)

2. Organizational Health Index database (n = 60000); 'Return on Leadership – Competencies that Generate Growth' report by Egon Zehnder International and McKinsey, available from: https:// www.egonzehnder.com/ files/return_on_leadership.pdf (accessed March 2018)

3. McKinsey Quarterly Transformational Change survey, January 2010 (MID); June 2009 McKinsey Global survey results, available from https:// www.mckinsey.com/featured-insights/leadership/ the-value-of-centered-leadership-mckinsey-global-survey-results (accessed March 2018)

4. Barsh, J., Mogelof, J. and Webb, C. (2010) 'How centered leaders achieve extraordinary results' *McKinsey Quarterly*, October.

5. www.amazon.com (September 2016): search term "Leadership", filtered by search category "books"

6. Factiva search, December 2016

7. See for example, https://www.kenblanchard.com/Products-Services/ Situational-Leadership-II

8. See in the work of Belbin,Tuckman and Wheelan.

9. See *Developing Leaders, A British Army Guide* (RMAS, 2014) and Cavanagh, R., Hesselbein, F. and Shinseki, E.K. (2004) *Be-Know-Do: Leadership the Army Way*, Jossey-Bass. Adapted from the US Army's leadership thinking.

10. Yukl, G. (2012, 8th edition), *Leadership in Organizations*, Pearson Education.

11. See Bazigos, M., De Smet, A. and Gagnon, C. (2015), 'Why agility pays', *McKinsey Quarterly*, December; Aghina, W., De Smet, A. and Weerda, K. (2015) 'Agility: it rhymes with stability', *McKinsey Quarterly*

12. Return on Leadership - Competencies that Generate Growth' report

by Egon Zehnder International and McKinsey, available from: https://www.egonzehnder.com/files/return_on_leadership. pdf (Accessed March 2018)

13. Stogdill, R.M. (1948) 'Personal factors associated with leadership: A survey of the literature', *Journal of Psychology*, 25, 35–71

14. Keeping the focus on economics,VoT 3 (2009)

15. Mintzberg, H. (1973) *The Nature of Managerial Work*, McGill University School of Management, Harper & Row

16. Our view is supported by the seminal research published by Scott Derue, of the University of Michigan, and others in *Personnel Psychology* in 2011.Their findings suggest that behaviour is by far the most important predictor of leadership effectiveness. Compare Derue,D. S., Nahrgang, J.D.,Wellman, N., Humphrey, S. E. (2011). 'Trait and behavioural theories of leadership: An integration and meta-analytic test of their relative validity', *Personnel Psychology*, 64(1), 7–52.

17. Barsh, J., Mogelof, J. and Webb, C. (2010) 'The Value of Centered Leadership: McKinsey Global Survey results *McKinsey Quarterly*, October

18. Three notable models of psychological theories of leadership are: Scouller's Three Levels of Leadership model. See Scouller, J. (2016), *The Three Levels of Leadership: How to Develop Your Leadership Presence, Knowhow and Skill, Management Books; Kegan,R. and Lahey, L.L. (2009) Immunity to Change*, Harvard Business Press; and the works of Manfred Kets de Fries at INSEAD.

19. Keller, S. and Price, C. (2011) *Beyond Performance: How Great Organizations Build Ultimate Competitive Advantage*, Wiley.

20. OHI (Organizational Health Index), McKinsey, 2010 (MID)

21. Cavanagh, R., Hesselbein, F. and Shinseki, E.K. (2004) *Be-Know-Do, Leadership the Army Way*, Jossey Bass.

第2章

1. McKinsey Leadership Development survey, 2016 (MID)

2. *Ibid.*

3. See for example: Bazigos, M., Gagnon, C. and Schaninger, B. (2016) 'Leadership in context, *McKinsey Quarterly*, January; Gurdjian, P., Halbeisen, T. and Lane, K. (2014) 'Why leadership-development programmes fail', *McKinsey Quarterly*, January;Alexander, H., Feser, C., Kegan,R., Meaney, M., Mohamed, N.,Webb,A and,Welsh,T. (2015) 'When to Change How You Lead' *McKinsey Quarterly*, June; Barsh, J., Mogelof, J. and Webb, C. (2010) 'The value of centered leadership: McKinsey Global Survey results *McKinsey Quarterly*, October; Feser, C., Mayol, F., Shrinivasan, R. (2015) 'Decoding leadership:What really matters', McKinsey Quarterly, January; Barton, D., Grant,A.,Horn,M. (2012) 'Leading in the 21st century', *McKinsey Quarterly*, June; Feser, C. (2016) 'Debate – Leading in the digital age', *McKinsey Quarterly*, March.

4. Gurdjian, P., Halbeisen, T. and Lane, K. (2014) 'Why leadership-development programmes fail', *McKinsey Quarterly*, January

5. Atabaki,A., Dietsch, S. and Sperling, J.M. (2015) 'How to separate learning myths from reality', *McKinsey Quarterly*, July

第3章

1. Gurdjian, P., Halbeisen, T. and Lane, K. (2014) 'Why leadership-

development programmes fail', *McKinsey Quarterly*, January

2. Fiedler, F. (1964) 'A contingency model of leadership effective-ness', *Advances in Experimental Social Psychology*, 1: 149–190. New York, NY:Academic Press

3. Bass, B. and Bass, R. (2008) 'The Hersey-Blanchard situational leadership theory', *The Handbook of Leadership:Theory, Research, & Managerial Implications*, 4: 516–522. New York, NY:The Free Press

4. Vroom,V. H. and Jago,A. G. (2007) 'The role of the situation in leadership', *American Psychologist*, 62(1), 17–24

5. De Smet, A., Schaninger, B. and Smith M. (2014) 'The hidden value of organizational health and how to capture it', *McKinsey Quarterly*, April

6. McKinsey OrgSolutions,"The recipe is the recipe", January 2016 (MID); See also De Smet,A., Schaninger, B. and Smith M.(2014) 'The hidden value of organizational health and how to capture it', *McKinsey Quarterly*, April

7. Bazigos M. and Caruso, E. (2016) 'Why frontline workers are dis-engaged', *McKinsey Quarterly*, March

8. Readers seeking an online assessment of their organization's health quartile are invited to take McKinsey's nine-question quiz 'How healthy is your organization?' available at ohisolution.com

9. The four leadership styles included in the OHI are informative in their own right in terms of helping organizations increase their leadership effectiveness. Our OHI research shows, for example, that authoritative leadership and consultative leadership have minimum and maximum threshold levels. If organizations are not decisive enough to make decisions,

their performance and health will likely suffer, but being too autocratic has limitations as well.The same goes for consultative leadership, where it is generally a good idea to consult employees, but not to the point where decision-making speed and quality suffers. On the other hand, for challenging leadership and supportive leadership, the research indicates that more seems to be better, especially when they work in concert. In most contexts, the best leaders seem to challenge people to do more than they thought possible, but support them enough to reduce fear and stress.

10. Psychologist Abraham H. Maslow contended that human needs are structured in a hierarchy; as each level of needs is satisfied, the next higher level of unfulfilled needs becomes predominant. See Maslow, A.H. (1943) 'A theory of human motivation', *Psychological Review*, 50(4), 370–396; and Maslow,A.H. (1954) *Motivation and Personality*, New York: Harper & Brothers

11. Brenneman, G. (1998) 'Right away and all at once: How we saved Continental', *Harvard Business Review*

12. Organizational health in banks: Insights from an industry sample, McKinsey research, October 2014 (MID)

13. See for example, in the work of Jean Piaget, Commons and Richards, Kurt Fischer, and Charles Alexander

14. See for example,in the work of Erik Erikson,Jane Loevinger, Don Beck, Robert Kegan, and Richard Barrett

15. Talent Matters – McKinsey conference document (MID); Barton,D., Carey,D., Charan,R. (2018) *Talent Wins*, Harvard Business Review Press

16. Dobbs, R. Manyika, J. and Woetzel, J. 'The four global forces

breaking all the trends', McKinsey Global Institute available from: http://www.mckinsey.com/insights/strategy/the_four_global_ forces_breaking_all_ the_trends (accessed March 2018)

17. McKinsey 9 Golden Rules report, 2013 (MID)

18. Barton, D., Grant, A. and Horn, M. (2012) 'Leading in the 21st Century', *McKinsey Quarterly*

19. Webb, A. (ed) (2015) 'When to change how you lead', *McKinsey Quarterly*, June

20. McKinsey Transformational Change and Capability for Performance Service Line, *McKinsey's Ten Truths of Change Management*, (MID)

21. Anderson, R.J. and Adams, W.A. (2015) *Mastering Leadership: An Integrated Framework for Breakthrough Performance and Extraordinary Business Results*,Wiley, page 156

22. Anterasian, C., Resch-Fingerlos R.S. (2010) 'Understanding executive potential', https://www.spencerstuart.com/research-and-insight/understanding-executive-potential-the-underappre-ciated-leadership-traits (accessed July 2018)

23. Birkel, F., Kelly C.L. and Wlech G. (2013) 'Survival of the most adaptable', SpencerStuart, available from: https://www.spencer-stuart.com/research-and-insight/survival-of-the-most-adaptable-becoming-a-change-ready-culture (accessed July 2018)

24. Bureau of Labor Statistics, available from: https://www.bls.gov/news.release/tenure.nr0.htm (accessed December 2016).

25. Gray, Al. (2016) 'The 10 skills you need to thrive in the Fourth Industrial Revolution', World Economic Forum, available from: https://

www.weforum.org/agenda/2016/01/the-10-skills-you-need-to-thrive-in-the-fourth-industrial-revolution/ (accessed March 2018).

26. Barsh, J., Mogelof, J. and Webb, C. (2010) 'The Value of Centered Leadership: McKinsey Global Survey results *McKinsey Quarterly*, October

27. Barsh J. and Lavoie, J. (2014) *Centered Leadership*, Crown Business; see also 'How executives put centered leadership into action: McKinsey Global Survey Results' available from: http://www. mckinsey. com/business-functions/organization/our-insights/ how-executives-put-centered-leadership-into-action-mckinsey-global-survey-results (accessed March 2018); Barsh, J. and De Smet,A. (2009) 'Centered leadership through the crisis: McKinsey Survey results', available at: http://www.mckinsey.com/ global-themes/leadership/centered-leadership-through-the-crisis-mck-insey-survey-results (accessed March 2018); Barsh, J., Mogelof, J. and Webb, C. (2010) 'How centered leaders achieve extraordinary results', available from: http://www.mckinsey.com/global-themes/ leadership/how-centered-leaders-achieve-extraordinary-results (accessed March 2018); Barsh, J. and Lavoie J. (2014) 'Lead at your best', *McKinsey Quarterly*, April

28. Hunter, M. and Ibarra, H. (2007) 'How leaders create and use net-works', *Harvard Business Review*, January.

29. Csíkszentmihályi, M. (2002) *Flow:The Psychology of Happiness*, Rider.

30. Kegan, R. and Laskow L.L. (2016) *An Everyone Culture: Becoming a Deliberately Developmental Organization*, Harvard Business Review Press

31. MBTI basics (2014) The Myers-Briggs Foundation, available from: https://www.myersbriggs.org/my-mbti-personality-type/ mbti-basics/

32. Patton, B., Fisher R. and Ury, W. (1981) *Getting to Yes*, Random House Publishing

33. Bughin, J., Chui, M.,Dewhurst, M., George, K., Manyika, J., Mire-madi, M. and Willmott, P (2017) *Harnessing Automation for a Future that Works*, McKinsey Global Institute

34. McKinsey Global Institute, Independent work: choice, necessity, and the gig economy, October 2016, available from: https://www. mckinsey. com/global-themes/employment-and-growth/inde-pendent-work-choice-necessity-and-the-gig-economy (accessed March 2018)

第4章

1. McKinsey Leadership Development survey, 2016 (MID)

2. *Ibid.*

3. Barabasi, A-L (2002) Linked :*The New Science of Networks, Perseus Publishing*

4. Gladwell, M. (2000) *The Tipping Point*, Little, Brown Book Group

5. Kotter, J. (1996) *Leading Change*, Chapter 4, Harvard Business Review Press

6. Cross, R.L., Martin, R.D., and Weiss, L.M (2006) 'Mapping the value of employee collaboration, *McKinsey Quarterly.*

7. Heath, C. and Heath, D. (2007) *Made to Stick*, Random House

8. Return on Leadership – Competencies that Generate Growth, February 2011, Egon Zhender and McKinsey, available from: https://www.egonzehnder.com/files/return_on_leadership.pdf (accessed March 2018)

9. Keller S. and Meaney, M. (2017) *Leading Organizations: Ten*

Timeless Truths, Bloomsbury

10. Retrieved from World Economic Forum's Future of Jobs report, available from: http://www3.weforum.org/docs/WEF_Future_ of_Jobs.pdf (accessed March 2018)

11. See Handy, C. (2015) *The Second Curve*, Random House Business

12. Van Dam, N. Inaugural lecture, Nyenrode Business School, 25 November 2016

13. Johnson, W. and Mendez, J.C. (2012) 'Throw your life a curve', *Harvard Business Review*, September

14. Association for Talent Development (2016) State of the Industry, available from: https://www.td.org/research-reports/2017-state-of-the-industry (accessed March 2018)

第5章

1. From the free search engine accessing the MEDLINE database of references and abstracts on life sciences and biomedical topics (PubMed)

2. Howard-Jones, P.A. (2014) 'Neuroscience and education: Myths and messages', *Nature Reviews Neuroscience*

3. Atabaki,A.,Dietsch, S. and Sperling, J.M. (2015) 'How to separate learning myths from reality', *McKinsey Quarterly, July*

4. Whitmore, J. (1996) *Coaching for Performance*, Nicholas Brealey Publishing

5. Lombardo, M. M, Eichinger, R.W (1996), *The Career Architect Development Planner* Minneapolis: Lominger, p. iv.

6. Meaney M. and Keller S. (2017) *Leading Organizations*, Bloomsbury

7. Goldman-Rakic, P.S. (1987) 'Development of cortical circuitry and cognitive function, *Child Development*, pp. 601–622

8. Cunha,F.,Heckman,J.,Lochner,L.and Masterov,D.(2006) 'Interpreting the evidence on life cycle skill formation', *Handbook of the Economics of Education*, 1: 697–812

9. Rakic, P. (2002) 'Neurogenesis in adult primate neocortex: an evaluation of the evidence', *Annual Reviews Neuroscience* 3(1): 65–71.

10. Doidge, N. (2007) *The Brain That Changes Itself,*Viking); and (2015) *The Brain's Way of Healing: Stories of Remarkable Recoveries and Discoveries*, Penguin) Eagleman, D. (2015) *The Brain:The Story of You*, Pantheon.

11. Yerkes, R.M. and Dodson, J.D. (1908), 'The relation of strength of stimulus to rapidity of habit-formation', *Journal of Comparative Neurology and Psychology*, 18, 459 – 482.

12. Gazzaniga, M.S. (2005) 'Forty-five years of split-brain research and still going strong' *Nature Reviews Neuroscience* 6(8): 653–659; Paschler, H., Mcdaniel, M., Rohrer, D. and Bjork, R. (2010) c. *Psychological Science in the Public Interest* 9, pp. 105-119.

13. Maguire E.A., Woollett K. and Spiers H.J. (2006) 'London taxi drivers and bus drivers: a structural MRI and neuropsychological analysis', published online 5 October at Wiley InterScience (www. interscience.wiley. com)

14. Hebb, D.O. (1949) *The Organization of Behavior,*Wiley & Sons

15. Salzman C.D. and Fusi S. (2101) 'Emotion, cognition, and mental state representation in amygdala and prefrontal cortex', *Nature Reviews*

Neuroscience

16. McGaugh, J.L. (2004) 'The amygdala modulates the consolidation of memories of emotionally arousing experiences', *Annual Review of Neuroscience* 27: 1–28

17. See for example, Sylwester, R. (1994) 'How emotions affect learning', *Educational Leadership*, October, 52(2): 60–65; Pekrum, R. (1992) 'The impact of emotions on learning and achievement: Towards a theory of cognitive/motivational mediators', *Applied Psychology*, 41(4), October: 359–376

18. Nieoullon,A. and Coquere A. (2003) 'Dopamine:A key regulator to adapt action, emotion, motivation and cognition', *Current Opinion in Neurology*, Suppl 2: S3–S9.

19. Schultz,W. (1998) 'Predictive reward signal of dopamine neurons', *The Journal of Neurophysiology*, 80: 1–27

20. Kirschenbaum,D.S., Ordman,A. M.,Tomarken,A. J. *et. al.* (1982) 'Effects of differential self-monitoring and level of mastery on sports performance: Brain power bowling', *Cognitive Therapy and Research*, 6: 335– 341

21. Jones-Smith, E. (2013) *Strengths-Based Therapy: Connecting Theory*, Practice and Skills, SAGE Publications

22. See, for example, Kahneman, D. and Tversky, A. (1979) 'Prospect theory: An analysis of decision under risk', *Econometrica*, 47: 263– 291; and Baumeister,R.F., Bratslavsky, E., Finkenauer, C. and Vohs, K.D. (2001) 'Bad is stronger than good', *Review of General Psychology*, 5: 323–370d

23. Robertson, I. (2012) *The Winner Effect*, Bloomsbury

24. Return on Leadership – Competencies that Generate Growth, report by Egon Zehnder International and McKinsey, available from: https://www.egonzehnder.com/files/return_on_leadership. pdf (accessed March 2018)

25. Corporate Leadership Council (2002), Building the High-Perfor-mance Workforce: A Quantitative Analysis of the Effectiveness of Performance Management Strategies,Washington, DC

26. McKinsey Quarterly Transformational Change Survey, January 2010 (MID)

27. Kegan, R., Lahey, L.L. (2009) *Immunity to Change: How to Overcome it and Unlock the Potential in Yourself and Your Orgnaization*, Harvard Business Review Press.

28. Fleming S.M., Weil R.S., Nagy Z., Dolan r.J., Rees G. (2010) 'Relating introspective accuracy to individual differences in brain structure', *Science September* 17; 329(5998):1541-1543. doi: 10.1126/ science.1191883.

29. Dweck, C.S. (2006) *Mindset:The New Psychology of Success*, Ballan-tine Books

30. Kahneman, D. (2012)*Thinking Fast and Slow*, Penguin Books

31. Schumpeter (2013) 'The mindful business', *The Economist November*

32. See https://vhil.stanford.edu/projects/, accessed March 2018.

33. Van Dam, N. and Van der Helm, E. (2016) 'The organizational cost of insufficient sleep', *McKinsey Quarterly*, February

34. See for example, Kegan, R. and Lahey, L.L. (2009) 'Immunity to Change', *Harvard Business Press*; Duhigg, C. (2014) *The Power of Habit:Why We Do What We Do in Life and Business*,Random House;

Goldsmith, M. (2015) *Triggers: Creating Behavior that Lasts – Becoming the Person You Want to Be*, Crown Business

第6章

1. Schein, E. (1996) 'Culture: The missing concept in organizational studies', *Administrative Science Quarterly*, 41: 229–240; Ostroff, K. Kinicki,A.J. and Tamkins, M.M.,'Organizational culture and climate', in Borma,W.C., Ilgen,D.R. and Klimoski R.J. (eds.) (2003) *Handbook of Psychology* 12, Industrial and Organizational Psychology (pp. 565–593).

2. Lawson E. and Price, C. (2003) 'The psychology of change management' *McKinsey Quarterly*, June

3. McKinsey Quarterly Transformational Change survey; January 2010 (MID)

4. Harvard Business Review staff (2013) 'The uses (and abuses) of influence', *Harvard Business Review*; Cialdini, R.B. (2006) I*nfluence: The Psychology of Persuasion*, Revised Edition, Harper Business, 2006

5. Festinger, L. (1957) *A Theory of Cognitive Dissonance*, Stanford Uni-versity Press

6. Paul, M.P. (2012) 'Your brain on fiction', *The New York Times; Monarth*, (H.) (2014) 'The irresistible power of storytelling as a strategic business tool', *Harvard Business Review*

7. Basford, T.E. and Molberg A. (2013) 'Dale Carnegie's leadership principles: Examining the theoretical and empirical support', *Journal of Leadership Studies*, 6(4): 25-47

8. Locke, E.A. and Latham, G.P. (2002) 'Building a practically useful

theory of goal setting and task motivation', *American Psychologist* 705–717; and Sherif, M. (1966) In a common predicament: Social psychology of intergroup conflict and cooperation, Houghton Mifflin comp.

9. Argyle, M., Alkema, G., and Gilmour, R. (1971) The communication of friendly and hostile attitudes by verbal and non-verbal signals. *European Journal of Social Psychology*, I, 385-402

10. Chartrwhy and *et al.*, 'You're just a chameleon: The automatic nature and social significance of mimicry', *Natura Automatyzmow* (*Nature of Automaticity*), 14–19

11. Pugh, S. (2001) 'Service with a smile: Emotional contagion in the service encounter', *Academy of Management Journal*, 55(5): 1018-1027

12. *Ibid*

13. Cialdini, R.B. (2009) *Influence: Science and Practice* (5th edition), Pearson Higher Ed

14. Skinner, B.F. (1961) 'Teaching machines', *Scientific American*, 205: 91–102

15. Pavlov, I.P. (1927) *Conditioned Reflexes:An Investigation of the Physiological Activity of the Cerebral Cortex*, Oxford University Press

16. Bandura,A. (1971) 'Vicarious and self-reinforcement processes', in R. Glaser (ed) *The Nature of Reinforcement*, New York: Academic Press 228–278

17. Kerr, S. (1975) 'On the folly of rewarding A, while hoping for B', *Academy of Management Journal*, 18: 769-783

18. McClelland, D.C. (1975) *Power: The Inner Experience*, Irvington Publishers

19. Deci, E. L. (1975) *Intrinsic Motivation*, Plenum Press; Robbins, S.P and Judge,T.A. (2009) *Organizational Behavior* (13th edition), Pearson Education

20. Hackman, J.R. (1980) 'Motivation through the design of work: test of a theory', *Organizational Behavior and Human Performance*, 250-279; Hackman, J.R. and Oldham, G.R. (1980) *Work Redesign*, Addison-Wesley

21. Burns, T. and Stalker, G.M. (1961) *The Management of Innovation*, Tavistock Publications; Robbins, S.P. and Judge,T.A. (2009) *Organizational Behavior* (13th edition), Pearson Education

22. McKinsey leadership development survey 2016 (MID)

23. Kirkpatrick D.L. and Kirkpatrick, J.D. (2006) *Evaluating Training Programmes: The Four Levels* (3rd Edition), Berrett-Koehler Publishers

24. Organizational Health Index database (n = 60000) (MID)

25. McKinsey Quarterly Transformational Change survey, January 2010; June 2009 McKinsey Global survey results (MID)

26. Cernak, J. and Mcgurk M. (2010) 'Putting a value on training' *McKinsey Quarterly*, July

27. Bower, M. (1996) *The Will to Manage New York*: McGraw-Hill

第7章

1. Whitmore, J. (1996) *Coaching for Performance*, Nicholas Brealey Publishing

2. See Freedman, L. (2013) *Strategy: A History*, Oxford University Press

3. Strategies to Scale the Power Curve (McKinsey Strategy & Finance,

September 2016) (MID); See also Bradley, C., Hurt, M., Smit, S. (2018) *Strategy Beyond the Hockey Stick*, Wiley

4. See Hall S. and Lovallo, D. (2012) 'How to put your money where your strategy is, *McKinsey Quarterly*; and see: Bradley, C., Hirt, M., and Smit, A. (2018) *Strategy Beyond the Hockey Stick: People, Probabilities, and Big Moves to Beat the Odds*, Wiley

5. Senge, Peter, *The Fifth Discipline: The Art and Practice of the Learning Organization*, Random House Business, 2nd edition, 2006

6. Kegan, R., Lahey, L.L., Miller, M.L., Fleming, A. and Helsing, D. *An Everyone Culture: Becoming a Deliberately Developmental Organization*, Harvard Business Review Press

第13章

1. See for example,Adair, J. (1987) *Effective Teambuilding: How to Make a Winning Team*, Pan Books; Belbin R. M. (2004) *Management Teams*, Routledge; Hill, L.A. and Anteby, M. (2006) *Analyzing Work Groups*, Harvard Business School Publishing; Lencioni, P. M. (2005) *Overcoming The Five Dysfunctions of a Team:A Field Guide for Leaders, Managers, and Facilitators*, Jossey-Bass; and theoretical work by Belbin, Maslow and Tuckman

2. McKinsey Transformational Change Practice (MID).

3. Collins J. and Porras, J.I. (2004) *Built to Last*, HarperBusiness; (10th revised edition) November

4. Mandeville, B. (1957 edition) *The Fable of the Bees: Or Private Vices, Publick Benefits*, Oxford University Press. Mandeville's poem pre-figures that of Adam Smith (invisible hand and division of labour) in this

fictive account of a beehive.

5. Greiner, L. (1972) 'Evolution and revolution as organizations grow', *Harvard Business Review*, 37– 46. The phases are growth through creativity, direction, delegation, coordination, collaboration and (a sixth, added in 1998) extra-organization solutions

6. McKinsey OrgSolutions, 'The recipe is the recipe', January 2016 (MID)

7. NHS, UK: *Developing People – Improving Care*: Evidenced-based national framework to guide action on improvement skill-building, leadership development and talent management for people in NHS-funded roles (2016), available from: https://improvement.nhs. uk/resources/developing-people-improving-care/ (accessed March 2018)

8. Gallup, 2015 (n=3956); See https://www.mckinsey.com/business-functions/organization/our-insights/revisiting-the-matrix-organization (accessed July 2018)

9. Fecheyr-Lippens, B., Schaninger B. and Tanner, K. (2015) 'Power to the new people analytics' *McKinsey Quarterly*, March

10. De Romrée, H., Fecheyr-Lippens, B. and Schaninger, B. (2016) 'People analytics reveals three things HR may be getting wrong', *McKinsey Quarterly*, July

11. See Björnberg,Å. and Feser, C. (2015) 'CEO succession starts with developing your leaders', *McKinsey Quarterly*, May

第14章

1. Manyika, J. (2017) 'Technology jobs and the future of work'

McKinsey &Company available from: http://www.mckinsey. com/global-themes/employment-and-growth/technology-jobs-and-the-future-of-work (accessed March 2018)

2. World Economic Forum. (2016) The Future of Jobs: Employment, Skills, and Workforce Strategy for the Fourth Industrial Revolution, available from: http://reports.weforum.org/future-of-jobs-2016/ (accessed March 2018)

3. Van Dam, N. (2016) 'Learn or Lose', Inaugural lecture, 25 November, Nyenrode Business Universiteit

4. World Economic Forum. (2016) The Future of Jobs: Employment, Skills, and Workforce Strategy for the Fourth Industrial Revolution, available from: http://reports.weforum.org/future-of-jobs-2016/ (accessed March 2018)

5. *Ibid.*

6. Frey, C.B. and Osborne, M. (2013)*The Future of Employment: How Susceptible are Jobs to Computerisation?*, University of Oxford

7. 'Automation and anxiety' (2016) *The Economist*, 25 June

8. Manyika, J. (2017) 'Technology, jobs, and the future of work', McKinsey & Company, available from: http://www.mckinsey. com/global-themes/employment-and-growth/technology-jobs-and-the-future-of-work (accessed March 2013)

9. Harress, C. (2013) 'The sad end of Blockbuster Video', *International Business Times*, 5 December

10. Live presentation by John Kao, 'The World in 2030', Athens, 3 December 2016

11. World Economic Forum. (2016) The Future of Jobs: Employment, Skills, and Workforce Strategy for the Fourth Industrial Revolution, available from: http://reports.weforum.org/future-of-jobs-2016/ (accessed March 2018)

12. Grothaus, M. (2015) 'The top jobs in 10 years might not be what you expect', *Fast Company*, 18 May

13. DESI indicator on digital skills (2015). Eurostat data available from: https://ec.europa.eu/digital-single-market/en/desi (accessed March 2018)

14. Gray, A. (2016) 'The 10 skills you need to thrive in the Fourth Industrial Revolution' World Economic forum, available from: https://www.weforum.org/agenda/2016/01/the-10-skills-you-need-to-thrive-in-the-fourth-industrial-revolution/ (accessed March 2018).

15. Deming, D. (2017) *The Growing Importance of Social Skills in the Labor Market*, Harvard University and NBER, August; graphic from *The Quarterly Journal of Economics* (2017) 132(4): 1593-1640

16. Gratton, L. (2011) *The Shift: The Future of Work is Already Here.* London: Collins

17. Van Dam, N. 'Learn or lose', Inaugural lecture, 25 November, Nyenrode Business Universiteit

18. Vuorikari, R., Punie, Y., Carretero, S. and Van den Branden, L. (2016), DigComp 2.0: The Digital Competence Framework for Citizens. EC, EuR 27948 EN.

19. Vuorikari, R., Punie, Y., Carretero, S. and Van den Branden, L. (2016), DigComp 2.0: The Digital Competence Framework for Citizens. EC, EuR 27948 EN.

20. Rashid, B. (2016) 'The rise of the freelancer economy' Forbes, available from: https://www.forbes.com/sites/brianrashid/2016/01/26/ the-rise-of-the-freelancer-economy/#31a014e33bdf (accessed March 2018)

21. See Aghina, W., De Smet, A. and Weerda, K. (2015) 'Agility: It rhymes with stability', *McKinsey Quarterly*, December

22. Schwartz, N.D. 'The decline of the baronial CEO', https://www. nytimes.com/2017/06/17/business/ge-whole-foods-ceo.html

23. Puthiyamadam,T. (2017) 'How the meaning of digital transformation has evolved', *Harvard Business Review*, 29 May

24. Gratton, L. and Scott,A. (2016). *The 100 Year Life: Living and Working in the Age of Longevity*, Bloomsbury.

25. Senge, P. (2010) *The Fifth Discipline*, Random House

26. Watkins, Karen E. and Marsick,Victoria J. (eds.), (May 2003). 'Making learning count! Diagnosing the learning culture in organizations, *Advances in Developing Human Resources*, 5(2)

27. Kegan R. and Lahey, L.L. (2016) *An Everyone Culture: Becoming a Deliberately Developmental Organization*,Harvard Business School Press

28. For the interested reader, an assessment can be taken on www. reachingyourpotential.org

29. McKinsey Mind the Gap research (MID)

30. *Ibid.*

31. Barsh, J., Brown, L, and Kian, K. (2016) *Millennials: Burden, Blessing*, or Both? McKinsey & Co

32. See: Mind the Gap p15 (MID)

33. Van Dam, N. (2016) 'Learn or lose', Inaugural lecture, 25 Novem-

ber, Nyenrode Business Universiteit

34. Association for Talent Development (2016) State of the Industry, available from: https://www.td.org/research-reports/2017-state-of-the-industry (accessed March 2018)

35. *Ibid.*

36. Penfold S. (2016) 'Profile of the modern learner – helpful facts and stats (infographic)' Elucidat blog, available from: https:// blog.elucidat.com/ modern-learner-profile-infographic/?utm_ campaign=elearningindustry. com&utm_source=%2Ftop-10-el-earning-trends-to-watch-in-2017&utm_ medium=link (accessed March 2018)

附录1

1. For a more detailed review of a substantially similar list of such leadership behaviours, see Feser, C., Mayol, F. and Srinivasan, R. (2015) 'Decoding leadership:What really matters', *McKinsey Quarterly*, January

2. Psychologist Abraham H. Maslow contended that human needs are structured in a hierarchy; as each level of needs is satisfied, the next higher level of unfulfilled needs becomes predominant. See Maslow, A.H. (1943) 'A theory of human motivation', *Psychological Review*, 50(4): 370–396; and Maslow, A.H. (1954) *Motivation and Personality* (first edition), Harper & Brothers

3. Herzberg, F. (1987) 'One more time: How do you motivate employees?', *Harvard Business Review*, 65(5): 109–120

4. For further details, see Bazigos, M.N. (2016) 'Leading for longterm performance: Matching the behavior to the situation', *Journal of Leadership*

Studies, August

附录2

5. There are many sources of the GROW model (and variations of the model itself). See for example Alexander, G., Fine,A.,Whitmore J. as well as Landsberg, M. (2003) *The Tao of Coaching* (Profile Books)

6. Maister, D.H., Green, C.H. and Galford, R.M. (2000) *The Trusted Advisor*, Free Press

7. Minto, B. (2010) *The Pyramid Principle: Logic in Writing and Thinking*, 3rd edition, Prentice Hall

8. De Bono, E. (1985) *Six Thinking Hats*, Little Brown and Company

9. Feser, C., Mayol, F. and Srinivasan, R. (2015) 'Decoding leadership', *McKinsey Quarterly*, January

10. Seligman, M. (1998) *Learned Optimism*, New York: Pocket Books

11. Pohlmann,T. and Thomas, N.M. (2015) 'Relearning the art of asking questions', available at: https://hbr.org/2015/03/relearning-the-art-of-asking-questions (accessed July 2018)

12. Covey, S.R. (2015) *The 7 Habits of Highly Effective People: Powerful Lessons in Personal Change*, FranklinCovey Co.

13. We measure speed by asking survey respondents how often they observed their leaders (and, separately, managers) making important decisions quickly and their organizations adjusting rapidly to new ways of doing things.We measure stability by asking respondents how often they observed their organizations implementing clear operating goals and metrics, setting clear standards and objectives for work, establishing structures

that promote accountability, designing jobs with clear objectives, and devising processes to document knowledge and ideas. See Bazigos, M.,De Smet,A. and Gagnon, C. (2015) 'Why agility pays', and Aghina, W., De Smet A. and Weerda, K. 'Agility: It rhymes with stability', both *McKinsey Quarterly*,December

14. *Ibid.*

15. *Ibid.*

16. Rogers, E. and Van Dam, N. (2014) *You! The Positive Force in Change*, Lulu

附录3

17. Jezzard P., Matthews P.M. and Smith S.M. (2001) *Functional MRI: An Introduction to Methods*, Oxford University Press

18. Ophir E., Nass C.,Wagner A.D. (2009) 'Cognitive control in media multi-tasker', PNAS, 15;106(37):2

19. See for example, Foerde, K., Knowlton, B. J. and Poldrack, R. A. (2006) 'Modulation of competing memory systems by distraction' PNAS, 10: 11778–11783; Rubinstein, J.S., *et al.* (2001) 'Executive control of cognitive processes in task switching' *Journal of Experimental Psychology* 27: 763–771; Czerwinski, M., *et al.*(2000) 'Instant messaging and interruption: Influence of task type on performance', Proceedings of OZCHI 356: 361.

20. Begley, S. (2000) 'The stereotype trap' *Newsweek*, available from: http://www.newsweek.com/stereotype-trap-157203 (accessed March 2018)

21. Steele, C.M. (2010) *Whistling Vivaldi and Other Clues to How*

Stereotypes Affect Us,W.W. Norton & Company, Inc.

22. Dweck, C. (2006) Mindset: *The New Psychology of Success*,Random House

23. Blackwell, L. S., Trzesniewski, K. H. and Dweck, C.S. (2007) 'Implicit theories of intelligence predict achievement across an adolescent transition: A longitudinal study and an intervention', *Child Development*, 78(1): 246–263.

24. Kahneman, D. (2012)*Thinking Fast and Slow*, Penguin Books

25. Van Dam, N. and Van der Helm, E. (2016) 'The organizational cost of insufficient sleep', *McKinsey Quarterly*, February

26. Goel, N. *et al.*, (2009) 'Neurocognitive consequences of sleep deprivation', *Seminars in Neurology*, 29(4):320–339;Verweij, I.M. et al. (2014) 'Sleep deprivation leads to a loss of functional connectivity in frontal brain regions', *BMC Neuroscience*, 15(88), biomedcentral. com

27. Williamson,A.M. and Feyer,A.M. (2000) 'Moderate sleep deprivation produces impairments in cognitive and motor performance equivalent to legally prescribed levels of alcohol intoxication', *Occupational and Environmental Medicine*,57(10):649–655,oem.bmj. com

28. Van der Helm, E., Gujar, N. and Walker, M.P. (2010) 'Sleep deprivation impairs the accurate recognition of human emotions', *Sleep*, 33(3): 335–342, journalsleep.org; Van der Helm, E. *et al.*, (2011) 'REM sleep depotentiates amygdala activity to previous emotional experiences', *Current Biology*, 21(23): 2029–2032

29. McGlinchey, E.L. *et al.*, (2011) 'The effect of sleep deprivation on vocal expression of emotion in adolescents and adults', *Sleep*, 34(9): 1233–

1241, journalsleep.org

30. Macey,W.H.and Schneider,B. (2008) 'The meaning of employee engagement', *Industrial and Organizational Psychology*, 1(1): 3–30 and Stumpf, S.A.,Tymon W.G. Jr. and Van Dam, N. (2013) 'Felt and behavioral engagement in workgroups of professionals', *Journal of Vocational Behavior*, 83(3): 255–264, available from: journals.elsevier. com/journal-of-vocational-behavior

31. See for example, Bryant, P.A.,Trinder J. and Curtis, N. (2004) 'Sick and tired: does sleep have a vital role in the immune system?', *Nature Reviews Immunology* 4: 457– 467 (June); Ayas N.T., White d.P/, Manson J.E., Stampfer M.J., Speizer F.E., Malhotra A., Hu F.B. (2003) 'A prospective study of sleep duration and coronary heart disease in women', *Archives of Internal Medicine*. 163(2):205– 209. doi:10.1001/archinte.163.2.205;Alhola, P. and Polo-Kantola, P. (2007) 'Sleep deprivation: Impact on cognitive performance', *Neuropsychiatric Disease and Treatment*. October; 3(5): 553–567; Ferrie J.E., Shipley M.J.,Akbaraly T.N., Marmot M.G., Kivimäki M. and Singh-Manoux A. (2011) 'Change in sleep duration and cognitive function: findings from the Whitehall II study' Sleep, 34 (5): 565–573;and 'How much sleep do we really need?' National *Sleep* Foundation, available from: https://sleepfoundation.org/exces-sivesleepiness/content/how-much-sleep-do-we-really-need-0 (accessed March 2018)

32. Van Dam, N. and Van der Helm, E. (2016) 'The organizational cost of insufficient sleep', *McKinsey Quarterly*, February

33. See for example, Kramer A.F., Erickson K.I. and Colcombe S.J. (1985) 'Exercise, cognition, and the aging brain', *Journal of Applied*

Physiology 101(4):1237-1242; Churchill, J.D. *et al.* (2002) 'Exercise, experience and the aging brain' *Neurobiology of Aging* 23: 941–955.; Cotman, C.W. and Berchtold, N.C. (2002) 'Exercise:A behavioral intervention to enhance brain health and plasticity'. *Trends in Neuroscience* 25: 295–301; dillner, L. (2017) 'Is running the best exercise?' *Guardian*, available from: https://www.theguardian.com/ lifeandstyle/2017/apr/24/ is-running-best-exercise-reduce-risk-heart-disease?CMP=share_btn_link (accessed March 2018)

34. See for example, Ratey J.J. and Loehr J.E. (2011) 'The positive impact of physical activity on cognition during adulthood: a review of underlying mechanisms, evidence and recommendations', *Reviews in Neuroscience* 22(2):171–85; Scholey, A.B., Moss, M.C., Neave, N. and Wesnes, K. (1999) 'Cognitive performance, hyperoxia, and heart rate following oxygen administration in healthy young adults' *Physiology & Behavior*, 67(5): 783–789

35. See for example,Taras, H. (2005) 'Physical activity and student performance at school' *Journal of School Health*, 75: 214–218; Hillman, C. and Buck. S. (2004) 'Physical fitness and cognitive function in healthy pre-adolescent children', Paper presented at the Annual meeting of the Society of Psychophysiological Research; Summerford, C. (2001) 'What is the impact of exercise on brain function for academic learning?' *Teaching Elementary Physical Education* 12: 6-8; Hillman, C.H. Erickson, K.L. and Kramer, A.F. (2008) 'Be smart, exercise your heart: exercise effects on brain and cognition', *Nature Reviews Neuroscience* 9: 58-65 (January)

36. Singh-Manoux, A. PhD, Hillsdon, M. PhD, Brunner, E. PhD,

and Marmot, M. PhD, MBBS, FFPHM, FRCP (2005) 'Effects of physical activity on cognitive functioning in middle age: Evidence From the Whitehall II Prospective Cohort Study' *American Journal of Public Health*, December 95(12): 2252–2258

37. Harada,T., Okagawa, S. and Kubota, K. (2004) 'Jogging improved performance of a behavioral branching task: implications for prefrontal activation', *Neuroscience Research*, 49(3): 325–337

38. Steinberg H., Sykes E.A., Moss T., *et al.* (1997) 'Exercise enhances creativity independently of mood' *British Journal of Sports Medicine* 31:240–245

39. Young, S.N. (2007) 'How to increase serotonin in the human brain without drugs', *Journal of Psychiatry and Neuroscience*, November, 32(6): 394–399.; Korb,A. (2011) 'Boosting your serotonin activity', *Psychology Today*, available from: https://www.psychologytoday. com/blog/prefrontal-nudity/201111/boosting-your-serotonin-activity (accessed March 2018)

40. Harber V.J. and Sutton J.R., (1984) 'Endorphins and exercise', *Sports Medicine.* Mar-Apr, 1(2):154–171; 'Depression guide' available from: http://www.webmd.com/depression/guide/exercise-depression#1 (accessed March 2018)

41. Sutoo D., Akiyama K., (2003) 'Regulation of brain function by exercise',*Neurobiology of Disease*, Jun, 13(1):1–14, McNary,T. (2017) 'Exercise and its effects on serotonin & dopamine levels' available from: http://www.livestrong.com/article/251785-exercise-and-its-effects-on-serotonin-dopamine-levels/ (accessed March 2018)

42. Medina, J. (2014) *Brain Rules*, Scribe Publications

43. U.S. Department of Health and Human Services, 2008 Physical Activity Guidelines for Americans, available from https://health. gov/ paguidelines/pdf/paguide.pdf, accessed 29 April 2017

44. Tomporowski, P.D. (2003) 'Effects of acute bouts of exercise on cognition', Acta *Psychologica* (Amst), 112: 297–324

45. Levine J.A. (2002) 'Non-exercise activity thermogenesis (NEAT)', *Best Practice and Research: Clinical Endocrinology and Metabolism, december*,16(4):679–702

46. Gómez-Pinilla, F. (2008) 'Brain foods: the effects of nutrients on brain function', *Nature Reviews. Neuroscience*, 9(7): 568–578

47. See for example, Edwards, S. (2016) 'Sugar and the brain', Harvard Mahoney Neuroscience Institute, available from: http:// neuro.hms. harvard.edu/harvard-mahoney-neuroscience-institute/brain-newsletter/and-brain-series/sugar-and-brain (accessed April 2017); Barnes, J.N. and Joyner, M.J. (2012) 'Sugar highs and lows: the impact of diet on cognitive function', *Journal of Physiology*, June, 15: 590(Pt 12): 2831; Greenwood C.E. and Winocur G. (2005) 'High-fat diets, insulin resistance and declining cognitive function', *Neurobiology of Aging*. December 2015

48. Carabotti, M., Scirocco, A., Maselli, M.A. and Severi, C.(2014) 'The gut-brain axis: interactions between enteric microbiota, central and enteric nervous systems', *Annals of Gastroenterology*, April–June, 28(2): 203–209; Galland, L. (2014) 'The gut microbiome and the brain', *Journal of Medicinal Food*, 1 December 17(12): 1261–1272 Mayer, E.A.,, Knight, r., Mazmanian, S.K. Cryan, J.F. and Tillisch, K. (2014) 'Gut microbes and the brain: paradigm shift in neuroscience' , *The Journal of Neuroscience*.

34(46): 15490–15496.; Kohn, D. (2015) 'When gut bacteria change brain function', The Atlantic, available from: https://www.theatlantic.com/ health/ archive/2015/06/gut-bacteria-on-the-brain/395918/ (accessed March 2018); Andrew Smith, P. (2015) 'The tantalizing links between gut microbes and the brain' *Nature*, available from: http://www.nature.com/news/the-tantalizing-links-between-gut-microbes-and-the-brain-1.18557 (accessed March 2018)

49. Armstrong, L.E. et. al. (2012) 'Mild Dehydration Affects Mood in Healthy Young Women', *The Journal of Nutrition*,Volume 142, Issue 2, February 2012, available at https://academic.oup.com/jn/article/142/2/382/4743487 (accessed March 2018); Heid M. 'Your brain on: dehydration', Shape, available from: http://www.shape. com/lifestyle/mind-and-body/your-brain-dehydration (accessed March 2018)

50. See for example,American Psychological Association (2017) 'Many Americans Stressed about Future of Our Nation, New APA Stress in America™ Survey Reveals', available from: http://www.apa. org/news/press/releases/2017/02/stressed-nation.aspx (accessed March 2018); Fink, G. (2016) 'Stress:The Health Epidemic of the 21st Century', Elsevier SciTechConnect available from: http:// scitechconnect.elsevier.com/stress-health-epidemic-21stcen-tury/ (accessed March 2018);'Stress facts', available from: http:// www.gostress.com/stress-facts/ (accessed March 2018)

51. Lippelt D. P. (2014) 'Focused attention, open monitoring and loving kindness meditation: effects on attention, conflict monitoring, and creativity– a review', *Frontiers in Psychology*

411

52. Chiesa A., Calati R. and Serretti A. (2011) 'Does mindfulness training improve cognitive abilities? A systematic review of neuropsy-chological findings' *Clinical Psychology Review* 31(3), April

53. Geng L., Zhang D. and Zhang, L. (2011) 'Improving spatial abilities through mindfulness: effects on the mental rotation task', *Consciousness and Cognition*

54. Matthieu R., Lutz A. and Davidson R. (2014) 'The neuroscience of meditation', *Scientific American*, October

55. Tjan, A.K. (2015) '5 ways to become more self-aware', *Harvard Business Review*, February

56. Singleton, O. *et al.* (2014) 'Change in brainstem gray matter concentration following a mindfulness-based intervention is correlated with improvement in psychological well-being', *Frontiers in Human Neuroscience*, 18 February, frontiersin.org

57. Schumpeter, (2013) 'The mindful business', *The Economist*, November

58. Gelles, D. (2015) 'At Aetna, a CEO's management by mantra', *New York Times*, 27 February, nytimes.com

图书在版编目（CIP）数据

麦肯锡底层领导力 / (英) 克劳迪奥·费泽, (英) 迈克尔·伦尼, (英) 尼古莱·陈·尼尔森著；叶红婷译 . -- 北京：中国友谊出版公司, 2023.1

ISBN 978-7-5057-5552-9

Ⅰ.①麦… Ⅱ.①克… ②迈… ③尼… ④叶… Ⅲ.①企业管理 Ⅳ.①F272

中国版本图书馆CIP数据核字（2022）第161194号

著作权合同登记 图字：01-2022-6805号

Leadership at Scale by Claudio Feser, Michael Rennie and Nicolai Chen Nielsen
Copyrightt © McKinsey & Company 2018
First published in the UK in 2018 by Nicholas Brealey Publishing, an imprint of John Murray Press, an Hachette company, through Peony Literary Agency.
Simplified Chinese translation copyright © 2022 by Beijing Xiron Culture Group Co., Ltd.
All Rights Reserved.

书名	麦肯锡底层领导力
作者	［英］克劳迪奥·费泽 　［英］迈克尔·伦尼 　［英］尼古莱·陈·尼尔森
译者	叶红婷
出版	中国友谊出版公司
发行	中国友谊出版公司
经销	新华书店
印刷	嘉业印刷（天津）有限公司
规格	880×1230毫米　32开 13.75印张　335千字
版次	2023年1月第1版
印次	2023年1月第1次印刷
书号	ISBN 978-7-5057-5552-9
定价	68.00元
地址	北京市朝阳区西坝河南里17号楼
邮编	100028
电话	（010）64678009

如发现图书质量问题，可联系调换。质量投诉电话：010-82069336